中國擴張

歷史如何形塑中國的強權之路

傅好文——著
林添貴——譯

Howard W. French

EVERYTHIN
UNDER
THE
HEAVENS

How the Past
Helps Shape
China's Push
for Global Pow

普天之下，莫非王土；率土之濱，莫非王臣。

——周朝（西元前一〇四六年—二五六年），《詩經》

遠人不服，則修文德以來之。

——孔子（西元前五五一年—四七九年），《論語》〈季氏篇〉

問題在於我中國必須被視為其他各國之根本。

——李汝珍，一八二七年

海軍帝國一直讓人民有天生自豪感，因為感覺自己能夠欺凌別人；他們相信他們的力量和海洋一樣寬廣無垠。

——孟德斯鳩（Charles de Montesquieu），《法意》（*The Spirit of the Law*），一七四八年

請下議院記得，我們在東方的帝國是建立在輿論的力量之上的；如果我們屈從於中國的侮辱，為時不遠，我們自己的政治優勢……即將結束。

——湯瑪斯·士丹頓爵士（Sir Thomas Staunton），在英國國會下議院的演講，一八四〇年

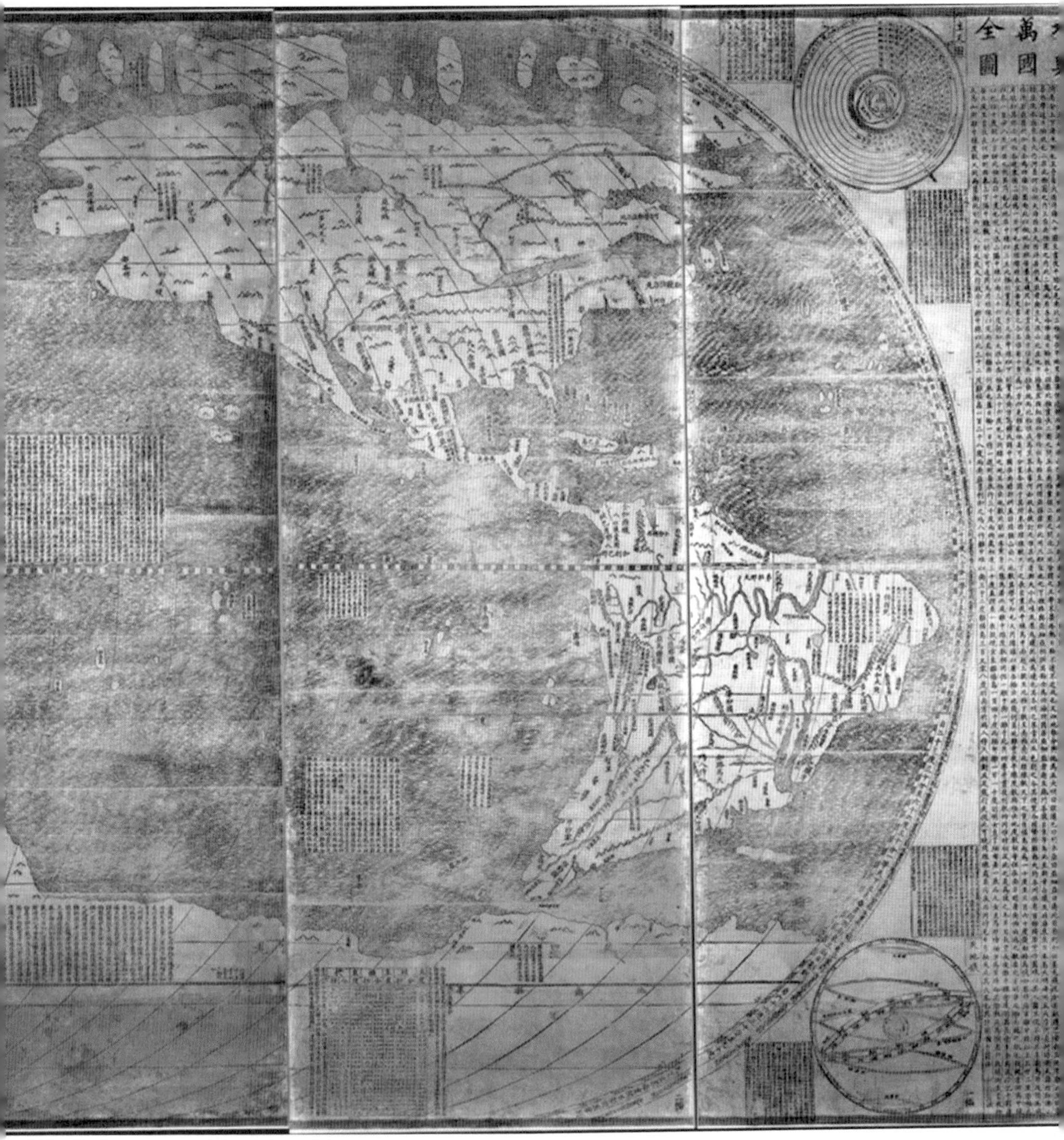
萬國
全圖

各界推薦

「對中國崛起的意義之深刻歷史與文化研究……令人著迷……令人信服。」

——《紐約時報書評》（*The New York Times Book Review*）

「一本非常及時的好書……易讀又刺激……這本書提醒人們，中國的國際關係發生在可追溯到若不是幾千年也有幾世紀的歷史背景下，而傅好文是一位優秀的導遊。」

——《華爾街日報》（*The Wall Street Journal*）

「從內部和外部看中國。傅好文對中國有透徹的了解……他著重政治史，從而闡明中國與鄰國之間的領土衝突。」

——《紐約客》（*The New Yorker*）

「一本對中國地緣政治野心根源的專家研究……關於過去對中國政治現狀的無與倫比的影響，不可或缺的提醒……一本對於中國的權力及其世界地位的概念，最清晰、最有啟發性的書籍……令人著迷。」

——《泰晤士報文學副刊》（*The Times Literary Supplement*）

「刺激……論述清晰……充滿令人難忘的文句。」

——《紐約書評雜誌》（*The New York Review of Books*）

「生動又富啟發性。」

——歐大旭（Tash Aw），《衛報》（*The Guardian*）

「令人印象深刻……精通……對於東亞複雜的問題以及世界這個關鍵地區潛在的衝突出色的導讀。」

——《紐約書籍雜誌》（*New York Journal of Books*）

「傅好文說得很清楚，中國的民族優越意識超越歷史意義……令人不寒而慄。」

——多倫多《環球郵報》（*The Globe and Mail*）

「很難想像還有比傅好文《中國擴張》更棒的指引……這本書是傑出的知識結晶，讓讀者深入了解中國如何看待世界和自己的命運。」

——《富比世》（*Forbes*）

「令人信服……流暢而有趣。」

——英國《金融時報》（*Financial Times*）

「這是對於文化和歷史如何影響二十一世紀中國願景，截至目前為止闡釋得最好的一本書……二十一世紀中國野心勃勃，及其堅決不被納入西方自由主義秩序的決心，十分明顯。」

——《亞洲書評雜誌》（*Asian Review of Books*）

「精彩……傅好文以廣泛的學術研究與認真的記者本能……檢示中國與外部世界的互動，及其從西方毀滅性的羞辱時期再崛起，將會如何改變世界秩序。」

——《愛爾蘭時報》（*The Irish Times*）

「對於中國長期方法的連續性，這是非常寶貴的資料……傅好文精心陳述的中國歷史，可以和當前的事件比對閱讀。」

——《日本時報》（*Japan Times*）

「略顯不同地……傅好文的學問和報導的細節，足以與他的散文的靈巧相提並論……這是一個有用的、必要的，有助於進行有根據的討論之起點。」

——《出版人週刊》（*Publishers Weekly*）

「傅好文以一流記者的生動文字、優秀歷史學者的學術研究，以及身為人類的偉大同情心，討論了我們這個時代以及未來許多年最重要的一個問題。」

——伊安・布魯瑪（Ian Buruma），《零年：1945年，現代世界的夢想與夢碎之路》（*Year Zero: A History of 1945*）作者

「《中國擴張》是我曾經讀過的，討論中國歷史如何影響其當今的外交政策和鄰國，最具說服

力的書。這本精心寫作的書對美國人和亞洲人該如何應對中國的崛起提出寶貴的箴言。強烈建議決策者和一般公民都應該拜讀。」

——謝淑麗（Susan Shirk），加州大學聖地牙哥分校二十一世紀中國中心（21st Century China Center, University of California-San Diego）主任

「傅好文清晰地提出一個指南，讓我們思考中國下一階段的演進，以及需要注意的號積極跡象和危險信號。」

——詹姆斯．法羅斯（James Fallows），《中國空降》（*China Airborne*）作者

「傅好文在《中國擴張》這本佳作，針對中國在其不受挑戰的的權威周圍努力建立亞洲世界秩序，提供一個全面的歷史觀點。傅好文在書中生花妙筆詳盡報導，令人不安，但它是非讀不可的一本書。」

——納楊．昌達（Nayan Chanda），前任《遠東經濟評論》（*Far Eastern Economic Review*）編輯

「在《中國擴張》裡，傅好文對於中國對日本和東南亞大片海洋的主張之深層根源進行了有趣而深刻的解讀，其對控制極重要的全球貿易有深遠的影響。傅好文明白，中國的歷史權利的意識既有深刻的情感，也有粗暴的政治色彩，讓北京可以假裝與亞洲站在一起，同時又從旁盯著亞洲。」

——馬利德（Richard McGregor）《中國共產黨不可說的秘密》（*The Party: The Secret World of China's*

Communist Rulers）作者

「這是一本針對我們或可稱之為中國『打造記憶』進行精心研究而寫就的好書。如果你想了解為何這個國家會如此行事，本書有相當詳盡的解釋。」

——夏偉（Orville Schell），亞洲協會美中關係中心（Center on US-Relations, Asia Society）主任

目次

推薦序

林廷輝（台灣國際法學會副秘書長）

閱讀傅好文的新作，彷如置身於中國古代與現代的時光機中，來回探索，如果對中國歷史較陌生的讀者，會對作者如此擅長於中國歷史十分崇拜；而稍微了解中國歷史脈絡的讀者，也一定會對作者的專業程度，及對他在書中試圖告訴讀者要如何觀察中國的「方法」感到佩服。

這本《中國擴張：歷史如何形塑中國的強權之路》所討論的主題，正巧是目前國際社會最為關切的議題，作者提出早在現行國際體制建立以前，東亞早就已建構以中國為中心的華夏體系；不過，清朝末年的鴉片戰爭到與日本的甲午戰爭，中國維繫不了這種中華帝國的體系，作者在第一章說明了中國要洗刷恥辱的企圖心，特別是甲午戰爭結束後一落千丈的國際地位，而現在中日間的緊張與衝突，在兩國歷史上就已埋下種子。特別的是，作者提起琉球問題，原本這個不起眼的地方，卻成了十九世紀末「不僅是日本追求區域霸主地位長久努力的起始點，後來也成為中華文明開始崩塌的地點」，相較於今天中國某一派學者慫恿琉球王國獨立，這不單單僅是關於釣魚台列嶼的問題，更是中日兩國在東亞權力競逐的一面鏡子。

接著，作者在第二章將焦點轉移到東南亞與中國的南海問題上，中國在南海強悍的主張，緊抓著南海U形線而不願退讓，菲律賓與越南在面對中國的壓力，前者採取了法律救濟，提出了「南海仲裁案」，而後者早與中國纏鬥數千年。第三章敘述在中國明朝國力鼎盛之際，派出鄭和在一四〇五年至一四三三年期間進行的「七下西洋」，浩浩蕩蕩來到國際戰略重要據點——麻六甲海峽，也開啟了中國可能的海權時代，但隨著永樂皇帝的辭世，中國的海權盛世不僅沒打開，更被葡萄牙與西班牙急起直追，但作者用數據表示，中國當時擁有六千五百萬居民，葡萄牙僅有一百萬人，英國約有五百萬人，中國擁有龐大征服海洋的資金、兵源與船隻，恐怕歷史將會改寫。

第四章描寫中越之間的長久歷史，更可以看出兩國的恩怨情仇與糾葛，從中國的角度看，越南並非華夏而是蠻夷，屬於世界的邊陲。然而，從越南人的角度來看，越南也屬於世界的中心，越南征服占婆，就是學了中國的「朝貢體系」。但對現代的描繪，作者認為美國在越戰的失敗、冷戰結束、天安門事件、亞洲金融危機、中國的睦鄰政策等，藉經濟來綏撫周邊國家，當然也不會吝於使用軍事力量，因為中國擁有複雜的地緣政治情勢與歷史背景。

第五章提及日本將釣魚台列嶼國有化的過程，成為近年來中日關係波折最大的事件，而安倍晉三再次出任日本首相後，在靖國神社的議題上採取較小泉純一郎更為謹慎的作為，中日關係試圖改善。但作者觀察到了一點，即使在某些議題上，中國看起來似乎有些讓步，但這只是戰術上的運用，最終還是要回到東亞格局來看，中國回到過去盛世的年代，凌駕於日本之上的野心從來沒有改變。

第六章則回到南海的主權聲索，中國在南沙群島的填海造陸行動，造成區域緊張以及軍事化疑慮增高；而中國「一帶一路」的提出，沿線許多國家附和，為的當然是經濟發展，作者觀察到中國這種「一放（經濟）一收（軍事）」，在二十一世紀前幾年，有節奏地進行著，但到了二〇一四年，收與放同時出現。作者的解釋是，中國對東南亞國家占上風之際，同時以更多的經濟誘因誘導著，彌補這些國家心理上對中國強悍的不安，並以此勸誘其他國家臣服，這顯得更為重要。這的確是一種矛盾的心態，外界普遍對中國的作為感到邏輯上的困惑，中國一方面要與東南亞國家進行友好關係，卻在南海大興土木破壞彼此關係，但又推出「一帶一路」與「亞洲基礎設施投資銀行」（AIIB）提供誘因填補東南亞國家心中的不安，作者掌握到中國與東南亞國家彼此心態上的互補與競爭，如果沒有多年觀察中國與周邊國家的深奧功力，恐怕將無法解釋這種不合理的現象。

的確，冷戰結束後，當中國開始採行改革開放的政策，美國樂見中國的改變，因為許多人都認為，當中國富起來後，中產階級增加，勢必會要求政府進行政治改革，朝著西方民主的方向邁進。但事隔多年，當政的中國共產黨不僅未屈服西方政治潮流，反倒演變成權力集中在一個領導人身上。當習近平在二〇一八年修改了中華人民共和國憲法，刪除了國家主席任期限制的相關文字，讓美國在內的西方國家警覺到，這樣的中國已成為東方的「巨靈」（Leviathan）。如果中國所累積的財富與政治權力將自我限縮在東亞大陸上，而沒有展現出外擴的野心與作為，就不會引起西方國家的憂慮；但在經濟成長後，特別是二〇〇八年金融危機之後，中國以其累積的資本，購買歐洲國債，習近平上台後，更相繼提出中華民族偉大復興的中國夢，推動一帶一路，成立亞洲基礎設施投資銀行等，展現出中國已不再「韜光養晦」，而是「有所作為」。

過去，西方國家在解讀中國的戰略意圖時，常會將它放在現實主義的角度來觀察，但作者再次提醒我們，中國所奉行的「朝貢體系」，及以中國為世界中心的心理狀態，讓西方世界的人民了解中國真正的行為模式，除了來自「權力」的考量，更需要關注「歷史文化」傳統所遺留下來的「根本性質」。正如作者指出的，對中國而言，周遭的民族，尤其是華夏世界的民族，受惠於中華文化良多，所以都應該向中國臣服。而這個思想是中國人世界觀的基礎成分，也是信仰的基本要件。因此，要搞懂中國的世界觀，崛起後的中國對未來世界秩序究竟對國際社會有什麼樣的影響？對未來的世界充滿何種想像與樣貌？對於這種種問題，作者以中國「朝貢體系」的角度來解讀這些行為與未來樣貌，並提供有別於西方民族國家體系——「威西伐利亞體系」（Westphalia System）——的思考模式。

中國的「朝貢體系」又是如何處理國際事務呢？二〇一八年六月十五日，時任美國國防部長馬蒂斯（James Mattis）在美國海軍戰爭學院畢業典禮上致辭時表示，中國對美國構成政治意願上的挑戰，而且長期試圖改寫現有的全球秩序，是美國的潛在對手，而明朝是他們的模式，以一種更強悍的方式，要求其他國家成為他們的朝貢國，對北京叩頭；馬蒂斯反諷地說，在這多樣化的世界存在許多「帶」（belts）與「路」（roads）下，而中國卻推行一帶一路。馬蒂斯批評，中國試圖在國際舞台上複製他們國內的威權模式；將南海軍事化，並利用掠奪性的經濟手段讓其他國家累積巨大的債務。馬蒂斯接著提出該如何與中國交往的問題？當中國選擇以其獨裁政體與世界合作，這將為中美未來關係形塑出路線圖。

學界對中國的「朝貢體系」的研究與解讀甚多，歷朝各代也發展出不同形式的「朝貢體系」。目前美國執政團隊明顯將印太戰略排除中國在外，最具體的例子是二〇一八年五月二十三日，美國國防部表示，為抗議中國在南海爭議島嶼的軍事建設，美軍將撤回邀請中國人民解放軍參加二〇一八年「環太平洋軍事演習」（RIMPAC）。這等於宣告了中國並非盟友，而美國也希望與亞太甚至印太國家聯盟，共同應對中國的崛起。不過，美國並非要「摧毀」中國這個國家，而是要中國改變「體質」，這涉及了中國「體制」的改變。

馬蒂斯雖出身軍旅，有儒將之稱，閱讀過大量書籍，對中國的了解更是歷任國防部長所不及。馬蒂斯在意的便是，這種明朝的「朝貢體系」若建構成功，中國就會把目前國內的威權體制推展到全世界，以軍事力量主宰海權。對美國而言，中國因目前的開放貿易體制而得利，但在富強後卻試圖改寫規則，主宰經濟體制，與西方現實主義不同的是，「朝貢體系」是以「一元」為中心，體系存在上下尊卑關係，在現實主義對國際社會的無政府狀態、非等級的觀念上，「朝貢體系」呈現出相反的現象，是尊奉中國為「上國」的觀念，而習近平所稱的「中國夢」，正好是恢復這樣的國際秩序，從一九八四年中國與英國達成《中英聯合聲明》，到一九九七年香港回歸中國、一九九九年澳門回歸中國以來，在中國眼中，只要台灣回歸到中國，便等於回到過往中國強盛的狀態，而是否進一步回到漢唐盛世，輸出中國文化，並重新建構國際遊戲規則，即國際法秩序，便是西方國家最關切的事。

至此，我們要問的是，崛起中的大國，是否應該遵守國際社會目前應遵守的法規，或者應另立國際法體系？而崛起後的大國，又是否一定要改變現有國際秩序與法規，使得其他國家無法向其挑戰，而一貫維持其霸權的地位，這在人類歷史發展上觀察，國家無法永遠維持其霸權地位，但所設定的國際遊戲規則的延續，才是各國所關切的。例如海權國家一向主張的開放海洋，也就是公海自由制度，隨著荷蘭、英國與美國相繼成為國際海上強權，這種體制都被這些國家所遵奉，但如果中國在某些海域不承認其他國家擁有自由行使的權利，非得引入歷史權利而成為中國所獨享，這便是美國作為既有的海上強權對未來中國忌憚之處，也是美國積極要求中國進入並遵守目前國際社會法律體系。所以我們看到，無論是二〇一三年至二〇一六年的「南海仲裁案」，或二〇〇二年《南海各方行為宣言》及未來可能達成的《南海行為準則》等，中國遵守與否，都將是美國及東南亞國家測試崛起後的中國，是否會繼續遵守現行國際法或海洋法的試金石。因此，當外界懷疑中國正試圖形塑所謂的「中華法體系」時，各國須面對的是對國際法治的衝突。如果說中國可以創造具有中國特色的社會主義道路，那麼創造具有中國特色的國際法體系也不足為奇了，而「朝貢體系」正巧為此而服務，這種深植於中國的政治文化傳統，究竟有沒有辦法改變？作者當然也不好說。

作者在本書結論中對美國等西方國家提出的建議是：「美國應該沉著、冷靜地承擔這些事。今天的中國是一個幾乎沒有盟國的國家，而美國卻擁有遍布全球正式的同盟關係網絡，更有一套以參與、開放、民主和人權為基礎的基本價值，對世界各地的人——通常也包括不友好的國家或甚至敵人的公民——構成極大的吸引力。」中國幾千年來的傳統文化，「朝貢體系」的觀念早已深植於中國民心，唯有透過教育及政治文化的轉變才能改變，但在中國共產黨獨裁政權嚴格思想管控下，改變的可能性趨近於零，而中國所謂的知識份子也在黨國利益下，大多數成為政治服務的對象。

在這種悲觀的環境下，作者的建議的確為身處中美政治板塊交集的台灣，打了一支強心劑；換言之，以價值體系維持同盟關係，進一步應對中國的崛起，或許是目前有效的方式。台灣受到來自中國的政治與軍事威脅從未間斷，因為經貿上的聯繫過於緊密，受到來自中國經濟壓力也常成為民主選舉過程中的威脅。但台灣自脫離威權獨裁政體以來，民主、人權與自由早已成為台灣人民生活中的一部分，台灣的民主經驗與成就舉世皆知，融入國際社會並遵守國際規範，也成為台灣自我要求的目標，民主價值更是與美國等民主國家結盟的重要基礎；誠如美國前民主黨總統候選人希拉蕊（Hillary Diane Rodham Clinton）所說：「我了解他們（指中國）的做法，假如他們知道我成為總統，他們就必須遵守規則。」這種要中國守國際規則，是國際社會多數成員國的目標，也是目前的共識。唯有中國往此方向前進，遵守《聯合國憲章》和平解決兩岸之間的糾紛，才能成為可能。而這正揭示了中國不再以「朝貢體系」輸出威權體制為「己任」，中國民主化雖然路途遙遠，但卻是亞太甚至全球和平的重要基石。

這本書對有意深入了解中國崛起的背景因素，可從歷史脈絡中找尋到想要的答案，對於中國長期面對的重要對手東北亞的日本以及東南亞的越南，作者點出了中國在數百年來東亞權力競爭史上的角色。在戰略優先選擇上，中國向南海海域發展並強硬地進行主權主張，這一切看似寫好的劇本，等待著讀者在傅好文書中仔細品味。欣聞遠足文化出版社出版此書的中文版，並由國內權威譯者林添貴先生翻譯，相信更多讀者可以從作者的章節安排，了解中國真正的野心，也是判斷未來中國與美國權力爭霸重要的參考指標。作為本書廣大的受益讀者之一，我很榮幸為傅好文的新作為序。

導論

從前有個國家，位居世界中心，其地位受到遠近各方民族承認。在今天，我們稱這個國家為「中國」。

使用「國家」這個字詞其實會騙人。今天我們在地圖上立即指認「中國」的這個國家，其實存在時間並不久。在其歷史大部分時間裡，這塊朝代嬗遞統治的土地，也不認為自己是個國家，更不用說它也不會視其鄰邦為國家。不論是就地理形式或就其思想的相關性或適用性而言，它是個帝國，而且大半時間是沒有邊界的帝國——法國人會稱之為影響範圍（rayonnement）。有人會說，從來就沒有過更普世的統治概念。務實地講，對中國歷代皇帝而言，世界大略可劃分為兩個廣大、單純的類別——文明和非文明——意即有些人接受他是統治者、天子至高無上的地位，以及天朝價值的原則，另外一些人則不然——這些人就是所謂的化外之民。[1]

在過去兩千年大部分時間裡，從中國本身的角度來看，中國的常態就是天下歸於一統，用中文來說，就是「天下」的觀念。[2]這個詞不能拘泥字面來解釋。從很早期開始，中國就意識到遠方另有天地，包括其他偉大帝國（如羅馬）的存在，但它與這些遠方世界的接觸很薄弱，因此在經濟與政治意義上都不足為道。

在中華帝國的地緣政治上，對中國而言，在天下——從這個脈絡來看，有時可解釋為「已知的世界」——最重要的是一片廣袤、熟悉的地域，包括鄰近的中亞、東南亞和東亞。在這些區域當中，中亞對華夏權力（Chinese power）近乎持續的挑戰，而且經常是公然的威脅。中國歷代的版圖有大有小，大都視漢人與其西方或西北方民族（不論是突厥人、蒙古人、滿洲人、西藏人或其他族裔）的勢力均衡變化而異動。（中國曾經兩度遭到來自這些文化的入侵者之統治，一是一二七一年至一三六八年的蒙古人元朝，一是一六四四年至一九一二年的滿洲人清朝。）

在地理上，我們往往把海洋視為障礙，有效地將國家、區域和各個大陸隔離開來，而在遠古時代，更是幾乎使它們彼此孤立。但是東亞海岸以溫和銜接的月彎形，從朝鮮半島向南延伸到麻六甲海峽，更典型地扮演起華夏文化和聲威、華夏商務，乃至華夏權力的傳送帶，雖然只是偶爾才傳送硬權力。至少從唐朝（六一八—九〇七）開始，直到一九一二年中國結束王朝嬗遞統治為止，在某種程度上，這個海洋區域的人民經常順服中國，承認其中心地位，鬆散地追隨其領導。

華夏權力以這種方式運作，支撐起人類文明最了不起的一種國際制度——有時稱為極其鬆懈的獨特形式，而中國以這種另類間接的統治方式治理相當眾多的人。這種描述未必恰當，因為中國與其東方鄰國的關係就有一些重要的變化，包括接觸與服從上的強度不同。然而，在這個十分有彈性的大中華和平（Pax Sinica）的根基下，有一個基本的假設前提相當合理地保持一致性：接受我們的至尊地位，我們將賜予以政治正統地位發展貿易夥伴關係——以現代國際事務語言來說，提供某種範圍的公共財（public goods）。這些公共財包括巡守海上公共領域、調停糾紛，准許接受中國近乎普世、以儒家精神為基礎的學習制度。在這個區域裡的核心國家，如朝鮮、越南和日益交惡的日本，中華價值、中華文化、中華語文、中華哲學與中華宗教，在相當長的一段歷史中都被視為基本的參考架構，甚至是普世的標準。

這裡所謂的「制度」，即西方長久以來所謂的中國的朝貢制度（但中國人從不這麼認為）。這段期間可以上溯至漢朝（西元前二〇六年—西元二二〇年），中華帝國範圍內的民族定期派出「使節」，向中國皇帝行禮儀上的臣服。中國朝廷則透過賞賜方式賦予貿易權利，代表極大的恩惠，以作為雙邊關係強大的潤滑劑。中國人提到這種制度時，其語言文字往往充滿委婉而自大的言詞，經常把這類今天稱為外交政策的工作說成是「理藩」。

十九世紀有一段記載：「為了控制野蠻人，聖賢之君在他們來（入侵中國）時，要懲罰和抵制他們，在他們離去時，要有準備和戒備。如果被中國文明所吸引，他們會來朝貢，他們會受到禮遇，並維持鬆懈但不切斷的關係，因此若出了岔錯，其咎也在他們。」[3]

在這個制度下，中國皇帝透過賜封方式承認外國領袖的頭銜。即使他們坐上寶座，馴服的進貢國新統治者仍需安於儲君的頭銜，靜候天朝皇帝賜下冊封詔書，以免冒犯禮儀。

這件事有多麼嚴重，西元前二世紀一則發生在越南的故事是最鮮明的例子。當地的土王妄自尊大地在自己國家自封為皇帝，漢文帝的反應極為快速、明確。他下詔指責越南君主。南越國王的回應只能說極盡謙卑之能事，承認「吾聞兩雄不俱立，兩賢不並世。皇帝，賢天子也。自今以後，去帝制黃屋左纛。」[4]來自中國的反彈可從兩個層面來談。再明白不過的是，這是在其本國內直接的聲明，大漢皇帝不會縱容任何人與他並肩而立。除此之外，中國也發出這樣的訊號：當覺得其中心角色或重大利益可能受到挑戰，中國決心到世界任何地方去干預。我們看到，一九七九年，也就是距離上述事件逾兩千年之後，中國發動侵越戰爭，仍是強調這個重點。

事實上，中國在前述事件後幾個世紀裡，曾多次出兵攻打越南，直到今天仍影響中越的雙邊關係。但是，動用武力遂行意志不是好辦法。日本學者濱下武志曾經寫道：「任何霸權秩序都是一樣，（朝貢制度）以軍事力量做後盾，當制度運作良好時，當涉及政治、經濟互惠的原則時，會允許長期的和平互動。」[5]

一般來說，朝貢制度使中國的貿易讓利及不斷接待來訪外國使節團的費用，遠遠超過它和這些周邊小型社會商務往來可能獲得的收益。然而，這個說法忽略了此一制度對中國皇帝在國內的政治價值。鄰邦統治者獲得中國皇帝的承認是十分重要的，中國歷代皇帝得到四方外國人定期遣使叩頭，以示臣服其道德威望與權力，也十分重要。換句話說，當其他人願意恭順地向皇帝跪拜，他便可向國內證明他具有無上的道德權力，套句老話，他具有天命。這個思維在中國帝制時期接近尾聲時，與朝代初建的漢朝一樣，一路世代相傳。當英國在十八世紀末期臻至全球大國巔峰，派出使節團到中國，試圖站在平等立場與大清建立關係，乾隆皇帝破例允許英王喬治三世的特使到北京「朝覲」。經過九個月的海上航行終於抵達中國，英方赫然發覺，往北京的路上掛滿大字旗幟，宣布這個歐洲人使節團是來向皇帝朝覲。沒錯，乾隆皇廷昭告民眾，愛爾蘭裔的使節團長喬治．馬戛爾尼（George Macartney）是英王王室成員，遠渡重洋來此「接受文明」。[6]

著名的哈佛學者費正清（John King Fairbank）研究朝貢制度，他寫道：「大部分朝代在內亂外患雙重打擊下滅亡。因此每個政府都承受極大的壓力，要讓其對外關係吻合這個理論，確立他們統治中國的權威。」[7]

這個思想的精髓甚至延續到當代的中國政治思想當中。二〇一五年北京大學國際研究學院院長王緝思寫道：「打從『新中國』一九四九年建立以來，中國的外交及內政政策都服務相同的目標：維持在共產黨領導之下的國內政治安定。」[8]

在今天，西方國家很少人理解，大家視為理所當然的「國際制度」其實是晚近的發明。它形成於十九世紀中葉至二十世紀中葉，就在中國受到其他國家壓制，以及它所支持的秩序、與回過頭來支持它相當長久一段歷史的秩序開始被取代之時，才開始拼組起來。

在現代世界誕生之際，中國正墜入其相對區域力量及影響力的最低點。中國長久以來的常態是，對它的價值與倫理、本身的文化，及本身無可置疑的中心地位，毫不動搖地堅信具有持久的普世性。新的西方式全球普世性，卻不是依據預設的世界自然階層，以中國為頂峰，而是假設清晰界定的國家一律平等（至少在法理和理論上如此），其立足點是猶太—基督徒的理念和體制、選舉民主普及化、公開貿易，而非經過管理的朝貢交易，甚至是快速出現的國際法體制。支持所有這些言之成理概念的當然是西方列強，到了二十世紀，就是美國的大國力量。

長久以來中國本身運作成功的國際制度，以及幾乎不受挑戰、天經地義的文明標竿地位，必然要改變，轉為它很難接受的大降級。然而，西方人卻忽略了，在過渡到現在我們所熟悉的這個世界的殘酷環境的過程中，中國的國勢卻是空前的衰弱，以致對當今之世的常態產生不尋常、深刻的愛恨交織心理，而今中國國勢日益強大，每過一年，這種感覺就日益明顯。

近五十年前，毛澤東以大體上經濟自給自足的方式統治，與戰後制度處於幾近永久性、革命性的緊張狀態時，費正清輕描淡寫地寫道：「現代中國在十九、二十世紀難以調適接受民族國家的國際秩序，有一部分是源自中國式世界秩序的偉大傳統。這個傳統至今仍留在中國人的思維當中。」[9]

對於中國式世界秩序的沒落，最常見的描述是：粗暴的西方帝國主義向東亞大舉進軍。中國本身在其教科書和民族主義的文宣中，把建造現代世界的一百年稱為「百年國恥」時期——英國人發動鴉片戰爭，英法聯軍又洗劫北京。雖然西方列強侵略性地擴張進入東亞以中國為中心的世界，是這段時期十分重要的事實，西方所達成的成績其實更像是改造了舊中國世界，旋即將它帶向更加劇烈的變化。其實這不是西方人造成的，而是自古以來東亞的臣服國家所造成的，因為中國的自我形象與地緣政治現實之間的巨大差距，已經變得難以為繼。

雖然亞洲許多國家都冀求進入剛萌芽的國際制度，但確切為這個區域持續兩千年的中國中心秩序拉下布幕的驅動者，無疑是日本帝國。一八九五年日本先在甲午戰爭中擊敗比它大許多的鄰國，此後五十年間更在評估國力的每項指標上，幾乎全都超越中國，直到二次世界大戰，才因軍事不知節制、濫肆擴張而戰敗，被趕出了中國。即使是因為美國出力才戰敗，往後數十年日本在多項指標上仍然領先中國，最明顯的是人均所得和生活品質。不過，就科技進步和全球文化影響而言，日本領先之勢已逐漸縮小。日本攀升大國地位，很大一部分是以中國的犧牲奠立基礎，這證明以下這句名言歷久彌新：「同時出現兩個皇帝時，其中之一必須被毀滅。」[10]的確，直到今天，東亞從未顯示大到足以容下兩個大國和平共存，而日後是否能容下一山二虎，這個問題一直是籠罩在本區域的陰影，也構成本書所要探討的許多問題。

從這個角度來看，朝貢制度在中國人心理上流連不去的地位，如今出現了新的重要性。中國被西方列強欺負、羞辱是一回事，中國思想家心理上卻相當寬慰，絕不會期待遠方夷狄接受中國的美德和文化優越。然而，中國在十九世紀末期開始被新興的日本擊敗，卻是另一回事——斯可忍、孰不可忍。因為中國人根深柢固的觀念是：日本天生就比中國低劣，它從文字、文學到宗教、治理，無一不源自華夏文明。直到今天，這段歷史釋放出來的能量仍相當強勁。梁啟超是二十世紀初期中國知識份子的巨擘，也是中國現代民族主義誕生的代表人物，他曾經寫道，中國在甲午戰爭敗給日本，「把我國從四千年大夢中喚醒。」[11]

二十世紀下半葉大部分的時間裡，包括很長一段毛澤東當權的時期，北京對日本採取比較寬鬆的態度，在一九八〇年代初期展開中國所謂的改革開放時期，熱切地吸收日本的科技和日益增加的投資，並且研究日本的成功經驗。在這段時期，北京刻意不去強調過去的歧異。中國對於美國在東亞的軍事優勢地位，在後毛澤東時期同樣採取大體上接受的觀點。回顧起來，這兩個立場在不到十年之內因為中國國力突然大增，產生劇烈變化，論者往往會說，中國只是很務實地評估本身實力太弱，對上述兩種狀況都無能為力，因此只能集中全力悄悄地建設本身實力。它的確是這麼做了，如今隨著國力大增，中國的自我意識膨脹，日本又回到中國人視線的中心位置；北京對日本政策的焦點——事實上，對原本界定朝貢制度的整個海洋區域，尤其是越南和菲律賓，都是如此——即恢復從大中國觀點所認定的天然秩序。我們必須說，這不僅是中國國家機關，也是日益上升的民粹民族主義所掛念的。因此之故，這個宏大規畫的成敗將深刻決定強悍的習近平以降中國領導人的正當性，甚至也可能決定中國共產黨的存亡。

然而，中國的終極目標絕不只是恢復類似區域秩序的舊貌，在全新改版的朝貢制度下，東南亞國家以及富裕且通常謙卑的日本，都將別無選擇，將它們的未來與其掛鉤在一起，向北京的權威俯首。一個更大、更有野心的目標已經逐漸浮現。中國這個野心從還未明言的行為中已可看出，它涉及取代美國在本區域的權勢力量，以其做為無可取代的踏腳石，逐步邁向二十一世紀的世界大國。時殷弘是中國最著名的外交政策現實主義思想家，曾經撰文描述習近平的目標是「給中國在亞洲和西太平洋一個主導角色——以美國的優勢作為代價」。[12]他曾對我說道：「西方不應該再去多想如何將中國整合進西方的自由主義秩序，而應該試圖遷就中國。」他說，其最終意義就是美國接受於太平洋與中國在軍事上平起平坐，在中國近鄰海域讓出所謂「狹窄但充足的戰略空間」給中國，並且放鬆美國在本區域的同盟結構。

即使時殷弘身為備受尊崇的政策圈內人士，他的觀點並非官方觀點，但其指向一個或許堪稱我們這個時代國際關係領域最重要的問題：中國可能成為怎樣的大國？接下來各章冗長的內容讓我們在了解中國悠久的歷史之後，能夠理解中國過去如何構思並運用其力量。我不相信一些人所謂的文化基因，中國及世界有其無限的機遇變化，太複雜了，絕非如此單純。不過，引據這些傳統，並且探討一些中國在歷史上的反思，或許我們能夠更了解中國在未來幾十年可能如何運用其日益增長的國力。

第一章
國恥

在一天之內，從東京出發、趕一千二百英里路，前往琉球群島最遠端的與那國島（Yonaguni），必須起個大早。先趕到沖繩縣首府那霸（Naha），轉搭唯一每週只有兩天才有的班機。

戰後日本享有堪稱全世界最和平的大國之美譽。但在沖繩，即使在空中，也躲不掉這個普遍接受的印象並不完整、甚至有點騙人的感受。就在我們即將抵達那霸要降落前一會兒，日本自衛隊三架白色戰鬥機與我們飛機並排前進。下方的碼頭和海面上，自衛隊海巡快艇和其他小型船隻的白色船體，在蔚藍、平靜的太平洋海水中顯得特別醒目。

一九四五年四月初，以美軍為首的盟軍對沖繩發動猛烈進襲的日本之戰，自身傷亡一萬四千名官兵，同時殲滅了至少五倍的日本部隊，另外又造成四萬二千至十五萬名平民的死亡，沖繩因此留名青史。美軍攻占沖繩後，以它為跳板，俾能針對日本本土列島發動更艱鉅的大戰，目標是攻克東京，或迫使日本投降。後來因為美國八月初在廣島和長崎投下兩顆原子彈，戰爭才告結束。然而，美國在沖繩的故事並未因此畫下句點。

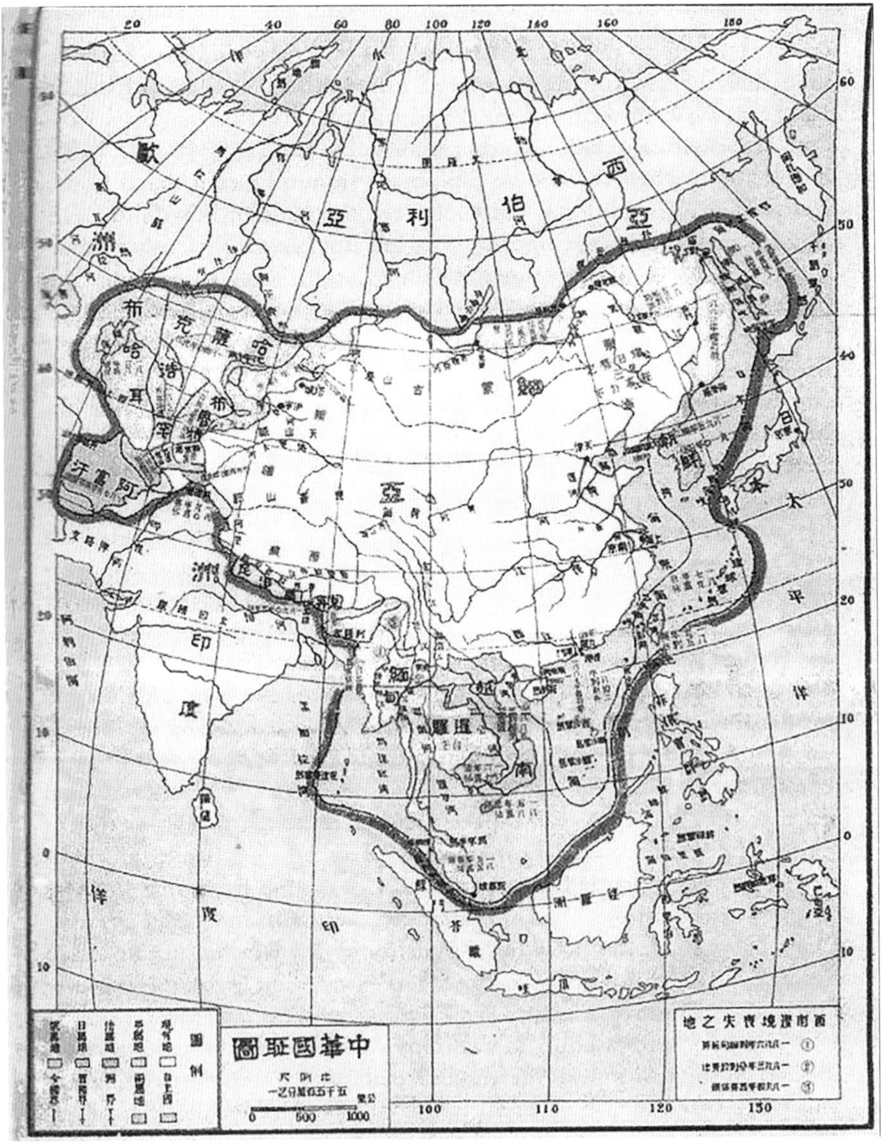

國恥地圖

美軍從此未曾撤離。接下來七十年間，沖繩成為美軍在西太平洋最重要的支柱，美國似乎可藉此牽制僅有四百英里距離之隔的中國。從本地人的角度來看，常駐日本的美軍部隊人數約兩萬五千人，其中百分之六十三駐紮於沖繩，而沖繩卻只占全日本陸地面積不到百分之一，沖繩人對此非常不滿。

搭上前往與那國島的班機，我們沿著如項鍊般的一串小島上空往沖繩西南方飛行，先經過宮古島（Miyako），再經過西表島（Iriomote），然後經過一群更小的島礁——有些很平坦，布滿農業耕作的幾何圖案，有些則是蒼鬱、多山，潮汐起伏圍繞著它們的珊瑚礁。來到這裡的遊客大都是因為嚮往本地旺盛的衝浪和潛泳活動，或是衝著半原始的天然美景而來。然而，水面底下卻更吸引人，因為它們是帝國起伏的間質組織（interstitial tissue），在今天更是東亞地區近年重啟重大地緣政治競爭的聚焦點。就在這片海面上，中國以其新興的財富與兵力，加上些許不耐煩，與過去一千三百年不斷較勁的鄰國日本，並準備攤牌。

過去數百年，被集體稱為沖繩——「海濱之繩」[1]——的這一串島嶼，曾經是半獨立的琉球王國。很長一段時間裡，對中國而言，這個小王國代表朝貢制度的累贅，因為這樣一個小型藩屬國頻頻派遣使節來訪，接待費用遠超過雙邊貿易的價值，因此一八七九年當日本兼併它時，北京並未大聲抗議。不過，在晴空萬里的高空上，我們很容易理解琉球對一個新興強國全球野心所構成的重大障礙。

整個日本列島呈現狹長群島的形狀，像一把弧形鐮刀從冰天雪地的俄羅斯港口一路向南延伸到亞熱帶南中國海的前沿。從海上航行的角度來看，日本列島有如部署在中國外海的一道巨大的柵欄，靠著幾個容易防守的扼制點就可局限中國進入太平洋汪洋大海。與那國島位於列島南端，是日本最西端的領土，和台灣僅有六十二英里的距離，有時目視可及。基於這個原因和歷史因素，琉球成為中國極重視的焦點。在這裡，這道海上藩籬既是最脆弱的，也最具戰略意義，因為它扼住連結華南和太平洋廣大海域的重要航道。

在過去近四十年間，中國重新崛起，這段期間日本對北京代表了許多意義。在中國改革開放初期，尤其是一九八〇年代，日本是中國外來投資的重要源頭。中國現代史上第二次將日本視為經濟上可供研究和學習的國家，在中國追求現代化的過程中從日本選擇性地抄襲複製。此後不久，中國快速累積成功的經驗，日本又成為中國要超越的指標，以此證明中國的命運已經贖回，其真正的潛力已經實現。雖然中國人均所得遠低於日本，但中國在二〇〇九年卻跨越了一個重要里程碑，取代日本成為世界第二大經濟體。

但在現代，經濟只是中、日兩國間高度競爭動態關係上的一個層面。日本在第二次世界大戰戰敗，美軍占領期間為它留下一部獨特的「和平憲法」。儘管如此，日本還是不可避免地被北京視為六十年的美日同盟所支持的重要軍事對手，而中國若要恢復其在本地區應有的地位，就必須克服它。民族主義意識強烈的北京《環球時報》經常砲聲隆隆，它曾在二〇一四年九月的一篇社論公然倡言：「我們應該試圖在重要領域對日本取得壓倒性的優勢。東京只知道尊重曾經痛擊它、或比它具有更強大戰略能力的國家。」二十一世紀以來，中國即一再展現它已發展此一更大的能力，不斷派出海警、漁政甚至海軍船艦進入琉球島鏈附近海域，也派出軍機進出琉球上空，不但挑戰了日本對某些島嶼所主張的主權，也要讓日本疲於奔命。

如果這是一幕戲劇，中、日恢復競爭，劇目可以命名為「歷史的復仇」。這齣戲的主角是恢復元氣的中國，鬥志旺盛、猛力進攻，就有如因對方故意不當行為而受到重傷、後來傷癒復元的原告，在求償訴訟官司中的那股熊熊怒火。中國要求被告償還的損失，包括五個小島和三塊禿岩所組成的尖閣群島（Senkaku Islands）——中方稱為釣魚台列島，這些島嶼鄰近琉球，但地理上與琉球有別。日本自一八九五年兼併尖閣群島以來，便控制著這些無人居住的島嶼。由我們所熟悉的當今國際制度標準而言，它或許是相當長一段時間，但是以中國悠久的歷史而言，它卻只稱得上一瞬間。中國朝廷記載，早在十五世紀，釣魚台列島就是航海人員前往琉球王國途中的一個導航標記。但對忿忿不平的中國人而言，更重要的是日本兼併它的時機，正好是在甲午戰爭擊敗中國之後，這加速了歷史悠久中華中心世界的崩潰。

與那國島面積只有十一平方英里，島上只有祖內（Sonai）這個小市鎮。出了祖內，有時數小時碰不到一個人。我參觀與那國島時，在一個小型養馬農場稍停留。我和農場的工人聊了起來，他熱切地說著對他而言一個罕見的大消息。他說日本政府剛做出讓本地人相當不悅的決定，它要在與那國島蓋一座雷達站，以及供新組建的陸戰隊使用的營地。他指著不遠處一塊險峻的懸崖，那就是雷達站預定地。他說：「本地大多數人都不贊成在島上興建雷達站。但要快速部署的話，肯定沒有更好的地點了。」[2]

其實我已在日本報章上讀到報導，知道在東京和北京競爭日趨激烈之下，與那國島已被賦予更大的角色。中日交惡可追溯到一千四百年以前。當時日本女皇推古天皇（Suiko，譯按：五九三—六二八年在位）派遣「使節」到隋朝首都長安；使節團團長攜帶一封信照會中方：日本不再滿足於扮演普通藩屬國的角色，自認為應與中國平起平坐。

要了解日本人為何要在與那國島興建早期警報雷達站以及快速反應部隊基地，一個說法是它又表露出它的強硬，堅定而公開地表明東京未被中國的廣土眾民、兵力強盛或氣焰囂張所嚇倒。但與過去不同的是，昔日兩國接觸不多，尚可維持共存態勢，而現在可說是犬牙交錯、近在咫尺。

然而，還有另一個看法是日本很謹慎。在我參觀與那國島後幾個月，美軍太平洋艦隊情報主任詹姆斯．法奈爾（James Fanell）的一席話，證實了與那國島在中日瀕臨鬥爭下的特殊地位。法奈爾上校在聖地牙哥舉行的海軍會議中令人意外地坦率宣布北京在此地區的意向，他根據北京二〇一三年大規模軍事演習為例證，聲稱中國準備發動「簡短而迅捷的戰爭，摧毀日本在東中國海的軍隊，預料將奪取尖閣群島」。[3]

法奈爾上校這番話立刻遭外交政策圈許多人的批評，幾個月後他悄悄地被迫提早退役。但我們觀察北京在東海海域的行動，很難不得出以下結論：中國若非準備做出法奈爾所判斷的行動，就是希望在日本人心中灌輸恐懼感，而且極可能也是對美國人提出警告。

自從二〇一〇年以來北京採取更強硬的戰術，中日兩國間狹窄的海域便對日本構成日益強大的壓力。二〇一三年一月，一艘中國護衛艦將發射雷達鎖定一艘日本驅逐艦，這種行為通常代表威脅隨時要動武，特別是不友好國家在爭議地區狹路相逢。在這種情況下，我們不難想像兩國可能很容易擦槍走火、意外爆發衝突，例如當雙方戰鬥機或海巡船隻碰撞造成傷亡時。

在過去這種危險的事故不是沒有先例。美國和中國在二〇〇一年曾因類似的狀況，陷入雙邊重大危機。美國海軍一架EP-3E偵察機在距離海南島七十英里的中國外海上空蒐集訊號情報時，一架中國戰鬥機的飛行員與它擦撞而墜機身亡。當時中美的軍力差距相當大，其阻止了北京的軍事報復，把損害局限在外交關係上。

然而，中日在分隔兩國的這片系爭海域的實力差距卻小許多，一般認為日本稍微領先，但中方即將快速追上。就實務面來看，這代表了即使中國不認為目前是直接衝突的適當時機，但若發生意外的傷亡事件——特別是中國以前是輸家，那麼中國恐怕很難或甚至不可能退縮。主要原因出於歷史因素——過去的歷史、正在形塑的新歷史及未來的歷史。

二〇一二年十一月習近平接掌大權之後，他劍及履及地為未來十年任期定調。他第一次踏出北京視察，就到廣州軍區視察部隊，告訴他們：「能打仗、打勝仗，是強軍之要。」[4]幾個月後，中國從烏克蘭購買、改裝而成的第一艘航空母艦「遼寧艦」下水服役前，他也親臨視察。如果不是中國啟動報復性的民族主義宣傳活動，習近平初期的軍事訊息也不會那麼引人矚目。

以週年紀念日而言，在中國或其他文化裡，七十七不具有特殊重大的意義。但在二〇一四年七月，習近平舉行了有史以來最盛大的抗戰爆發七十七週年紀念活動。依中國人的說法，一九三七年七月七日發生在北京近郊的盧溝橋事變是全面抗日戰爭的開始，因此「七七」既是重要的週年，又是利用反日情緒的機會。習近平在演說中譴責日本漂白歷史，誓言「付出了巨大犧牲的中國人民，將堅定不移捍衛已用鮮血和生命寫下的歷史」。他結束講話時，在場的中國青年群眾給予毛澤東式的歡呼，集體高呼：「毋忘國恥！實現中國夢！」

習近平掛在嘴上的說法是「大國復興的中國夢」。自毛澤東以來，中國歷任領導人都效法帝制時期傳統，為每一代政權制定一句口號。但是毛澤東的繼任人大都會等上幾年，甚至在第二個五年任期展開時，才揭示他們主政的綱領思想。習近平卻是一上台就公布他的目標。而紀念七七事變也不是偶一為之的活動。習近平上台後便定期籌畫一系列宣傳活動，目標是提升民怨、導向日本。

二〇一四年一月，東北城市哈爾濱出現一座朝鮮獨立運動志士安重根紀念館，紀念他在一九〇九年行刺日本第一任首相伊藤博文的事蹟。隔月，官方頒定兩個新的國定紀念日，全都衝著日本而來——「抗戰勝利紀念日」與「南京大屠殺紀念日」。北京政府斥資六百萬美元，以完整尺寸仿製一艘在中日戰爭（譯按：指一八九四年中日甲午戰爭）中遭日本擊沉的八十公尺長的中國軍艦，意在提醒中國人民此次戰爭失利的恥辱。

習近平絕不是第一個採取強硬民族主義路線做為權力工具的中國領導人。自一九九〇年代以來，北京政府就推動民族主義愛國教育，意在將歷史教育聚焦於所謂的百年國恥。只不過以前的領導人通常在這方面做得比習近平細膩。譬如二〇〇八年我在中國任職期間，中國領導人審慎地讓七七抗戰紀念日悄無聲地度過，以便和日本談判在東海共同開發海底天然氣田。同樣的，只要合乎需要，中國過去的領導人也願意承認日本以前的努力，承認並修正他們曾經對中國侵略與施暴。

然而，今天我們很清楚地看到，中國領導階層擺脫了這種柔軟身段，不遺餘力地確保中國人民切記國恥。習近平在紀念日本第二次世界大戰戰敗的場合上採取了罕見的作法，把中國共產黨最高領導成員中央政治局常委會七名常委一字排開亮相。[5]他發表前述「鮮血與生命」的演講後兩天，《重慶青年日報》這份重要的報紙刊出一張全版的日本地圖，顯示廣島和長崎上空籠罩著原子彈爆炸的蕈狀雲，嘲笑這兩座城市曾被原子彈毀滅。

同時，在中國只要打開電視機，鋪天蓋地迎面而來都是戰爭劇情片，一面倒地專注播放日本人的暴行。[6]單單二〇一二年這一年，中國就製作了兩百多部反日電影，有位學者估計中國百分之七十的電視劇都涉及抗日戰爭的劇情。上海同濟大學文化評論家朱大可告訴路透通訊社記者：「只有抗日主題不受限制。電視劇製作人認為唯有透過抗日主題，他們才能獲得喜愛觀看、思想狹隘的愛國觀眾的掌聲。」真正的問題在於，他所謂的思想狹隘的愛國觀眾不僅指一般大眾，也包括國家高級領導人——中國學者當然不會這麼說。二〇一四年，一位與國家領導人有密切接觸的著名中國外交政策思想家在接受我的採訪時說道：「自習近平上台以來，在會議裡隨時可感受到仇日氛圍。每件事都指向懲罰日本、懲罰可惡的安倍。」他指的是日本高度保守派的首相安倍晉三。中國領導人從小便習於聽到父執輩暢談對日抗戰的生動故事。

除了仇恨及宣傳的目的，以及動員民眾強化仇日競爭之外，仇日還有另一個強烈的動機：它強化了一個沒有任何現代意識型態支撐、搖搖欲墜的政治制度，而且這個政治制度也不像上一代席捲全國的經濟改造那樣能夠自我改革。在目前後馬克思主義、準資本主義風行，但嚴格約束的共產黨當家主政時期，中國的體系搖搖晃晃地站在兩腳凳上。它的正當性大都仰賴經濟快速增長的支撐，但也少不了民族主義做後盾。

美國自二〇〇八年陷入金融危機，日本自一九九〇年代非凡的崛起後轉為收縮，又轉為微不足道的成長。中國的經濟也可能像其他國家一樣，隨時出現重大逆轉。二〇一五年七月中國股市崩盤，上海證交所綜合指數在短短三週內大約蒸發了三分之一的市值——而前一年卻是令人目瞪口呆地一路狂飆，這暴露了原先極端自信的習近平政府的政治焦慮。北京因深恐股市崩盤會動搖共產黨統治的正當性，而下令停止約一半股票的交易，及暫停發行新的初次公開上市股票，禁止賣空，並威脅動用執法機關，追查刻意破壞市場的地下經濟。除了上述所有非常措施，北京又下令一群大型國家銀行投入約二〇九〇億美元護盤，來遏止頹勢。[7]二〇一六年一月股市再度發生一波拋售潮，又加深了對中國經濟模式健全與否，以及習近平政府是否有能力推動逾時已久的改革之疑慮。

當中國進入長期的結構調整，必須擺脫對出口、重工業及基礎設施投資的倚賴，並正視其中所隱喻的經濟成長率勢必遲緩下來的現實之際，其撩撥對過去領土淪陷歷史的復仇精神，及來自民族主義的反日激情，便成為維持執政團隊持續當家且更加必要的迫切手段。北京中國社會科學院國際研究學部主任張蘊嶺直率地告訴我：「我們當然必須強化愛國主義。愛國主義對崛起的大國十分重要。」

中國準備就釣魚台所有權對日本發動注定的正面挑戰，或許不會那麼快到來，但明顯已日益趨近。中國一般民心不僅無法原諒日本，也經常顯露出愈加對政府沒有耐心，這反映出渴望某種行動、展現力量的風暴正在醞釀中。此外，北京許多最冷靜的外交政策和國際事務分析家也說，他們擔心政府日益成為其本身言論的囚徒。

一位備受敬重的學者在二〇一四年告訴我：「有一種觀點認為，我們只要意志堅決，就可以勝過日本。在今天，訴諸戰爭的想法很容易就浮現上來。二〇一〇年，中國出現大規模的反日示威活動，但當時並沒有人談到與日本一戰。然而，兩三年後人人便開始把戰爭掛在嘴上。你可以聽到中國的民眾說道，在胡錦濤當家的多年軟弱時期（胡錦濤是習近平之前的總書記兼國家主席，任期為二〇〇二年至二〇一二年，他的個性平和，行事作風講求共識），中國未保護自己的利益。現在他們說，我們做得到了，因為我們已經成長得更強大。因此我們必須行動。你甚至可以感覺到，習近平真心相信這點，他也覺得這是容易被人視為偉大的方法。誰不希望被推崇為偉大呢？」

類似的評論在北京專家圈算是相當溫和的意見。另一個重要的國際關係學者告訴我：「中國已決定成為海洋大國。這表示中國與日本的這些爭議沒有機會善了……我們必須以武力解決它，或至少必須考量到動用武力。」

人民大學著名學者時殷弘說：「中國政府不能改變它（對海上議題）的立場。認為這個衝突會過去，是不切實際的。」

接下來，我要探討中國對權力及其在本區域地位的概念形成的歷史，它對中日攤牌，及其衍生的與美國爭逐世界龍頭老大地位和影響力的觀點，將如何演化。

在各種情況下，攻打釣魚台代表著中共在面對國內的輿論認為，再不示範地使用新得到的力量來對付最頑強的區域對手，中國將無法繼續更加富強，於是中共孤注一擲。對一個不再安全的體系來說，延緩對抗將虛耗掉其在國內的正當性，與敗在日本手下將對黨造成無法復原的災難一樣慘重。時殷弘以法國大革命來解釋箇中風險。他舉托克威爾（A. Tocqueville）為例而指出，談論法國十八世紀的大動盪，若只著重於社會新生因素已超越封建體制，其實是錯誤的，真正激發法國大革命的是輸掉和普魯士打了七年的戰爭。他對我說：「我們在中國也看到相似的模式。不管在什麼時候，當政府輸掉一場重要戰爭，接著就要激烈改革，否則就會崩潰。現在我擔心我們的外交政策得靠上天保佑。」

這表示世界要有準備，大勢以分隔中日這片海域大規模且巨大後果的賭博如何演變而定。最可能且可想像到的劇本，環繞著釣魚台爭奪戰而演進，而且與提早退休的法奈爾上校的預測非常接近。劇情可能是如此：首先是中日的船隻發生強烈的「意外」碰撞，而海巡船艦互相較勁，情勢迅速升高，海軍船艦馳援，在某一方（尤其是中方）損失一艘船或一架飛機之後，這時無可避免地以一陣緊張、強烈的高階外交活動來控制危機。但事件卻發展太快，火氣極度上升。中國的輿論特別激昂，網路充斥著令人毛骨悚然的報復之聲，以致政府不敢壓抑。新聞審查人員失去控制。日本人現在被痛罵為海盜、倭人和惡魔。自古貶抑他們的各種名詞傾巢而出，力主教訓他們。中國人民不能放縱日本人侮辱。

北京領導人感到被逼到牆角。他們別無選擇，只能展現實力。中國蛙人和傘兵展開突襲、在釣魚台建立據點，終於主張就中國主權展開行動。有史以來第一次，中國國旗在島上升起。這個姿態暫時團結起民眾，熄滅民族主義的火焰。但日本人無可避免會有反應。由中國一小支部隊所建立的灘頭陣地很快就被攻克。北京在空洞的象徵下慘遭重擊。這是時殷弘從法國大革命所學到的教訓。

因此，中國不太可能如上述劇本，在能夠調集充足兵力之前就試圖派兵建立據點，但具備此一能力的日子似乎日益接近。二〇一三年五月，北京所訂購四艘烏克蘭製、名為Zubr的野牛級大型氣墊登陸艇，第一艘交貨了。它可以搭載約五百名兵員，以時速六十六英里的速度運送人員或物資。根據國際評估暨戰略中心（International Assessment and Strategy Center）研究中國軍事現代化的專家理查．費雪（Richard D. Fisher）的估計，有了四艘這種大型氣墊登陸艇，人民解放軍海軍「可以在四、五個小時內將兩千名部隊或高達六百噸的武器和物資運送到釣魚台」。[8]中國想要控制無人防守的釣魚台，這種大型氣墊登陸艇是最適合的工具。[9]的確，當第一艘交運到貨時，中國某家電視播報員興奮地宣稱，它們將使中國「不戰而屈人之兵」贏得戰爭。

在可預見的未來，日本的最佳嚇阻是目前爭議不小的美國在沖繩之駐軍。長期以來地方人士反對美軍屯駐沖繩，理由是軍機起降噪音擾人，島上過分擁擠，對環境傷害不少，美軍又不時性侵當地女性。這迫使美、日政府在一九九六年開始規劃將最重要的基地——美軍陸戰隊普天間（Futenma）航空站——「歸還」給沖繩政府控制。然而，它們提出的「解決方案」是把普天間基地移到在邊野古灣（Henoko Bay），一座利用海埔新生地興建的一百六十公頃新基地；邊野古灣是全日本生物物種最多樣化、最壯觀的海洋環境之一。此一計畫在二〇〇六年通過，預定五至七年內完工，但沖繩人未使用暴力，而是透過法律訴訟及地方政府議會通過決議的方式，阻止基地動工興建。

東京在與那國島為日本陸戰隊興建小型新據點，提供早期預警，雖然或許有幫助，目前能夠嚇阻中國部隊藉野牛級大型氣墊登陸艇船隊強勢進占的唯一工具，是前進部署的二十四架美軍MV-22魚鷹機（MV-22Ospreys）。這種特殊直升機具有傾轉螺旋翼，能夠垂直起降，飛行時速二百八十英里。二〇一三年九月，顯然是為了遏抑當地人對普天間美軍陸戰隊基地的反對，駐軍司令約翰·魏仕樂（John Wissler）中將對沖繩本地新聞媒體表示：「萬一我們需要支援任何日美安保條約的行動，魚鷹機有能力抵達尖閣群島。」[10]幾個月後，二〇一四年四月歐巴馬總統訪問日本，他公開證實，雖然美國不對中國的主權主張及日本的相對主張採取任何立場，但是萬一尖閣群島遭到攻擊，美國將遵循一九五二年簽訂的美日安保條約，防衛日本長期以來對它的控制。私底下，美、日兩國自二〇一二年以來針對此一情勢已做了應變計畫。[11]事實上，美國早已估計派駐普天間的美軍魚鷹式直升機，可在一小時內投送五百名部隊到尖閣群島。假設未來美國總統半夜接到電話報告，指稱中國野牛級大型氣墊登陸艇正開向這個系爭群島，我們馬上可以想像到他可選擇方案不多：他會打電話給中國國家主席，要求中方不再派兵到釣魚台；或下令美軍魚鷹機攻擊前進尖閣群島的野牛級大型氣墊登陸艇，或許會在面對中國蛙人先遣部隊火力狙擊下，全力搶進尖閣群島。

在半夜一兩通電話之間，選擇的空間的確不大，因為美國若不採取行動，勢必會傷害美國和日本的條約關係，也很可能威脅到美國在整個西太平洋的安全架構。全世界將會質疑，該如何看待此後新現狀下的美國——一個不能或不願遵守其最重要、最長久的海外盟約的超級大國。日本國內勢必也會立即出現聲音，要求國家向在本區域無可迴避的中國霸主地位低頭，與北京求和。審慎走中間路線的南韓，在美韓安全關係及經濟日益與中國整合之間力求平衡，也將同樣傾向北京。東亞其他國家如越南、菲律賓和新加坡，也將接二連三地感受到更大壓力而遷就中國。

然而，北京在了解美國在此一後勤賽跑中占上風，三、五年內便可抑制中日之間的重大危機之後，其實也不足為喜。首先，北京勢必繼續擴張其快速的空運能力，若不是藉由取得特許權建造更多野牛級大型氣墊登陸艇，就是開發新的國產改良型飛機。當它的經濟持續超越鄰國，進一步點燃它成為全然羽翼已豐超級大國的決心時，中國終究會開始引進其他強大的新裝備。譬如，北京已經十分努力開發自己設計的傾轉螺旋翼直升飛機，即所謂的「藍鯨」（Blue Whale）。藍鯨機比魚鷹機更快，也更加先進，不論是兵員或物資，它的載運量為三倍多。這個系統的模型機已出現於中國的航空展，若能開發成功並順利部署，它最終將暴露像美國這樣一個遙遠的境外力量所面臨的先天局限，不管美國有多麼強大的力量，美日同盟在保護日本方面的作用仍然有限。對中國來說，證明這點似乎至少與擁有釣魚台那些荒蕪的礁岩這件事一樣重要。

與此同時，日本面臨最快速、最險峻的人口衰退，這是迄今現代大型國家前所未見的現象；

到了二〇五〇年，計計日本人口將從二十一世紀第一個十年中期的高峰縮小百分之三十。人口學專家估計，從二〇一〇年起（這一年日本人口一億二千八百萬人）二十年內，日本將面臨每年平均淨減少六十六萬人的驚人現象。從歷史的角度來看，這代表大約每三年半減少的人口就等於日本在二次世界大戰時期作戰死亡人數的總合。日本有資格加入自衛隊從軍的男性人口，已從一九九四年的九百萬人降至六百萬人。如此一來，迫使自衛隊把更多職務（包括戰鬥機飛行員）開放給女性；女性目前人數一萬三千人，約占自衛隊員額百分之五・七。即使有此演進改變，軍方規劃人員已向政客發出警告：若保持這種速率不變，十年內他們將無法召募到足夠兵員來維持現有的兵力水準。同時，日本人口老化也比其他任何國家來得快。根據厚生勞動省統計，日本在一九六三年有一百五十三個百歲人瑞。《華爾街日報》報導，二〇一四年有五萬八千八百二十個百歲人瑞，光是去年一年就有四千四百二十三個百歲人瑞加入此一行列。[12]

東京都鬧區的千代田區有許多秩序井然的公園和辦公大樓。二〇一三年初夏，也就是安倍晉三首相上任七個月後，我在這兒與和藹可親的前任日本高級外交官赤阪清隆[13]相約一起午餐。赤阪迫不及待地對日本國家前途表示憂慮，他說道：「到了二〇五〇年，以購買力平價（purchasing power parity, PPP）計算，日本的經濟將只有中國和美國的六分之一。」

「這是根據經團連（Keidanren，日本最重要的企業協會）最近的研究。美國和中國都將達到二十四兆美元，日本會少很多。更驚人的是《經濟學人》週刊的估計：若以美國的人均國內生產毛額來計算，日本的人均國內生產毛額將是〇・五八，韓國為一・〇五。中國人民的水平約略和日本人相當。這真的很讓日本人震驚……如果情勢照這樣發展下去，日本在國際事務的分量將大幅下降。這讓日本政治人物擔心，安倍很多政策都是以此為基礎。我們要如何維持地位？

我們該如何激勵年輕人？我知道我們不可能重新獲得我們的地位，但我們必須想辦法。」

他稍微停頓一下後又說：「當然，中國崛起為軍事及經濟大國，驚醒了許多人。日本人還沒準備好看到中國成為區域霸主。」

赤阪所引述的經團連報告，一開頭便是很淒慘的評估：「日本正落入『無成長經濟體』，名目國內生產毛額停滯在約為二十年前的水平。政府國債已達到國內生產毛額的百分之二〇〇，公共財務和社會安全正面臨危機。」[14]就人口統計學而言，一向扮演積極鼓舞角色的經團連的這份報告，花了一〇七頁的篇幅措詞謹慎地認為日本注定人口劇降，最多只能有極小量的經濟成長。這就是必須集結資源與意志、大半靠自力以抵擋中國在尖閣群島挑戰的日本，而安倍會有狂熱的外交和突然固執的安全政策，都必須放在這個脈絡去了解。若做不到，日本只好認命，和平放棄尖閣群島，與中國達成協議，甘居次要地位。

一、兩天後，我在六本木區高檔次的方舟山俱樂部（Ark Hills Club）用餐。六本木區是美國占領日本時期，美軍主要活動中心，後來成為東京夜生活繁盛的地區。近年來，六本木區大幅進行都市更新，目前有好幾棟全東京最豪華的住宅大樓，還有一些最時髦的購物中心。我來到一座最新的大樓位於三十七樓、視野極佳的高級餐廳，接受船橋洋一的招待。船橋洋一原本是位著名的外交事務專欄作家，後來升任為日本最大的自由派日報《朝日新聞》副總編輯，現在主持一個以提振日本為宗旨的基金會。

船橋洋一是日本重要的公共知識份子，他要言不煩就迅速定下會話的調子。「我們現在目擊東亞結構大變化的開端，本地大多數人還未真正了解它的輪廓。」由於和中國長久的共同歷史（好比目前激烈對立時期），日本成為整個區域的重要關鍵：若不就設法堅守，維持自主、重要大國的地位；不然就要屈服，不要再扮演在整個東亞限縮中國勢力的最後一個堡壘。他說：「過去兩千多年，中國吸收了數以百計的小型社會。剩下來的社會，不論是越南、蒙古或維吾爾，都設法在此一無休止的考驗中存活下來。現在中國似乎認為時候又到了，追求著大夢，擴張與鞏固。中國一向是陸上大國，但現在又堅決地想要成為海上大國。對我們來說，問題在於中國相信朝貢制度；他們認為這是正常的秩序。他們決心改變現狀，他們的目標是把美國這個區域大國趕走，控制住第一島鏈以內的範圍。」

某個悶熱仲夏的東京午後，我前往早稻田大學校園。早稻田是日本第二古老的私立大學，由武士、學者、前任首相大隈重信在一八八二年創立。我對大隈重信個人沒有興趣，但他對日本教育做出貢獻的那個時代令我感到興趣。我已經和早稻田稀有文件珍藏部約好，前往借閱某些一八七〇年代的文件，它們不僅罕有、而且獨特。

我被帶到一間光線良好、安靜的特別閱覽室裡，一張發亮的木桌座位。一位一絲不苟的圖書館員帶來一個棕色盒子，裡面裝著一個橘黃色的活頁夾。她客氣地請我確認這就是我專程來借閱的文件；當我點頭並感謝她，她便立刻默默地消失。我打開一卷脆弱、發出霉味的羊皮紙，這是日本和中國菁英份子之間的通信。在第一頁，三種筆跡立刻映入眼簾。第一種有稜有角——典型的漢字，我猜想這是當時流行的字體。同一頁還有某人的草書，其字體行雲流水，讓我想像是某個詩人微醺之下所寫。第三個人的書法則平淡無奇，像是課堂無數次抄寫的作品。第二頁出現一幅畫，似乎吻合寫下草書那位人士的筆風。我從畫中看到一位僧人沿著山邊流出的溪水，在鄉間小路散步。僧人左肩上有個手杖。這是從古籍上某些著名故事畫出的場景嗎？日本和中國之間共通文化的文物嗎？接下來幾頁還有更多的字跡。

多年來我在閱讀日文上已具有相當的能力，也有更好的閱讀中文的能力，但是手跡、更不用說像這樣行雲流水的毛筆字卻一直難倒我。我只能略微了解出現在這卷羊皮紙上的文字。不過，從過去的研究，我曉得這幾頁是一種異國文化之間的一種筆談，他們不能用語言彼此溝通，卻能夠以書寫溝通，不至於完全疏離。

參與筆談的日本人是飽讀經書的武士階級成員；而武士階級在一八六八年明治維新之下剛被廢掉。經過一番激烈內戰，明治天皇在王政復古下掌握實權，終止了七個世紀以來幕府封建的統治。而在「文明開化」的口號下，大部分來自京城之外的外藩「志士」，因為受到與西方接觸的啟發，而推動日本走上立憲君主制度。其中還涉及到汲取西學，包括工業和軍事現代化。其實所謂天皇復辟、推動維新這個名稱並不盡然理想，不僅是因為它未將天皇擺放到日本人生活的中心，也因為復辟是假命題。日本至少從六世紀起就有天皇，只不過天皇「統而不治」。

這些文件製作之時，群馬縣前任藩主松平輝聲已被迫退休，住在東京寓邸，他召集一群菁英朋友——大部分是保守派的教育家和官員——與中國初來日本的使館人員會面。[15]中國剛在日本設立使館，預備依循西方模式進行外交關係。

到了一八七〇年，日本已經深刻吸收大量的西方思想和規範，極力盼望它在日益接受這些「文明」的表徵下，會愈來愈受尊重，甚至可能免遭西方凶暴的擴張主義所欺凌——當時西方帝國主義確實在亞洲、甚至全世界都極力擴張。這一年，日本秉持這個精神，要求與中國簽訂友好通商條約。[16]但是，明治政府派出的使節柳原前光卻未獲准進入北京，僅在附近的天津獲得接待。日本使節的國書傳遞了一個堪謂先見之明的訊息：「邇來文明丕變，國際交通之路日增，遠近之分不復存在。」日本官員以此方式委婉表達，西方列強已進入東亞，本地區奉中華為尊的舊秩序即將過時。

然而，締約的要求沒有立刻得到肯定的答覆，反而在北京引起冗長的辯論，起先還引起朝廷裡反對人士的輕蔑摒斥。當中國人談到日本人，有時會用一些專門字眼來貶抑他們的東洋鄰國。[17]中國有其階層意識森嚴的世界觀，又自視甚高，自認為是一切知識和文化的唯一來源，日本人這項要求構成知識上和政治上的挑戰，甚至劍指古老的朝貢制度。克里斯多福．福特（Christopher Ford）在其大作《帝國心態》（*The Mind of Empire*）中敘述約西元前二〇〇年左右西漢遭遇匈奴威脅時，朝廷所抱持的態度。匈奴是強大的突厥—蒙古草原地區的邦聯，力量已經強盛到只能靠豐厚賞賜才能稍抑其野心的地步。強大的匈奴派使節到漢室朝廷，「要求批准與中國的和平關係」，但皇帝不能接受其中所隱含的雙邊平等的意思——這冒犯了「天下」概念——他摒棄所有停火的主張，先發制人發動猛烈的戰爭。福特寫下：「根本沒有與不同文化的國家基於理論上的平等而共存的傳統。」[18]其他所有與中國有外交接觸的民族必須「在某種形式上向中國朝貢」。

然而，在十九世紀末，當統治中國的最後王朝陷入嚴重的衰退時，日本對大清帝國自大心態構成獨特的挑戰，更是匪夷所思：日本要求在外交上和中國平起平坐，這發生在西方列強提出類似的要求之後。對於中國而言，近年被迫依照西方列強條件與列強進行外交往來是一回事，因為歐洲人遠道而來，又展現出明顯優勢的海軍軍力，不能預期他們能真正理解中華文化；我們必須記得，從中國人觀點看，這些洋夷進不了文明階段。但是朝廷裡反對日本要求的人認為，接受東京締約提議的想法更加可惡。這代表日本這個位於天朝邊陲的文化上衍生、附從的國家，被承認與天朝地位平等。換句話說，這代表在國內、在已知的世界，階層秩序蕩然；即使從已搖搖欲墜的中國角度來看，許多人還是認為這件事萬萬不容。

締約之事更因北京對一八七四年琉球漁民船難、漂進台灣海域，遭當地海盜攻擊，而日本以軍事介入台灣此一事件不悅而延擱。〔譯按：即牡丹社事件〕稍後又因同治皇帝駕崩、以待光緒皇帝就位而國事停頓。後來，中、日兩國終於在一八七六年開啟外交關係[19]，何如璋[20]在次年年底抵達東京，成為第一任大使。這代表兩國在將近一個半世紀後才第一次正式接觸。

這要歸咎於日本最後一個封建政府——德川幕府——實施「鎖國」政策，與外在世界不相往來。這也反映一個事實：清廷認為它東邊這個唯一鄰國，要跨過東海才能來往太困難了，而且以中國的財富與物質力量而言，日本也不足為道，因此不加理睬。

已退休的舊藩主松平輝聲在茶室、酒榭召集日本菁英友人大話天下，也招待新來的中國使館官員，後來也結交何如璋。何如璋奉朝廷指示，要了解日本如何快速西化。明治維新從其名稱和外表來看，國家恢復天皇統治，連帶地也恢復皇室儀制，但它同時也明顯接受深入亞洲的西方人士之影響，這點頗令中國人驚慌。在中日重啟交流的這幾個重要年份裡，中國人看不透自身根深柢固的優越感。中國人未迅速了解日本正在推進的維新改造，反而自我滿足地探究並證實日本人源自中國的傳統說法之資訊。根據中國古代神話，西元前二世紀的秦始皇派徐福率三千童男童女，尋找三大「永生不死仙山」之一的瀛州，但是中國歷史提到他第二次出海之後再也沒有回國，日本人就是徐福這一支的後裔。

日本歷史學者北岡伸一對何如璋有敏銳的觀察，他寫道：「清廷使節……起先對日本並無好感。何如璋後來雖正確了解日本的發展，但起初他輕視日本，對自己國家高估。欲跳脫儒家及中國認知典範來了解日本並不容易，在他做到這一點之前，日中關係一再出現各種問題。」[21]

從何如璋以降，幾乎所有中國駐東京使館的官員一開始都很沉迷徐福的傳說。[22] 何如璋在一八七九年發表的著作《使東述略》，以堅定的信心寫下日本人的先祖是中國人，日本的制度也源自中國，譬如日本許多官職名銜都直接沿自周朝和秦朝。何如璋的主要助手（參贊）黃遵憲，即下文提到的對話之主角，他對出使日本經驗的敘述，使他在中國成為著名的詩人。黃遵憲慨嘆近幾個世紀以來的日本歷史完全不提傳奇中的徐福。他寫道：「雖然日本希望不再是我們的藩屬，但他們也不需要如此自欺欺人。」

由於缺乏共同的語言，賓主雙方的對話必須透過紙墨以書寫方式進行，也因此留下賀蘭德（D. H. Howland）所謂「筆談」的寶貴紀錄，我現在才能大量引用。參與對話的日本人都看得懂中文。中國方塊字並未構成重大障礙。這項奇特的對話大都以古典成語進行。自從九世紀以來，日本有相當地位的紳士都要學漢文，直到今天仍是日本衡量一個人文化素養的標竿。主方最大的挑戰是一些小故事，中國賓客有點惡作劇地從他們古典儒家文學和五千年悠久文化無數的寓言和典故中順手拈來，考驗他們的「小日本」朋友。中國人就拿這些源自古典詩詞中的小故事來逗弄日本人，讓即使學富五車的日本人也頻頻搔頭。

賀蘭德提到的一段筆談發生在一八七八年五月三十日，日本人先談到他們中國朋友有意尋找地點開辦新使館。我在這裡引用一大段，讓大家稍微了解他們彼此之間開玩笑的趣味，但更重要的是文化的動態關係，尤其是滿清的自視高人一等和日本人的不屈不撓。

松平輝聲：我會向有關方面打聽一下。至於土地的大小，需要多大呢？

黃遵憲：最好有三、四千坪（約三英畝），土地要堅實、空氣要好，離東京一、兩里路（三分之二英里）。

松平輝聲：或許公使可以請李偉（Wei Li，音譯）先生和我方代表先討論這件事情，因為他最熟悉這種事情，可能易如反掌。

黃遵憲：我明白，但我要聽您的建議。我們最近吟詩時，Meishi提出一個謎語，引用貴國歷史，您知道它的涵義嗎？

松平輝聲：我不知道第一句，非常汗顏；我也不知道第二句，實在顏面無光。每次我登上旗人亭閣時，都沒有人陪我；我想閣下是個俊男——他們的女性會受到您的突襲嗎？如果我改天邀您作陪，我當然不會接受您的拒絕；即使您拒絕，我也會強迫您的馬車前進。

黃遵憲：我不敢不從。

松平輝聲：我經常帶王啟元和王欽賢先生到Rijogo聊天，就像在家裡與內人討論家事一樣——他們的言辭尊重，用詞謹慎，他們會對我鞠躬。但是當我和黃先生、廖先生和沈先生一起到Gakkain的時候，就像是在悶熱的煙霧和鮮花世界裡碰到美女。言語優雅，充滿魅力和性格；聽君一席話，我彷彿在愛情中失落了，不願意離開。你對我們東洋人也有這種感覺嗎？

廖隨員：透過對話，每個人都能心領神會。談浪漫則浪漫，談經濟則經濟。中國人和日本人並沒有區別。閣下是聰明人，當然明白這點。

中國人究竟搞不懂哪一點？長久以來，高人一等的意識是中國朝貢制度之根本。這表示需要維持好幾個成本相當高昂的虛飾。首先是貿易，中國一直假裝這沒有什　了不起，中國聲稱通商是中國施惠給一些境遇較差的朝貢國家。關於這個姿態最著名的例子，我們在本書導論已略提到，就是一七九三年滿清乾隆皇帝延見英王喬治三世特使馬戛爾尼勛爵的故事。

馬戛爾尼率領六十四艘帆船軍艦遠渡重洋，奉命打開與中國的貿易和外交關係。他代表的是有八百萬臣民的國家，正在快速發展跨全球的貿易系統，而當時也自信是全世界最強大的國家。[23]然而，以歷史學家詹姆斯・賀維亞（James L. Hevia）的看法，滿清中國人口三億五千萬，超過整個歐洲人口，是「全世界最大、最富有，也是人口最多、綿延相傳的政治實體」[24]，無法相信和任何國家平起平坐。根據當時另一位專家史蒂芬・普拉特（Stephen R. Platt）的記載，這位英國特使帶來六百箱禮物，全是精心挑選用來討大清皇帝的歡心。由於英國是個快速工業化中的國家，這些禮物包括某些英國製造業及科技最精美的代表作，如「最尖端的科學儀器、一個房間大小的天體運行儀、巨大的望遠鏡、一個熱氣球、一個潛水鐘（diving bell）和現代武器」。[25]然而，當他單獨晉見乾隆皇帝時，馬戛爾尼不肯按照中國依「天下」體制所訂的禮儀，向皇帝三跪九叩。（當時中國的記錄不提馬戛爾尼嚴重違反禮儀，乾隆的兒子、日後的嘉慶皇帝含糊交代過去，他寫說，英使見到他父親時「懾於天威，十分緊張」，「不由自主就跪了下去，因此非自願地行叩頭之禮。」）[26]馬戛爾尼回國時帶了一封乾隆皇帝給英王喬治三世的信，寫道：

> 奉天承運皇帝敕諭英咭利國王知悉，咨爾國王遠在重洋，傾心向化，特遣使恭賫表章，航海來廷，叩祝萬壽，並備進方物，用將忱悃。

朕披閱表文，詞意肫懇，具見爾國王恭順之誠，深為嘉許。所有賫到表貢之正副使臣，念其奉使遠涉，推恩加禮。已令大臣帶領瞻覲，賜予筵宴，疊加賞賚，用示懷柔。其已回珠山之管船官役人等六百餘名，雖未來京，朕亦優加賞賜，俾得普沾恩惠，一視同仁。

至爾國王表內懇請派一爾國之人住居天朝，照管爾國買賣一節，此則與天朝體制不合，斷不可行。向來西洋各國有願來天朝當差之人，原准其來京，但既來之后，即遵用天朝服色，安置堂內，永遠不准復回本國，此係天朝定制，想爾國王亦所知悉。今爾國王欲求派一爾國之人居住京城，既不能若來京當差之西洋人，在京居住不歸本國，又不可聽其往來，常通信息，實為無益之事。且天朝所管地方至為廣遠，凡外藩使臣到京，驛館供給，行止出入，俱有一定體制，從無聽其自便之例。今爾國若留人在京，言語不通，服飾殊制，無地可以安置。若必似來京當差之西洋人，令其一律改易服飾，天朝亦不肯強人以所難。設天朝欲差人常駐爾國，亦豈爾國所能遵行？況西洋諸國甚多，非止爾一國。若俱似爾國王懇請派人留京，豈能一一聽許？是此事斷斷難行。豈能因爾國王一人之請，以至更張天朝百餘年法度。若云爾國王為照料買賣起見，則爾國人在澳門貿易非止一日，原無不加以恩視。即如從前博爾都噶爾亞（葡萄牙）、意達哩亞（義大利）等國屢次遣使來朝，亦曾以照料貿易為請。天朝鑒其悃忱，優加體恤。凡遇該國等貿易之事，無不照料周備。前次廣東商人吳昭平有拖欠洋船價值銀兩者，俱飭令該管總督由官庫內先行動支帑項代為清還，并將拖欠商人重治其罪。想此事爾國亦聞知矣。外國又何必派人留京，為此越例斷不可行之請，況留人在京，距澳門貿易處所幾及萬里，伊亦何能照料耶？若云仰慕天朝，欲其觀習教化，則天朝自有天朝禮法，與爾國各不相同。爾國所留之人即能習學，爾國自有風俗制度，亦斷不能效法中國，即學會亦屬無用。

天朝撫有四海，惟勵精圖治，辦理政務，奇珍異寶，并不貴重。爾國王此次賫進各物，念其誠心遠獻，特諭該管衙門收納。其實天朝德威遠被，萬國來王，種種貴重之物，梯航畢集，無所不有。爾之正使等所親見。然從不貴奇巧，并無更需爾國製辦物件。是爾國王所請派人留京一事，于天朝體制既屬不合，而于爾國亦殊覺無益。特此詳析開示，遣令該使等安程回國。傾心向化爾國王惟當善體朕意，益勵款誠。永矢恭順，以保義爾有邦，共享太平之福。除正副使臣以下各官及通事兵役人等正貫加賞各物件另單賞給外，茲因爾國使臣歸國，特頒敕諭，并賜賚爾國王文綺珍物，具如常儀。加賜彩緞羅綺、文玩器具諸珍，另有清單，王其祗受，悉朕眷懷。特此敕諭。

對中國人而言，比商品貿易更重要的是思想這件事，而維持中國人在各種知識上高人一等的表象，其代價是對前來覲見的外國人表現出一切都不稀奇的姿態。[27]歷史學家亞蘭・佩瑞菲特（Alain Peyrefitte）就馬戛爾尼的出使經過而寫下《停滯的帝國》（*The Immobile Empire*）。他在書中寫道：「中國人堅信，所有的非中國人有許多事物需向中國學習，而中國沒有什麼需要向他們學習。」更糟的是，朝廷大臣[28]有時還驕矜地曝露自己對外國風俗和體制的無知，譬如驕狂地自認居於世界中心。[29]

第一次讀到這樣的筆談，我不禁想到在一九五〇年代末期、一九六〇年代初期來到日本的某些西方記者的工作。我在四十年後準備到日本任職時也研究過。某些前輩記者忙著寫些有關藝伎的陳腐故事，或日本男人有怪異的髮型、穿著製作拙劣的西式服裝，以及一堆他們認為離奇有趣的文化習俗，卻忽略了日本的經濟起飛——這份成績在全世界仍熠熠發光。一八七〇年代來到日本的中國人，也同樣執著於空洞的陳腔濫調上。他們的記載也是著重人力車、櫻花和茶室的印象，以及關於日本女性所謂的性冒險的色情幻想。直到一八七〇年代末期，也就是我到圖書館翻閱的這些筆談紀錄之後若干年，中國才開始加速對日本的了解。

等到中國人走出自以為是的自大迷霧，為時已晚，無法躲過往他們方向猛衝而來的火車；這種情形就如同美國在一九八〇年代被日本劇烈（即使短暫）的經濟大崛起嚇了一跳。一百年前，日本已經超越中國；甚至是在區域的地緣政治因日本在歷次侵略戰爭中一再得勝而起變化之前，日本已對其巨大的鄰國產生持久的致命影響。中國突然發覺它的思想不再受到推崇，其模式不再值得效法，這對其心理著實是極大的震撼。

諷刺的是，何如璋公使第一項重大外交任務是處理琉球問題。東京在一八七五年命令琉球國王尚泰停止對中國朝貢。但在一八七六年，琉球國王祕密派遣信差，經由尖閣群島前往中國福州，向當地清廷官員提醒日本玩弄的把戲之前，北京對於當地的狀況並未完全理解。在尚泰王指示下，信差（譯按：紫巾官向德宏、陳情通事林世功）要求北京介入，才能讓琉球繼續當中國的朝貢國——換句話說，留在文明世界。

他建議北京要正面對抗日本，並認為日本的海軍不堪一擊，甚至只要稍微炫耀武力，日本就會嚇壞而止步。中國此時正面臨更大的挑戰，也就是如何在歐洲列強和俄羅斯叩關而來之下保住日趨下坡的帝國，因此其他較強大的聲音——尤其是李鴻章的主張——占了上風。李鴻章是滿清末年主持外交大計的要員，他主張透過互派使節及簽署友好條約，與日本開啟新關係。李鴻章比他的公使務實，甚至資訊更加靈通。他警告，日本的軍艦是鐵甲船，鐵甲厚達十二公分，不容小覷。不久，美國前任總統尤里西斯．格蘭特（Ulysses S. Grant）短暫訪問日本和中國後，宣稱中國的軍力不及日本。[30]一八七九年三月，情勢更加複雜，日本片面廢除琉球王國，在中國還未訂出戰略之前，就把它併入日本，成立沖繩縣。

我們必須回到過去，姑且從十年前在琉球發生的事件開始，才能對籠罩在中國頭上此一自大、自尊的迷霧有更完整的理解——基本上，此一在亞洲已運作好幾百年、無與倫比的國際制度，卻在料想不到的地方開始瓦解。滿清一代從一六四四年到一九一二年，琉球王國出現了八次王室更迭，每一次都由中國派出特使持朝廷諭書來舉行冊封儀式，其目的是讓琉球國王接受藩屬的地位；根據朝貢制度的規則，不經過這道儀式，他不能正式自稱是國王。但是自從一六〇九年起，琉球國王就像祕密在外另有側室的男人一樣，過著奇異又刻意隱瞞的雙面人生活。在文化上，他們繼續向中國展現習慣性的尊崇，樂意進貢——即使對這樣一個資源匱乏的小國家而言，朝貢的成本相當龐大。不過就在一六〇九年，當時統治日本南方九州島部分地區的薩摩藩大名入侵琉球開始，琉球正式成為日本封建體系下的一個藩屬。

往後兩個半世紀，在日本嚴密監控下，琉球王國設法維持一場刻意小心演出的騙局，讓中國人覺得它是忠心的藩屬。根據這個安排，實際上薩摩藩認可並核准每一位琉球國王的選任，但允許中國人進行儀式上的冊封程序。薩摩藩派出代表在琉球，緊密監視他們的舉動，但是當中國訪賓到來，尤其是每次新冊封使節抵達時，日本人便刻意躲起來。可能吸引注意力的日本事物統統都藏起來。薩摩藩官員寫成一本特別手冊，指導琉球商人和赴中國之使節，萬一中方問起琉球與日本的關係之問題時應該如何作答，以維持可以否認日本對其有任何政治影響。[31]甚至與中方來往的琉球人明明說得一口流利日語，都要假裝不懂。

琉球人對兩個主子的態度截然不同，在當時本地人有這樣一句話：「與中國交往，但是服侍日本。」[32]另外還有一句話，據說出自琉球最後一任國王尚泰王之口：如果琉球得罪中國，還可以設法解釋、交代過關，但若是得罪日本，就會受到懲罰。

此一偽裝在一六六三年清代第一次派出的冊封使節團來到琉球時達到新高潮。中國的新統治者是滿洲人，不是人數最多的漢人，他們崛起於北方、征服中國，有自己的語文和特殊風俗習慣，包括男子頭髮留辮子。滿洲人推翻明朝建政初期，在中國最忠誠的朝貢國，如朝鮮和琉球，引起混亂和驚慌，他們認為滿清是未經文明教化的僭奪者。他們擔心滿清冊封使節會要求琉球菁英穿滿洲人服飾、留辮子，因此請教薩摩藩主子若遭遇此一要求時該怎麼辦。日本人要求他們遵命辦理，深怕若反抗新皇朝命令將引來滿清對琉球不必要的關注。[33]（其實是過慮，後來清使允許琉球人自己決定服飾衣著。）

琉球在上一個世紀就受到日本狂妄的封建統治者豐臣秀吉的注意。一五九〇年代，豐臣秀吉訂出一個征服全亞洲的大計，首先目標是征服中國。中國國土面積是日本的二十五倍大，其差異有如天壤之別。

葛超智（George H. Kerr）在《沖繩：一個島國民族的歷史》（*Okinawa: The History of an Island People*）書中寫道，「連要求『印度國王』稱臣的信函都準備好了」[34]：

> 使節團奉派赴福爾摩沙（台灣），要求它投降；另外一個較低階的代表則攜帶命令去見傲慢的西班牙駐馬尼拉總督，指示他承認日本的主張，否則將遭嚴懲。信函未能送到印度；在福爾摩

沙也找不到當局對象可以提出招降要求。西班牙不理會要求，但在呂宋北部增加哨所防衛，並且在福爾摩沙北端興建兩座城堡和一個佈道所。

豐臣秀吉命令琉球抽調壯丁當兵，增援他進攻中國，但琉球王國提出異議。後來它也沒有遵命提供物資補給，以支援日本的進攻計畫。日本取道朝鮮半島進軍，但戰局陷入僵局。甚至琉球還向中國通風報信，警告中國豐臣秀吉有進攻的計畫。豐臣秀吉在一五九八年逝世，後繼掌權的幕府大將軍德川家康一度有與中國建立正式關係的念頭，當發覺若不接受朝貢制度便無法交往，他立刻打消念頭。因為接受朝貢制度，即代表他向中國皇帝稱臣，一切官文書要採取明朝紀年。

朴希玄（Seo-Hyun Park）在《不對稱的談判》（*Negotiating Asymmetry*）一書中寫道：「德川幕府捨棄與中國明朝建立外交關係，而建立起本身的意識型態中心性，企圖在東亞建立以日本為中心的文明。德川幕府最有力的自我正當化戰術，就是操縱它和朝鮮的關係〔經由位於日本和朝鮮之間的對馬島（Tsushima）〕，以及和琉球的關係。」[35]德川家康命令將琉球納入日本控制，批准薩摩藩接管及治理。從日本首都江戶（今天的東京）的角度看，接管琉球代表日本要與中國站在平等地位的第一步——雖然當時還鬼鬼祟祟地進行。長久以來日本就有天皇，而現在它終於至少有個迷你帝國——全都是從中國挖過來，即使中國當時還沒有感覺。就某個意義來講，一六〇九年薩摩藩接管琉球，就是一八七九年日本直接、片面兼併琉球王國的預演。除了重新定位與中國的關係之外，一六〇九年接管琉球也顯示日本人對大局的了解十分深入，想利用琉球群島做為防衛前哨和早期警報據點，來對付西方列強（包括西班牙、葡萄牙、荷蘭和英國）日益覬覦本地區的蠶食鯨吞。

雖然琉球在東亞史上扮演關鍵但多半未受了解的角色，日本忌憚中國是個長期演進的事，這個趨勢在豐臣秀吉之前三個世紀，即中國在蒙古人建立的元朝統治時期即已拉開序幕。當時元朝曾計畫大舉進犯日本，元朝皇帝（世祖）忽必烈聽到傳言日本擁有極大量的黃金，於是陸續派使節東來，要求日本稱臣開始進貢。這時，亞洲大部分的版圖已落入成吉思汗及其繼承人領導所向無敵的蒙古大軍鐵蹄之下；當日本拒絕稱臣，元朝還兩度發動跨海征戰，但都以失敗收場。在一二八一年第二度出兵之前，忽必烈兩度遣使到日本，要求日本降服；不過兩次的使節都被斬首，頭顱掛在幕府都城鎌倉城門示眾。使節接奉的命令是若使命未達成，不准回中國。如果他們能夠回國，他們可能會向朝廷報告，日本人堅決相信他們本身系出神聖，因此不可能相信要向任何外國皇帝稱臣。

面對日本抗命不從，蒙古人於是組織一隻四萬大軍登上九百艘船，浩浩蕩蕩東征。雖然人數懸殊，日本武士軍隊據守沿海戰略位置的工事，展開有效的防禦，竟然擊敗來犯的蒙古大軍。日本人受到一場連續兩天的強烈颱風（後來被冠上「神風」之名）相助，將大部分的蒙古船隻吹垮。約書亞・傅佛國（Joshua A. Fogel）在其著作《連結東亞文化圈》（*Articulating the Sinosphere: Sino-Japanese Relations in Space and Time*）中寫道：日本擊敗入侵後「信心大增，認為日本一點都不遜於其大陸鄰國」。[36]這種感覺在往後幾百年中生根、茁壯，將中日兩國置於一個類似在彼此重力場中相互鎖定的星系狀態，注定要反復碰撞、造成損失後才能各自航行。

日本處在中國朝貢範圍之外，而且自一六三〇年後即正式與外界隔離，把對中國的貿易侷限在緊密管理的通航範圍內，只准在長崎港進行。透過允許琉球繼續向中國朝貢，薩摩藩能夠悄悄地維持獲利，將豐厚的商務管道開放，讓中國來的奢侈品和著名商品能夠進口。葛超智寫道，日本不忠實地把琉球當作「私人賺錢的財產，而不是日本政治結構的一部分」。[37]

在「鎖國」政策下，日本與外在世界封閉，直到一八五三年美國海軍將領馬修・培理（Matthew Perry）率領現代化、擁有蒸汽動力的大砲「黑船」來到日本，才強迫它開啟門戶。（編按：即「黑船事件」）所謂「鎖國」，就是除了開放長崎貿易的少數例外，外國人都不准進入日本，而日本臣民也不准離開日本，違者可處以死刑。然而，到了一八四〇年代，中華帝國海洋周邊已出現強大的前兆，即將發生天搖地動的改變。法國人在一八四四年來到琉球，不久後英國人接踵而至，在琉球設立行醫兼傳教的據點。一八五四年，培理迫使琉球王國簽訂正式名稱為《美國與琉球王國公約》（Compact Between the United States and the Kingdom of Lew Chew）的條約，保證善待美國的船隻。培理甚至促請美國政府將琉球群島「置於監督之下」，意即某種寬鬆的「保護」關係——這是那個時代西方正在實驗的一種帝國主義接管模式之一。

培理寫道：「海軍部門將驚訝地發覺日本這個忠誠屬國……處於政治附庸和奴役的地位，若能賦予它我國政府鮮活的影響力和保護，將有莫大利益。」接下來這段話預示一個世紀後美國將在西太平洋建立霸權，更暗示應在琉球部署海軍和陸戰隊。培理說：「情勢已不證自明，在不久的將來，美國必須延伸其轄境，超過西部大陸的界限，我建議盡速在地球此一地區建立據點，這是維持我國在東方海上權利必需的積極措施。」

但佛蘭克林・皮爾斯（Franklin Pierce）總統批駁培理的建議。培理寫道：「若日後才占領琉球，一定會出現抵抗，它不會屈辱地投降；而且會很不方便且代價奇高，才能維持一支駐軍來保有它。」[38]美國南北內戰隨時爆發，美國對沖繩的注意力消散，向亞洲擴張的動作都延到十九世紀末、搶下菲律賓之時。

儘管美國裏足不前，當本區域在培理時代已是外國人逐步蠶食鯨吞的時候，琉球王國深怕大勢不妙，要求中國協助迫使西方人退出。北京的態度消極，自滿地假設外國人對琉球的興趣多半是要建立前進日本的墊腳石。即使不完全不正確，從今天的眼光來看，這簡直是中國歷史性的重大誤判。對西方而言，日本相較於中國，永遠最多只是配角戲，詹姆斯・賀維亞形容得很貼切：「從十五世紀至今，中國一直是歐洲擴張主義幻想最高的項目。」[39]誠如前文所述，琉球群島的地理位置，使它成為從太平洋要進入中國的東方海路的守護人，這一直是其重要的戰略價值。

到了一八六六年，中日兩國改變的步伐都急遽加快。由於地方諸侯痛恨東京當局放棄鎖國、向西方國家開放，德川幕府權威遭到強烈的挑戰，日本因而陷入政治動盪。同一年，中國使節來到琉球群島，執行五百年來最後一次冊封儀式。當然當時沒有人曉得這是中國最後一次冊封琉球國王，但中國使節趙新完全未感受到這個寧靜的小朝貢國正遭遇重大變革，以及它對天下概念產生的不祥影響。大清冊封使節赴琉球，曾經留下七項書面紀錄，歷史學者說他的報告最草率。

陳大端的專文收錄在費正清編輯的書《中國的世界秩序》（*Chinese World Order*）中。[40]他指出，在過去一些中國使節看穿琉球人隱瞞和日本接觸的某些詭計，但並不知道它已正式向薩摩藩降服：

有些人確實在札記中詳細寫下薩摩藩（一六〇九年）攻入琉球一事，但他們卻當做歷史事件來記載，未提到薩摩藩後來仍繼續控制它。他們知道琉球人有所隱瞞。但沒有證據顯示有人再深入調查，更沒人把它當做一回事。他們沒有要求解釋，也不曾向清廷報告首里（Shuri）當局（代表琉球王國政治中心的城堡）的欺騙行為。他們滿意琉球政府表現出來的忠誠，也滿意他們在首里和那霸所看到表面上的中國化。清朝時期使節團的所有紀錄都顯示，中國使節及清廷依然不知道琉球與日本暗通款曲。直到一八七五年，日本命令琉球不再向中國進貢，琉球向中國求助，清廷才驚覺琉球自一六〇九年起就是薩摩藩的藩屬。在後來中日為琉球問題展開的談判中，清廷展現出對琉球狀況驚人的生疏和缺乏資訊。

這些知識連培理一行人在十多年前就已知道。他在前往長崎途中，就在馬德拉（Madeira）上書給海軍部長，說明他為何選擇琉球做為臨時基地：

所謂琉球群島的這些島嶼，據說是日本的屬國，數百年前即被征服，但它們的真正主權屬誰，中國政府有異議。現在這些島嶼由薩摩藩主管轄。[41]

中國對琉球的無知，只是何如璋駐使東京初期所表現出來的傲慢和自滿的一小部分。滿清官員和知識份子直到這時仍不知世局已經變得對中國有多麼不利，卻還在苦思如何駕馭日本（至少是概念上），藉由尋覓純屬幻想的日本民族系出中國的故事，想將其綁在所謂的中華文明之中。然而，此時日本正緊密注意中國在十九世紀迭遭失敗、一再受辱，包括鴉片戰爭戰敗、爾後被迫與西方列強簽訂一連串「不平等條約」，甚至北京遭英法聯軍蹂躪。短短數十年，中國在日本人心目中，已由一個值得效仿的模範（至少是選擇性的擇優學習），淪為值得警惕的範例，若不向西方學習、擁抱改變，就要付出喪失主權、不能控制自身命運的慘痛代價。傅佛國在《連結東亞文化圈》中寫道：「到了世紀中葉……中國人能從日本人得到的，最多只是憐憫或甚至是泛亞的怨恨（pan-Asianresentment）。甚至還更不堪。」[42]的確，日後還有更糟的情況繼踵而至。

在筆談之後僅僅十五年，日本在第一次中日戰爭中擊敗中國。這項勝利又促成日本在一九〇四年因競逐朝鮮半島及鄰近的滿洲之利益而與俄羅斯開戰，次年又戰勝。這是有色人種與白人爆發大型衝突第一次告捷，日本因此膽氣大壯，進而於一九一〇年併吞朝鮮，最後並大舉入侵全中國及占領大半個東南亞。後來也導致日本致命的決定——偷襲珍珠港，向美國發動戰爭——這是接掌國家大權的軍國主義者犯下滔天大禍的經典案例。

然而，以廣島和長崎慘劇畫下句點的大敗，絕不是短短四年的魯莽躁進所造成的這麼簡單。反而可以說，日本之戰敗是四百年來各種處心積慮的作為的總爆發，它一直小心翼翼、逐步漸進地想在東亞建立以日本為中心的秩序，以取代中華帝國及其正在瓦解的天下體制。這班事件列車始於琉球，當日本於十七世紀初要求琉球向它朝貢之時。而在茶館筆談之後三年，日本兼併琉球，整個事件增強動力。依照日本人對歷史的解讀，自從歐洲人在十六世紀進入本區域以來，若要維持獨立，日本人必須做到兩件事：一是不允許近鄰有敵手，二是擋住西方列強。至今這個思想仍部分留存著。

我在某個七月初下午到沖繩參觀，走在琉球歷代國王居住的首里城附近時，發現城裡有一些玻璃櫥窗裝置展示品，清楚說明了琉球王國歷史，並試圖掌握些許歷史光輝。與日本許多博物館一樣，這裡的展覽品豐富，嚴密編輯的展覽文字卻未顯露這段歷史的苦澀。當我參觀完畢時，循著尚泰王一八七九年出亡所經過的同一個石拱門走出城。琉球國王五百年世系相傳的統治自此畫下句點。尚泰王花了四年時間，試圖讓日本放鬆對琉球的緊密控制，而且一再向中國甚至西方列強求助。但最後日本還是把他的王國解散了，沒收他的城堡，將他送往東京。這位琉球遜王被帶到日本明治天皇御前，他在完成正式臣服之前做出不尋常的言詞上不臣服的姿態。尚泰王說明他一再上書中國求助，請求指示如何對付日本不斷升高的要求。然而，「得到的答覆是，中國忙於內政事務，自顧不暇，無法替首里出面，琉球王國此後必須遵守日本命令。」[43]他用這個方法表示，雖然將聽從日本的要求，但只是在極大的壓力下被迫做出無奈的決定，並非心悅誠服。

除了偶爾爆發戰爭，在整個日本歷史上，中國對它並不太注意。這是因為日本決心與中國保持政治和禮儀上的距離。然而，從接管琉球開始，日本成為「天下」體制和西式現代化兩者間根本矛盾的焦點，也鮮明地證明了前者無以為繼的性質。琉球不僅是日本追求區域霸主地位長久努力的起始點，後來也成為中華文明開始崩塌的地點。

中國的國際體系和其國內體系是中華文明不可分割的兩個成分，事實上同時瓦解。這並非偶然。王賡武和鄭永年寫道：「中國的國內秩序與其國際秩序密切相連，缺一則無法長久存在：當外夷不服，國內亦容易發生叛亂。大多數朝代因內亂外患雙重夾擊而覆亡。」[44]

日本併吞琉球後不久，幾乎沒有人（包括中國有識之士）再相信以中國為中心的世界。套用傳佛國的話，東亞文化圈好比一個波爾原子（Bohr atom），有個叫做中國的東西「位於這個空間中心，但缺少圍繞著它的許多軌道，它在概念上即不可能存在」。[45]從軌道中抽掉琉球，雖然它那麼小，又被認為天經地義，但好像抽掉關鍵鎖鑰。它擾亂了全局，在中國所崩垮的不是一個

沖繩首里城，大約建於 1500 年。（© Howard W. French）

朝代覆亡，而是「天下」體系顛覆了，這個以彈性、活潑的種種不同方式存活了兩千年的國際制度完全垮了。

另外也發生一些別的事情，這些事情將導致琉球出現極大的反響，促成今天中國仍對日本存有深深的敵意，而認為必須壓過日本、要報仇。日本從中國掠奪某些東西，而踏上現代之路，並為它邁向區域、乃至世界大國之路奠基，成為廣泛受尊重的國家。

伊安・布魯瑪（Ian Buruma）在《創建日本》（*Inventing Japan: 1853-1964*）一書寫道：「肢解中國代表著日本已加入大國之列。它也使日本人有一股國家團結的新意識。」[46]布魯瑪還引述一位日本名人的話，他說：「今後我們以日本人之姿站在世界面前，不會再感到羞恥。」當一八九五年日本在甲午戰爭戰勝中國之後，這句話就膾炙人口，但它也適用在稍早的琉球事件，日本轉型為亞洲新型大國就從這裡開始。

今天，中國要重回亞洲，乃至世界大國地位，種種跡象都告訴我們，中國認為邁向現代之路正是重走這條老路，要經過散布於分開中日兩國的這片海域當中的小島。與一八七〇年代的日本一樣，中國愈趨決定不能容許敵手出現在本區域，首先它必須收服日本，然後要反映「尊王攘夷」的精神，迫使美國人退出鄰近大洋──所謂「尊王攘夷」是一八五〇和一八六〇年代，幕末志士推翻德川幕府時所喊出的口號。現在人人都說，這場環繞著琉球的長年舊戲，因為冷戰時期美國雄霸亞洲而暫停，今天又重新上演了。

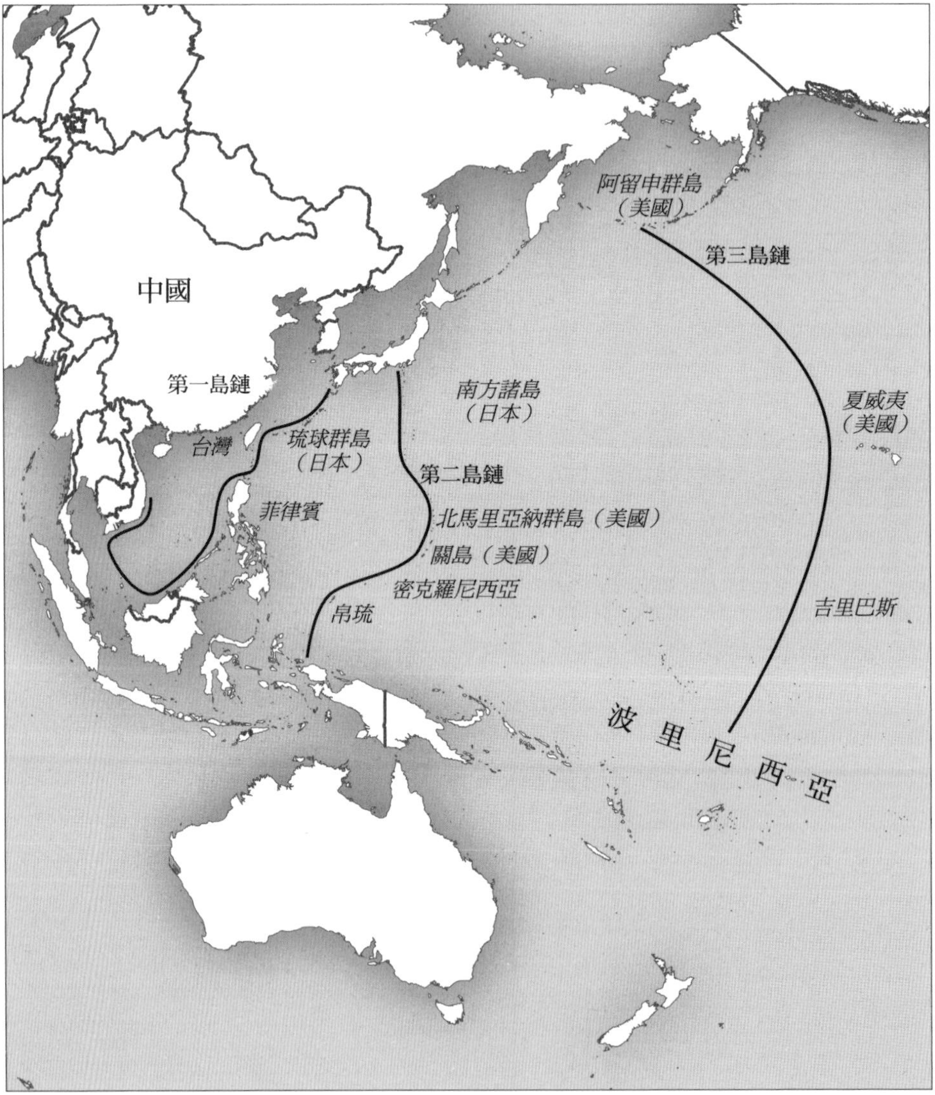
阿留申群島
（美國）
第三島鏈
中國
第一島鏈
南方諸島
（日本）
夏威夷
（美國）
台灣
琉球群島
（日本）
第二島鏈
菲律賓
北馬里亞納群島（美國）
關島（美國）
密克羅尼西亞
帛琉
吉里巴斯
波里尼西亞

第二章 島夷

從許多方法可以試圖了解中國對東亞區域窮兇惡極的野心，它一度妄想整個東亞都是它的。中國的野心全都集中在大海。

二〇一〇年之後不久，北京開始協調一致地推進。一旦成功，將構成一九三〇、四〇年代日本帝國征戰以來，全世界僅見最大的搶奪領土的舉動。帝國主義大國擴張領土，通常被視為陸地上的行為，涉及出動陸軍及稍後的大規模占領。譬如，日本侵略中國、越南、緬甸和菲律賓等國家，它們全都在某段時間是中國想像的「天下」底下的成員。然而，在一九九〇年代、二十一世紀初期幾年，中國花了不少時間與邊界十四個國家中的多國解決邊界問題，現在卻意圖大肆擴張版圖——雖然不排除未來會這麼做，而且現在它並沒對陸地提出重大的主權主張，但它卻悄悄地對其東方海域，尤其是南方海域，加強掌控。

中國與不到一個世紀以前的日本相較，兩者的擴張主義最明顯的差異在於，北京希望不直接訴諸武力就能占有大片領土。軍事力量當然是中國擴張領土最根本的工具；它正在打造的壓倒性優勢力量，也就是為此一戰略打造基礎。中國現代化海軍軍艦頻頻下水服役，就是一個例證；特別是它以典型的砲艦外交方式在周邊海域部署船艦，而且中國第一艘航空母艦「遼寧艦」於二〇一三年執行處女航時，在整個戰鬥群各式各樣船艦陪伴下，浩浩蕩蕩開進南海最有爭議的水面。航空母艦對中國是個新鮮事物，但從許多方面來說，這是延續它對東南亞濱海國家的作法。在今天仍一如往昔，「天下」體系的概念正付諸實踐。這表示要造成周邊小型鄰國對中國的依賴，最好是盡可能地以和平方法主宰它們。過去中國的廣土眾民、先進科技、璀璨文化、強大且時常有耐心的國家意志、悠久的集體記憶及軍事實力，一旦動員就可構成相當於今天中國國際關係上的術語——「綜合國力」。當時就和今天一樣，這些特色不僅用來引來讚佩，或甚至恫嚇其鄰國，也可使鄰國產生一種宿命論，認命地以為根本不可能不服從中國。

作為一個古老文明的繼承人，中國在其悠久的歷史裡還有一項重要工具，必要時就拿出來如巨棒揮舞。而在它持續企圖於本地區強出頭的作為中，這項最明白的工具既可用來講述那段歷史，又可用來表明廣泛的權利主張，那就是地圖。為了動員國內民眾，中國的地圖繪製人員忙著重新配置中國在全世界的地理位置。中國民眾和外國人一樣，長久以來習慣看到中國強調其領土東西向、跨越大陸的形象。然而，在發動向南海伸張的過程中，中國繪圖員採用數位攝影術的方法，許多攝影機可用來改變它們的顯示比例或「角度」，從方形變成長方型或俯瞰全景。中國的新地圖繪製術強調的是南北向視覺，其效果是使南中國海看起來像是一面巨大的藍布旗掛在它的南方海岸線上。近乎魔術一般，它開始或多或少宛如國土的自然延伸，不再像大家所熟悉的舊地圖所顯示那般邊陲或偶然性。

為了實踐這個詭計，北京在國內發動無止境的宣傳運動，灌輸中國人民今天全世界所謂的南

中國第一艘航空母艦「遼寧艦」試航出海巡弋（©Associated Press）

中國海——這個名字是歐洲人在十九世紀取的——毫無爭議地是屬於中國的。有一個最鮮明的例子，人民解放軍海軍在二〇一五年發布一段宣傳影片，據說頭一個星期在網路上瘋傳一億次以上。它說：「中國的海洋和海外利益快速發展。我們的土地廣大，但我們寸土都不能讓外國人強占。（這時影片出現，從南海的一個珊瑚礁和東海的釣魚台冒出一塊中文石碑。）中國轄境有三百萬平方公里海洋，包括六千七百個面積超過五百平方公尺的島嶼。海權的鬥爭還未停止——我們也絕不放棄絲毫資源。」（這時影片又出現大型的海上鑽油平台。）中國國內宣傳專注於這個議題，採取中國人長年以來最愛用的伎倆，並煽動民族主義熱情，讓國家機關開始顯得似乎已無迴旋空間——現在的確也可能到了這個地步。事實上，中國的鄰國遭到警告，它們若不遵從中國對領土權利的詮釋，中共領導人將被迫採取激烈的行動，使用武力。其中隱含的意思是，它若不這麼做，將在國內造成嚴重不安定，對中國的鄰國也會不利。

中國繪圖員畫出來的地圖也傳遞給國際觀眾。二〇〇九年五月，北京交給聯合國兩份文書，聲稱「中國對南海各島及其鄰近海域擁有無可爭議的主權，對相關海域及其海床和海底享有主權權權利及管轄權。」

這項宣告與解放軍海軍的宣傳一樣，造成整個區域緊張，也引來其他一些沿海國家的抗議，它們也都提出主權主張，其中抗議最激烈的當屬越南和菲律賓。中國向聯合國提報它的權利主張時，所附上的這張地圖原本沒沒無聞，現在已變得家喻戶曉或臭名昭彰——視立場而定。其特色是以一條線把約百分之九十的南中國海圈起來，兩位中國著名的學者高之國和賈兵兵在《論南海九段線的歷史、地位和作用》（*The Nine-Dash Lineinthe South China Sea: History,StatusandImplications*）一書中寫道：「中國沉重的影響已投下一道長長的陰影。」[1]

自從北京以這張現已享有盛名的一九四七年地圖「九段線」提出權利主張後，便一再重申位於九段線內的海域自遠古以來就屬於中國，中國最早發現這些島嶼，這些水道和島嶼一直都由中國控制，因此中國對本地區的一切擁有歷史權利。為了替這些主張辯護，中國某些研究論文重提兩千年前朝貢制度之開端。高之國和賈兵兵寫道：「中國使用南海及其島嶼的早期歷史，包括在三世紀以前就有南洋『蠻夷』利用它們向好幾個朝代進貢的記載。」[2]

這些歷史權利的主張並不具任何法律效力，都不值得一談。幾乎所有的非中國專家都認為，主張遠洋是自己的「歷史水道」，並不是海洋——馬利・杜璞（Pierre-Marie Dupuy）在一篇發表於二〇一三年《美國國際法雜誌》（*American Journal of International Law*）的分析報告中指出：「中國的強力主張和含糊不清的重申主張，從法律的觀點來看，並不構成甚至最低度有說服力的立場。」[3]這些歷史權利的主張值得注意，是因為它們道破中國對國際制度欲迎還拒的矛盾心態，也透露出帝制時代的「天下」概念至今仍若隱若現。它們也觸及崛起中的中國之渴望，與美國等任何大國崛起殊無二致，都選擇性地欲躲過各方所普遍接受的規則之拘束。

二〇一四年，在我從吉隆坡飛往馬尼拉的一千五百英里旅途中，首度沁入肺腑地感受到中國主宰南海的欲望。從三萬英尺的高空往下看，是一望無際的碧波藍海，不旋踵又突然出現一些小塊土地，有些是小島，但大都是地理學家所謂的地貌——像是從虛無之中冒出來的一縷沙洲，又有些是淺水或珊瑚礁圍繞的迷你礁石。

從任何傳統的法律尺度來看，要擁有海洋，中國就必須擁有島嶼；依據國際法，唯有島嶼可以賦予周遭水域所有權。不論從高空往下看這些地貌有多麼渺小，這件事卻成了關鍵。既有的法律若可承認中國任何一部分的權利，我們可以假設中國直到最近的策略就好比一種「跳房子遊戲」，先從它最南端的一省海南島開始，到西沙群島（Paracel Islands，越南也主張有主權），再到南沙群島（Spratlys Islands）及其周邊海域（菲律賓、越南和台灣都提出主權聲索，馬來西亞和汶萊也對其中一部分主張有主權），逐步從每個地貌推進。根據這個理論，中國的盤算是控制這一路上能被視為島嶼的任何東西，可以使中國控制其周遭海域兩百海里的專屬經濟區（exclusive economic zone，簡稱EEZ，又稱經濟海域）。就許多由中國控制、更小的天然而無人居住的地貌而言，中國可以主張十二英里的領海。北京若控制這些島嶼與地貌，實際上是允許它主宰直抵印尼門口的航道（離海南島足足有一千二百英里的距離）。根據美軍太平洋司令部總司令海軍上將哈利·哈里斯（Harry B. Harris Jr）的說法，從二〇一三到二〇一五年，北京在南海填海造陸，創造出三千英畝的海埔新生地，讓中國得以站在二〇二〇年前主宰整個海域的軌道上。他說：「在所有不爆發戰爭的劇本之下，他們將可以力抗美軍以外所有的軍事力量，控制住南中國海。」[45]

中國以兩個以上的方法力求突破。一是對某專屬經濟區提出一連串的權利主張，而這專屬經濟區大半超過大部分國家所承認的範圍。關於國際海洋法傳統的詮釋，可允許其他國家船隻——包括軍艦，「無害通過」任何國家的兩百海里專屬經濟區，而根據美國海軍研究所（U.S. Naval Institute）在二〇一五年九月所發表的一篇論文，軍艦不應停住或逗留，也不能「發動或收回飛機、蒐集軍事情報、散發宣傳品、發動任何船隻、發射武器、釣魚或採取與直接通過沿海國家領土無涉的任何行動」。[6]然而，中國卻堅持軍艦在通過其海域之前，必須取得中國的核准。

除了從二〇一三年起盡可能對海上天然地貌周遭海域的控制之外，近年中國興建人造島嶼的規模和速度也是前所未見。事實上，幾乎舉世皆知中國這種作為並不能為自己帶來領土或海洋權利。但是，中國通常在這些據點配備了先進的雷達站、軍事級的起降跑道和深水港口，藉以投射武力到達任何鄰國無從企及的程度。一位最近退役的中國將領以罕見的坦誠表示：「如果人民解放軍想在南海（一旦爆發戰爭時）達成其海軍霸業的話，海軍就必須在南沙群島取得空中控制權，南沙是中國海軍唯一進入西太平洋的孔道。」[7]

雖然唯有搭飛機從空中俯瞰才能讓人感受到中國聲索的領土有多麼遼闊，但我們還是必須回到地面，才能完全了解其大膽無恥。為了掌握狀況，我親自走訪馬尼拉西南方三百五十英里的菲律賓巴拉望島（Palawan）。巴拉望島距離中國的海南島八百五十英里，而中國劃在九段線內，號稱歸中國所有的廣大水域一直延伸到離菲律賓海岸只有約二十五英里。如此逼迫人的地理事實，不只令人感受到菲律賓的確位居抵抗中國擴張主義的最前線。二〇一三年三月，馬尼拉向海牙常設仲裁法庭提報，希望仲裁法庭裁定中國的九段線主張無效。基本上，馬尼拉的論點是，九段線所隱含的領土主張以及中國對海上專屬經濟區的詮釋，違反了聯合國海洋法公約（United Nations Convention on the Law of the Sea, UNCLOS）。北京立刻譴責馬尼拉以法律挑戰，拒絕參加仲裁程序，但這未能阻止仲裁法庭在二〇一六年七月作出近乎全面駁斥北京主張的裁決——稍後進一步說明詳情。

在一個陽光燦爛的夏天上午，我和艾德文・席拉卡皮歐（Edwin Seracarpio）站在巴拉望島的小碼頭，等候他已出海作業三天的一艘漁船回港。五十二歲的席拉卡皮歐擁有一支小船隊。他告訴我，今天鮪魚漁民若要進入他們好幾代祖先自由進出的水域捕魚，會在一個有爭議的無人島附近遇上危險。他說：「本地人很怕往西邊出海作業，因為那裡有許多中國船隻——軍艦！中國人說這個無人島向來為他們所有，這實在太不公平了。」

一支小型漁船隊的東主艾德文‧席拉卡皮歐在菲律賓巴拉望島迎接他的船隊入港。（© Howard W. French）

像席拉卡皮歐這樣的故事，比任何海圖甚至法律論據更能凸顯出中國包山包海的「歷史權利」主張之粗暴，這些歷史權利形同有利於以階層為本的文明特權之論據。為了替中國的九段線辯護，在中國國家智庫服務的學者一向主張，中國人發現散布於南海及其間島礁附近漁產資源豐富的水域。他們說，中國人最早利用這些漁場，因此對它們建立了持久的歷史權利主張。根據這個觀點，即使有爭議的水域都已直抵現代國家如菲律賓和馬來西亞的海岸，也無關宏旨，因為這些地方原本的居民是蠻夷。這個觀點認為中國人是文明開化的民族，從遠古以來就遠赴各地進行經濟活動是很自然的事。根據這個論述，其結論是，居住在今天這些地方的本地人之祖先，和中國人不同，從來沒有認真追求自己的生計，或者即使有，他們既然是蠻夷，其行動也無關宏旨。依據這個思維，中國的權利主張才有道理。

雖然中國聲稱自古以來在本區域即擁有歷史權利，但九段線繪圖卻是近年才出現。基本上，一張雷同的十一段線地圖首度在一九四七年出現，當時中國還由蔣介石的國民政府統治。這張地圖首次於一九五八年由官方採用，代表中國對國家正當領土主張的觀點。（沒有人知道此圖由誰繪製，而且粗糙也不精確。）地圖其實起源於二十世紀初中國陷於一片混亂的背景，當時中國正承受著一堆外來侵略者——尤其是日本——的巨大壓力，又拚命力爭上游、革新改造。

中國在甲午戰爭戰敗是其現代化過程一個巨大的分水嶺。我在前文提到，在這一刻，天秤彷彿從中國菁英眼前墜落，使他們終於從長久以來過高的自視中看出去，即使相當短暫，也放棄了傳統階層式的世界觀，不再堅持完全不與外國人來往，或一定要按照中國的條件交往。在日本併吞琉球王國，爾後又將台灣和東亞最漢化的國家朝鮮納為殖民地之後，這套世界觀就已經完全行不通了。《清議報》是十九、二十世紀之交中國維新派人士相當重要的刊物，有位知識份子歐榘甲在一八九九年發表一篇文章：「甲午戰爭之後……〔我們中國人原本的〕傲慢幾乎完全消失。」

中國在東亞的第一場現代戰爭慘遭日本擊敗後，最大的轉變是出現了十分清新的國民意識。雷貝嘉・卡爾（Rebecca E. Karl）在《跨進世界舞台：二十世紀之交的中國民族主義》（*Staging the World: Chinese Nationalism at the Turn of the Twentieth Century*）一書中敘述一八八一年夏威夷卡拉卡瓦國王（King Kalakaua）環遊世界旅途中來到中國的經過。兩年前，日本才正式併吞琉球。卡拉卡瓦國王在夏威夷的統治地位正遭受美國農場和海洋業者極大的威脅，而且夏威夷人曝露於白人移民所帶來的不明疾病之中，人口大幅下降。卡拉卡瓦國王向中國人發出嚴正的警告，認為西方所引領的全球轉型正在傷害亞洲人民，因此亞洲人亟需團結起來。

卡拉卡瓦國王受到當時中國權傾一時的重臣李鴻章的接待。李鴻章主持中國對外交涉事宜。卡拉卡瓦國王前一站在東京受到盛大的歡迎，但中國人並未給予他同樣隆重的接待。卡拉卡瓦國王的一位隨員寫道：「我們在中午時分抵達上海……船隻駛入吳淞江時未聽到禮砲歡迎……我們從受到皇室級接待的高峰突然跌下，皇室象徵只能默默躺在帆布袋裡。」[8]

李鴻章在天津接待卡拉卡瓦國王後，向朝廷上奏：

〔國王說〕自古以來世界即分為亞、歐、非三大洲……我們〔夏威夷人〕是亞洲人，你們〔中國人〕也是……〔歐洲人〕拓殖非洲，他們貪婪不已地將它完全吞噬。最近他們又要啃食亞洲……目前白種人已經拓殖四個半洲，而亞洲人甚至都無法保住剩下的半個大陸……

我們不能再驕矜自滿。黃種人〔亞洲人〕過去的力量正在逐漸消退。我們之所以不能振興，是因為每個國家都只靠自己過去的力量。我們不僅不能團結起來相互依靠，反而還自相殘殺。十分可惜啊！如果我們團結，我們就更壯大；如果我們繼續分裂，我們的精力將會虛耗……我們〔亞洲人〕應該彼此同情地討論事情，團結一致；中國和日本彼此失和令人難以忍受。我已經警告日本天皇；現在我也要提醒您，李大人：如果我們能夠團結，不讓洋人有縫隙可鑽，不就是讓我們亞洲黃種人振奮的上策嗎？我衷心盼望此事成真。

卡爾認為，李鴻章雖為當時清廷消息最靈通也最精明老到的重臣，聽聞此言一定大為震驚，夏威夷和中國竟然同屬「亞洲」，而且兩地人民竟可視為屬於同一種族。她寫道，李鴻章一定覺得卡拉卡瓦國王的「說法和懇求不僅放肆，也很奇怪。很顯然夏威夷不太會進到李鴻章意識裡，它也不可能有助於李鴻章建構他的世界觀，更不會影響他思考大清帝國的前途。儘管鴉片戰爭後，已將一些領土和主權割讓給列強，〔大清帝國〕仍然相當安全，有能力確保其社會政治自主和文明的普世性。」

對中國而言，迄今存在的種族概念，一直是以文化考量來決定。唯有漢化（同文）的人才會被認為是和漢人同一種族（同種）。所謂「同文」，最低限度要能寫中國文字、奉行中國皇曆紀年。一八九五年中日戰爭失敗後，中國人才能開始把亞洲人視為同一類別，出自共同種族（同種）——因此在一個空前的全球亂局中，彼此命運廣泛地連結。

諷刺的是，短短幾年之後，夏威夷和不久後的菲律賓將扮演關鍵性的角色，促成此一意識上的重大改變。甲午戰爭後，中國第一次改造帝制的變法維新，在一八九八年失敗（譯按：戊戌變法失敗），一些中國青年志士流亡國外，向其他年輕的現代民族國家學習，籌款進行革命，從新的角度思考中國前途。這些志士中最重要的人是梁啟超，他在一八九八年逃到日本，然後到夏威夷，短暫地側身當地華僑社群，潛心寫作以及思考民族、認同和中國亟需改革開放。

梁啟超的作品敏銳地觀察到，兩個重要又緊密相連的事件正在影響亞洲的命運：美國正在崛起成為一個蒸蒸日上的帝國勢力，決定實現海軍將領培理近半個世紀以前的預言，要在太平洋地區投射其勢力，以及美國征服和殖民統治菲律賓。美國對夏威夷的軍事化從建立一個加煤站開始，然後建立軍事基地，最後在一八九八年七月兼併夏威夷。當時中國新聞媒體對此一直保持密切的觀察。幾乎緊跟著這些事件，美國占領菲律賓。這兩件事合在一起，讓中國思想家首次意識到太平洋是地緣政治的空間。突然間，中國作家談論在美國領導下出現的此一新帝國主義時代，他們批評美國背棄建國時的理想，併吞古巴、夏威夷和菲律賓等領土，又與其他帝國主義列強攜手共組八國聯軍介入中國，協助敉平一九〇〇至一九〇一年的拳匪叛變（Boxer Rebellion）。[9]

一九〇三年，《浙江潮》雜誌出現了一篇文章，一位人在東京的中國作者以筆名「門羅愛慕者」（Monroe Lover）暢談門羅主義（Monroe Doctrine）的變化無常。[10]

門羅主義原本要「保護」美洲不受可能來到西半球伸展勢力的歐洲國家之欺凌。文章寫道：「它的原則體現了美洲大陸實體位置的精神，也滲透到門羅主義所設計但尚未經歷過的領域，因此它不屬於美洲大陸，也與門羅主義代的歷史性無關。門羅主義只是一種無法預測的微妙事物。」

美國原本預期在一八九八年五月一日於美西戰爭中擊敗位於菲律賓的西班牙艦隊後，接管菲律賓乃是順理成章的事。當時著名的美國政治人物都認為此事天經地義，美國接管菲律賓將被當地人視為一種文明開化的行為，是正義、人道和賦有天命的大國來解放他們。十九世紀末的美國擴張主義者認為美國效仿英國的帝國使命是很自然的事，他們甚至被擁護大英帝國的人士歡呼，其中最著名的是魯亞德．吉卜林（Rudyard Kipling）。他在一八九九年寫下的名詩〈白種人的負擔〉（The White Man's Burden），有一個罕為人知的副標題：「美國與菲律賓群島」（The United States and the Philippine Islands）。這首七段詩節的作品力促美國人要「找出你的男子氣概」，「派出你們最優秀的品種」去接管殖民地，管理「那些剛被抓到的，半像邪魔、半像小孩的慍怒的人」。

來自印第安那州的共和黨籍參議員艾伯特．畢佛里奇（Albert Beveridge）[11]，是主張美國應接管菲律賓的主要人物，他認為「距離遙遠、大洋隔絕」都不足以成為不肯接管或必須再謹慎考量的理由。他以近乎「天下」代言人的姿態宣稱：美國人「憑藉他們的權力，依恃他們的制度，以及天命賦予他們的權威，天生就是帝國的民族」。他又說，美國人應該「擴大天賜的〔自由〕制度，直到我們奉行原則的帝國在全人類的心目中建立起來為止」。[12]

顯然畢佛里奇這類人物的極端愛國主義主戰言論絕不是談論道德，吉卜林的詩作也不是。它如此清楚地充滿沉重的種族主義色彩，中國觀察家並非看不到。梁啟超的《清議報》刊出一位菲律賓人的一段話，立刻在當時的中國人圈內引起強烈迴響，此君說：「我們這個島國再怎麼不起眼，為什麼竟會如狗和馬一般受到羈束？」[13]關心時事的中國人也會發現美國迅速出現辯論，爭論是否該排除菲律賓境內少數的華裔民族，不准他們移民美國。

畢佛里奇在一八九八年說道，過去一千年來，上帝已經讓「英語民族」準備好，要成為「世界的主宰組織者」。反之，美國此一新興殖民地的子民是「好幾百年的野蠻加上好幾百年的東方主義，再加上又好幾百年的西班牙風俗習性所冶煉」而弱化的「馬來人」。

然而，美國輕易擊敗西班牙，卻未被菲律賓人視為他們得到了解放。令美國人大惑不解甚至驚愕的是，菲律賓武裝部隊發動士氣昂揚、戰術迭出新招的游擊隊作戰，反抗新殖民者的統治——雖然最後並未成功。美國教科書通常錯誤地僅將其輕描淡寫為「叛變」；這正符合美國人驕矜但刻意製造的錯誤形象：我們美國從來不是帝國主義國家。事實上，菲律賓獨立鬥士的勇敢和足智多謀，讓狄奧多．羅斯福（Theodore Roosevelt）總統在一九〇二年將敉平此一美國殖民地抵抗運動的長久戰事形容為「規模雖小，但特別棘手和艱苦的戰爭」。這場衝突也在美國語文上留下明顯的記號，譬如採用「土人」（gook）這個字眼蔑稱亞洲人，許多人以為這個字來自越戰期間，其實錯了。還有一個菲律賓塔加洛（Tagalog）文字「boondock」，意指偏遠的農村地區，後來我們用來指稱文明化外之地。

對中國觀察家來說，這場衝突的影響有如一九〇五年的日俄戰爭對於全世界許多非白人的衝擊：這件事證明武裝、有組織的反抗西方之征服與主宰，不會完全沒效果。

一八九九年歐榘甲在梁啟超主持的《清議報》上撰文寫道：「菲律賓海離我們很近。〔發自當地的〕自由和獨立之風將吹遍我們全國……我們四億同胞將在心裡培養愛國主義，就好比菲律賓人協助我們克服危險的情勢。」[14]

中國人從美國在菲律賓的戰爭產生一種很具體明確的反應，是一種夏威夷卡拉卡瓦國王非常渴望的意識或覺醒：身為亞洲人的意識，或超越共有華夏文化那種「同文」的舊觀念，至少是寬鬆地屬於同一個種族的意識。卡爾在《跨進世界舞台》寫道：「不僅梁啟超，還有其他許多人，從菲律賓叛亂找到第一個最近的例子，發現『亡國之人』可以把他們的弱勢和『亡國』化為力量和有意義的活動。」[15]諷刺的是，向來被中國視為「島夷」生番所居住的一個國家，現在卻幫助中國人轉變意識，第一次產生現代民族主義的觀念。

自古以來中國即是朝代嬗遞的帝國，從來沒有固定的國名，也沒有全民共通的語言，或任何勉強類似國家歷史的東西。此時梁啟超又扮演重要的角色，一九〇一年撰寫〈中國史敘論〉，首度協助闡明國家的概念。他寫道：「吾人所最慚愧者，莫如我國無國名之一事。尋常通稱，或曰諸夏，或曰漢人，或曰唐人，皆朝名也。外人所稱，或曰震旦，或曰支那，皆非我所自命之名也。」兩年前梁啟超在夏威夷就曾經寫下：「中國人甚至不曉得有所謂『國民』這東西。幾千年來，有『國家』這兩個字，但我從來沒聽人說過『國民』這兩個字。國家是一個家擁有國，做為私人財產……國民的意思是國屬於民，是共有財產……這〔國民〕就是一國之民。」他又宣稱需要動員此一國民，即今人通稱的民族主義，做為團結中國的工具，俾能抵抗外國主宰，並且自力全速革新。

一種全新的論述強大地從這個思潮冒出來，卡爾稱之為「挫敗國家」的論述（frustrated state narrative）。它代表著對於兩種殖民統治的反抗。一種是我們已經提到的外來的殖民統治，另一種則是內部的殖民統治。然而，對於所謂內部殖民統治的反應則是奠基於漢人沙文主義的崛起，以及對滿洲人在一六四四年奪取政權——隱喻一個低劣的鄰族把中國拉低——的仇視。根據這個論述，滿清是中國國勢衰弱的罪魁禍首，沒有能力現代化並跟上日本，也沒有能力抵擋沙皇俄羅斯和歐洲列強的侵略。他們所號召的解決之道，不僅要推翻滿清，還要創立新國家，以新民族重建新歷史。

這個「挫敗國家的論述」還有一個重大的次主題，就是怨恨中國失去了對周遭許多「朝貢國」

的宗主權。清末的領導人被痛罵為低能笨蛋，把中國理所當然的家業遺產敗壞殆盡。譬如，他們後知後覺地設法制止日本和法國分別強占中國最重要的兩個藩屬——朝鮮和安南。他們忽視守護構成「天下」系統的藩屬之神聖職責，竟不知道多年來這兩個國家早已經形同獨立國家，與列強自行交往。

一九一二年滿清覆亡，進入民國時期之後，重點微妙地由中國自鴉片戰爭以來屢次戰敗受辱，轉變為向下一代灌輸恢復中國過去所喪失的權利之概念。這個時代有一本重要歷史專著《清代外務部中外關係檔案史料叢編》（*Diplomatic Documents of Qing*）談到「遭到原本向我國朝貢的弱國」侵略的奇恥大辱。作者強調，編寫這本書是要「讓後世子孫警惕」。大部分的中國作者特別注意日本，它是目前對中國構成最大威脅的敵國。一九一九年的《小學國文課本》以這種方法描述中國這個鄰國：

> 日本是個島國，明治維新後才開發起來。它在我們的琉球建置沖繩縣，強迫我們割讓台灣，強租旅大（東北的旅順和大連），兼併朝鮮，並殖民我們東三省。它預備擴張其交通和商業勢力……日本這個國家像子彈，由國內政府和外國政府共管。日本鎖定中國為目標，利用一切機會侵略中國這個弱國。除非我們使中國成為強國，否則我們無法消除國恥、提升國譽。我們的外交自清朝以來就悽慘失敗……日本……已經不斷侵犯我國主權。[16]

這裡也強調琉球，是因為它曾為中國的朝貢國，因此是「天下」的支柱；台灣由番民居住，因此對於中國只是領土問題。一九一八年，曾琦（Ceng Qi，音譯）在上海《救國日報》裡寫了一篇文章，討論反對帝國主義以及與亞洲其他國家團結：「當中國是大國時，朝鮮和安南都是其朝貢國，但中國在清末喪失國權時地位一落千丈……中國必須全力努力、奮鬥，恢復大國的地位，在東亞成為龍頭，不僅要收復朝鮮、安南、暹羅（泰國）和緬甸，還要將它們納入中國領土。日本及南洋國家全都受惠於中國。因此，它們也全都是中國領土。」[17]

這類現在聽起來十分極端的話，在那個時代中國談論從前的朝貢國和「天下」的言論當中，並不偏離主流。試圖在民國時期中國的動盪亂局下構想出一個有生存力的國家，是一項艱鉅的挑戰，其中一部分必須透過選擇性、理想化的記憶和完全沒有先例支持的概念，來重新想像過去。

譬如，肇建民國之父孫逸仙在一九二四年三月談到民族主義的原則時說道：「因為中國對朝貢國家抱持和平原則，越南、緬甸和暹羅這些國家才能維持數千年的獨立。」當年稍後，孫逸仙又進一步闡釋：「中國四周這些弱國受到中國價值與美德的影響，而非中國軍力的威脅。這些國家感到中國的優越性……一旦受到中國價值與美德的影響，他們不只遣使進貢一、兩次，而且是代代相傳多次遣使進貢。」[18]上述三個國家，只有越南真正稱得上是中國的藩屬國，但它和中國的關係與孫逸仙所敘述的歷史有著驚人矛盾的紀錄。歷史學者基斯・韋勒・泰勒（Keith Weller Taylor）在《越南的誕生》（*The Birth of Vietnam*）一書中寫道：越南在和它強大的鄰國打交道時，「逐漸地只能以奴隸了解其主子的方式來了解中國。」他又說：「過去一千年，越南人不下七次擊敗中國試圖以武力施加影響力的行動。」[19]

共和派思想家努力想要創建的新中國，其實對中國在亞洲的地位有兩種不同的想法，這兩個互不相容的觀點仍存在於今天中國自我的概念裡——在中國藉以和世界交往，特別是與菲律賓及沿海國家為南海主權的領土爭議上，表露無遺。一方面在一九三〇年代發行的《新東方雜誌》（*New East*）在創刊號揭櫫孫逸仙的泛亞主義宣稱：「東方的未來是一個解放的世界，各民族全都平等地站在一起。」[20]另一方面同時有人呼籲恢復中國所謂的國權，包括收復失土——真正失去的和想像失去的——重歸中國領導和控制。的確，蔣介石歷時二十年之久，每天在日記右上角寫下「雪恥」二字。一九三四年三月二十三日，他寫下：「收復台灣、朝鮮。恢復漢、唐固有領土。方不愧為黃帝之裔也。」

我們從這樣的情緒中找到了九段線地圖真正的祖宗，及其真實的意義。這是二十世紀初期幾十年地圖，如一九三八年由中國內政部頒布的所謂「國恥地圖」的直系後裔；這張地圖反映了「天下」體制下中國人對國家權利的傳統觀點，訂下有待「光復」的領土之地圖標記，人民可能透過它為當時與日後的中國政府下評斷。[21]「國恥地圖」對於有待「光復」的領土，以一個廣泛的圈線將大半個亞洲圈起來——包含了整個朝鮮半島和蒙古，部分西伯利亞，甚至一大塊巴基斯坦和印度，再轉折到東南亞，圈起尼科巴群島（Nicobar Islands）[22]、緬甸和整個中南半島，再穿過麻六甲海峽，納進馬來半島和新加坡，然後往北轉納入南中國海、台灣、琉球，以及大部分日本海。這張地圖帶我們回到巴拉望島海岸。

我和艾多阿多．塔定（Eduardo Tadem）在他位於菲律賓大學亞洲中心的辦公室會面。他的辦公桌背後掛著切．格瓦拉（Che Guevara）紅黑色海報照片，他坐在那裡與我談話，桌上的電腦播放莫札特優美的音樂。塔定是東南亞事務專家，從一開始他就表明，中、菲對於南海主權問題有著嚴重的歧異，他對中國抱持和善的態度。塔定這樣的人是整個東南亞地區鮮明、清楚表達的少數派之代表，他們可說是北京期盼其利益至少是和平地受到承認的最佳希望。

他說：「在黃岩島（Scarborough Shoal）發生爭執以前很久，菲律賓與中國漁民都利用此一海洋的資源——是的，自遠古以來，甚至國家還未出現之前，就是如此。」他指的是一堆礁石和岩塊，是中、菲之間許多海洋爭議的焦點之一。他說：「他們相處良好，有自己一套方法互相幫助。現在大家各自堅持主權，這一切都不存在了。現在因為海軍軍艦進出，任何人都休想捕魚——不幸啊，是中國船艦。」

儘管有這樣的觀察，塔定不同意所謂的現實主義者對本區域地緣政治的觀點，他認為他們的觀點強調對抗，「製造了衝突甚至全面戰爭」。他建議，像菲律賓這樣的國家應該與中國妥協。他明知中國的公民社會極小，而且日益陷入困境，在國際關係上幾乎沒有聲音，但他卻認為應該由公民社會出面拉近兩國的距離。他說，這意味著要找出方法來分享令人垂涎的資源，或許甚至包括禮樂灘（Reed Bank）在內——這個地區位於南沙群島，傳聞蘊藏了豐富的石油和天然氣。〔鄰近的馬蘭帕亞（Malampaya）天然氣田位於巴拉望島西北方五十英里，供應菲律賓百分之四十的能源需求。〕他說：「我們必須走出絕對主權、絕對領土疆界的世界。」

我請教塔定，為什麼中國包山包海的主張幾乎推進到菲律賓的海岸？這個問題把我們的對話帶到「天下」這個話題。他說，好消息是，如果中國「能信守朝貢制度的概念——向中國朝貢送禮、互換大使等——這並不會影響到本地區不同的王國和城邦國家的主權與獨立。因為你也曉得，如果中國堅持此一歷史基礎，區域內各國可以說，『好啊，我們可以回到過去的狀況。我們可以送你某些禮物，承認你希望我們承認的東西。』……壞消息是，中國對本地區可能有比較現代的想法，想得到三樣東西：石油、海上通路和漁業資源。石油存在的臆測性質多。海上通路很真實，大家都正在使用。而漁業資源也很真實。因此，或許務實地講，石油、石油蘊藏量並不那麼重要；他們介意的是海上通路和漁業資源。」

其他人則沒那麼重視恢復朝貢制度式的關係之可能性。他們認為最近中國強悍，其背後的目的是向周圍弱小國家施壓，直到他們求取和平，然後依據中國的心願實際分配南海整個三百五十萬平方英里海域的天然資源戰利品。菲律賓律師哈利・羅赫（Harry Roque）是政府依據聯合國海洋法公約處理南海議題的顧問。他說：「他們根本就是明火執仗、攔路搶劫，而且把槍砲頂在我們腦袋上。」長期涉及菲律賓政府高階層外交決策的人士認為，遲至現在菲律賓總算做出大多數現實主義派早就預料到、應該有的動作：武裝起來，提升軍隊的訓練，提高中國因咄咄逼人所需支付的代價，創造最低度可靠的軍事嚇阻力量。菲律賓也開始認真和美國再度交好。二○一五年十一月歐巴馬總統訪問菲律賓時，兩國宣布一項為期十年的國防協定，翻轉菲律賓有關美國使用菲國軍事基地的政策。歐巴馬的記者會刻意安排在「戈里格里歐・狄爾・皮拉號」軍艦（BPR Gregorio del Pilar）現身的場合舉行。[23]戈里格里歐・狄爾・皮拉號原本是美國海岸防衛隊的快艇，送給菲律賓後成為其海軍旗艦。他說：「我們有條約的義務，對我們菲律賓盟友的防務有鋼鐵般的承諾。我到此訪問凸顯出我們對本地區海域安全和自由航行的共同承諾。」[24]

到目前為止，中國對於美國加強支持菲律賓、及其他與北京有海洋爭議的國家都冷靜回應。[25]著名的中國鷹派外交政策學者閻學通告訴《紐約時報》說：「是否為了菲律賓和越南與中國開戰，要由美國決定。這件事由不得中國來決定。」[26]

談到菲律賓亟欲增強兵力，一位菲律賓前國家安全顧問告訴我：「至於什麼時候我們要把一切就定位以達成最低度的姿態，我們給自己訂下二○二○年做為目標年——或許再多幾年，二〇二五年。這是我們認為中國將展開大膽行動的窗口，這是一個危險時期。如果從現在到那時的中間時段，一個〔區域平衡國家的〕聯合體堅定起來，而南中國海發生狀況，我們不能是這個環節脆弱的一環。我們必須在自己的區域站穩腳步。因此，策略就是要強化我們的海軍和空軍實力。」

菲律賓承包商已經在巴拉望島興建一個海軍新基地，菲律賓國防官員號稱它將成為「新的蘇比克灣」。這句話過於誇大了，因為它根本超出菲律賓所能投注在軍事現代化的能力之上，也因為它鮮明地挑撥起近代的歷史記憶。很少有國家比菲律賓之現代命運和前途如此深受美國的影響。一個多世紀以前，西班牙殖民統治才告落幕，美國就展開漫長的殖民統治。第二次世界大戰，美國擊敗日本、解放菲律賓，卻又重建影響力，在冷戰時期達至高峰。當時擔任美國駐馬尼拉大使，就像是羅馬派來的總督。當時，在首都馬尼拉西北方五十英里的蘇比克灣海軍基地（Subic Bay Naval Base）是美軍第七艦隊母港，美國在全球各地第二大海外軍事基地。蘇比克灣附近的克拉克空軍基地（Clark Air Base）則是第一大海外軍事基地。

這兩個基地在越戰期間扮演至關重要的角色，也是支持美國對亞洲軍事承諾的重要據點，但一九九一年皮納土波火山（Mount Pinatubo）爆發，鄰近地區都蓋上一層厚厚的火山灰。五年前，菲律賓爆發一波強烈的民主浪潮，這波號稱「人民力量」（People's Power）的民主運動推翻了華府長期支持的斐迪南・馬可仕（Ferdinand Marcos）專制獨裁政府。在火山大爆發後，菲律賓政府決定不再將這兩個基地續租給美軍。美國海、空軍撤走，造成菲律賓大幅縮小對本身國防的投資——很諷刺的是，菲律賓此時正需要第一次靠自己自立自強。

稍後，葛洛麗雅・馬嘉柏臬・雅羅育（Gloria Macapagal Arroyo）出任總統，菲、美關係益加惡化——大部分是美國性急所造成的結果。二〇〇三年，菲律賓派一小支人道工作者到伊拉克，支援小布希總統揮師攻打伊拉克。但是，一名菲律賓卡車司機遭俘虜，雅羅育政府談判時以特遣隊比預定時程提前退出聯軍為條件，交換司機獲釋。當時她遭到小布希政府冷落。雅羅育連任後便迅速向中國靠攏。菲律賓外交政策如此大轉向，得到北京優渥的獎賞。北京亟欲挖牆腳，拉攏一個美國傳統的盟國，更何況菲律賓在南海的地理位置構成西太平洋第一島鏈的重要環節。如前文所述，這道有如罷工糾察線的長形島鏈，北起千島群島（Kuril Islands），經日本往南一路沿伸到菲律賓和馬來半島。島鏈的地理位置扼住幾個關鍵扼制點，掌控住中國自由進出大洋的咽喉。

中國啟動八十億美元的新貸款，支持在菲律賓宏大的投資計畫；菲律賓的基礎設施悽慘地有欠開發，它的經濟也遠遠不及本區域領先的國家，但中國的國有企業很快就取得利潤豐厚的合約，興建鐵路和全國寬頻網絡。中、菲雙方都有人從中舞弊自肥的傳聞，鬧得風風雨雨。有些傳聞直指雅羅育總統或其親人涉及貪瀆。後來她遭到選舉作票及彩券舞弊的罪名指控，被軟禁在醫院裡長達五年。直到二〇一六年七月她才向最高法院上訴成功，獲得釋放。

二〇〇四年，在新一波中國資金湧入菲律賓之際，雅羅育與北京簽訂一項祕密協議，在中國和菲律賓爭議未決的南海地區共同探勘石油，即所謂「海洋地震聯合作業」（Joint Maritime Seismic Undertaking）的協議，後來越南也參加，當事國協定其確實條件要保密五年。然而，由於雅羅育政府和中國在其他案件上涉及貪瀆的傳聞甚囂塵上，以致祕密守不住，不久菲律賓政界排山倒海指控雅羅育叛國，聲稱她出賣菲律賓領土的利益，換取中國送錢。批評者抱怨協議的條件一面倒，不利菲律賓，因為根據任何聯合國海洋法公約有關專屬經濟區的傳統定義，協議所涵蓋十四萬三千平方公里的海域全都明顯落在菲律賓的大陸棚之內；而且菲律賓對它們的控制，在此之前也未曾遭到中國或越南的異議。反之，靠近中國的海域無一列進此一共同調查中。《遠東經濟評論》（*Far Eastern Economic Review*）寫道，「中國對聯合探勘的底線」似乎是：「我的還是我的，而你的就是我的。」[27]

聯合探勘的協議提前兩年，即二〇〇八年解約。中國非常憤怒，因為其唾手可得、即將占到的極大便宜飛了。如果聯合探勘按照計畫徹底進行，根據其條件，中國將取得該地區海底油氣資源絕大部分的權利。蘊藏量有多少各方說法不一，頗費猜疑，但依其中一個估計光在南沙群島地區就有三百五十億噸石油，加上在禮樂灘地區三兆四千億立方英尺天然氣——足可供應菲律賓一百年的能源需求。雖然協議破裂，北京倒也沒有空手而歸。中國運用其本身的技術進行地震調查，現在它擁有非常詳盡的數據。甚且，中國啟動所謂的歷史權利說，現在可以主張由菲律賓開放聯合探勘的區域——在此之前根本不存在爭議——是中國的領土。中國似乎在報復菲律賓的突然轉向，派船進入禮樂灘地區，騷擾並最終嚇走受菲律賓委託進行探勘的人員。從此以後，實際上中國透過歷史權利說向聯合國提出的九段線地圖，正式對整個地區提出權利主張。現在中國憑恃著無人堪比的軍事和經濟力量，準備片面採取行動。

二〇一三年，菲律賓回應中方的行動，向海牙仲裁法庭訴請依據聯合國海洋公約宣告九段線無效。中、菲兩國都簽署了一九九四年生效的這項國際公約。聯合國海洋法公約在開發中國家尤其受到歡迎，因為它似乎賦予對他們海岸外海廣泛的控制權力——從原有的十二海里專屬領海權利，擴大為兩百海里專屬經濟區。在（超出最接近海岸的十二海里以外）廣大的海域，開放給所有國家船隻航行，但捕漁、採礦等具有經濟效益的活動，只限沿岸國家擁有權利。它對弱國具有吸引力，一部分是因為他們罕有能力去開採深海底下的礦產或油氣資源，但這項國際公約使得他們可以透過與跨國公司訂約，或透過本身逐步開發相關採礦技術，而得以保有在這些水域和海底的財富。中國在一九八〇年代聯合國海洋法公約簽署時，海上兵力薄弱，科技又不如人，因此非常熱烈地贊成。

然而，菲律賓向海牙仲裁法庭投訴的案子，讓中國的處境十分尷尬。中國向馬尼拉警告，不得訴諸國際法，但菲方根本不甩它。不論中國的歷史權利說有沒有道理，北京從一開始就很清楚，含糊不清的九段線在現代國際法上站不住腳。雖然中國是聯合國海洋法公約的簽署國家，但北京卻立刻表示不接受案子送交仲裁，也堅決表示，如果法庭的裁示有任何不利於中國利益的地方，它一概不承認。中國甚至立刻發起運動來詆毀仲裁過程的正當性，並暗示它可能整個退出聯合國海洋法公約。這使得海牙仲裁法庭陷入嚴重的困局，而且幾乎影響到法庭的存活。如果它一面倒裁示中國依九段線提出的海洋權利主張不存在，北京很可能馬上威脅退出海洋法公約；俄羅斯在戰略議題上經常是中國的戰術盟友，也可能跟進退出公約。至少世界上兩個最強大的國家不接受海洋法公約——美國雖簽署了公約，參議院卻一直未核定通過——如此一來，海洋法公約就會變得一文不值。

從另一個角度來看，理論上中國也可能在本案得勝，其方式有二，但無論哪一種，對公約都不是好事。仲裁法庭可以採用一些曖昧的邏輯或含糊的文字，做出有利於中國的裁示——即使北京根本不參與本案所有的辯論過程，或提出任何辯解——法庭以這種方法保住北京不退出。另一方面，法庭可以宣稱自己對本案沒有管轄權。但不論採取那個方法，都可能造成聯合國海洋法公約以後無法解決重大海洋領土爭議的後果，因為全世界的小國家會認為，仲裁法庭根本不獨立，在碰到攸關大國利益的案子時只會屈從大國的意志。

全案在仲裁法庭審理的兩年半期間，許多人預料法庭會試圖分開處理歧異，在某些方面讓菲律賓滿意，在另外一些方面讓中國滿意；或許會刻意避免做出關於司法原則的廣泛聲明，或會被區域內其他聲索小國引用的強大先例，鼓舞他們也對中國採取法律行動。

當二〇一六年七月十二日裁判宣布時，它近乎斷然地駁斥中國的主張，讓許多人大感意外。雖然它沒有正面處理九段線，但卻使得九段線嚴重失去可信度。長久以來中國專家抗議全案不合法律規定，因為菲律賓未先試圖以談判解決爭議。法庭駁斥這個論點，認為馬尼拉的確尋求談判，只不過是以多邊架構進行，要求與其他聲索國一起洽商，而中國卻以「天下」體系的思維反射，嚴拒談判。中國是個比菲律賓大很多、強很多的國家，堅持只能透過雙邊談判洽商。中國專家又說，仲裁法庭對本案沒有管轄權，因為歸根究柢，這涉及領土的爭議，而聯合國海洋法公約未被授權處理領土主權糾紛的問題。仲裁法庭又駁斥中國此一論點，表示法庭所裁決的不是海上不動產所有權的歸屬，而是依海洋法公約裁決——怎樣才構成島嶼、怎樣才不構成島嶼，並且鑒於此一裁定，判斷是否有任何其他理論的可能性，而中國聲稱的合法擁有南沙群島（加上黃岩島）所有地貌，是否與菲律賓兩百海里專屬經濟區有重疊的地方。

中國最後還有一個主要論點，就和其他所有在法庭程序之外提出的論點一樣，聲稱自古以來九段線內的海域（面積約相當於墨西哥）即屬於中國所有。仲裁法庭逕自駁斥：「雖然中國航海員和漁民，以及其他國家的航海員和漁民，自古以來就利用南海島嶼，但並沒有證據可以說明中國自古以來即對海域或其資源執行專屬、排他的控制。（楷體字為原始文件特意使用）法庭的結論是，中國沒有法律依據來主張對『九段線』內海域之資源擁有歷史權利。」[28]

仲裁法庭五百多頁的裁判書無異議地以其他方法來駁斥中國自古以來即擁有它們的說法。裁判書指出，類似中國提出的歷史權利主張，在起草聯合國海洋公約法條文時即為談判的主題之一，但在當時就被簽署國所摒棄，並規定任何與法律相違的習慣之論點，在條約生效後即被條約所取代。

關於如何才構成島嶼這個問題，仲裁法庭的裁示同樣對中國不利。法庭果如原先的承諾，不對南沙群島的土地歸屬做決定，但裁示中國（或其他聲索國）所說的島嶼（island）並不具有符合島嶼的法定定義。法庭反而明白表示，某些中國控制的海洋地貌，只算是岩塊（rock），意即從土地或珊瑚溫和地冒出／隆起，在漲潮時看得見，至於其他則只是「低潮高地」（low-tideelevation），意即只有在退潮時才看得見。這表示南沙群島的地貌，不論由中國或其他國家控制，都沒有任何可以提供任何當事國兩百海里的專屬經濟區，最多只是十二海里的領土控制區。包括法庭在審理期間，中國在這些低潮高地將其中一些地貌興建為明顯的人造島嶼，都不具備專屬經濟區的權源。

換句話說，菲律賓在其兩百海里專屬經濟區內的權利已恢復，至少理論上如此。這也表示，自中國大肆填海造陸以來，美國海軍在南沙群島海域進行的自由航行權演習，即使進入中國新近控制的地貌附近之海域，仍具有堅實的法律依據。

中國對這一切的初步反應是，提出有系統的駁斥，並發表強硬的指責。主管外交事務的國務委員楊潔篪說：「南海仲裁案一直都是政治鬧劇，暗藏藉由法律掩護演出的野心。某些域外國家企圖透過仲裁案來否定中國在南海的主權權益。他們甚至拉攏其他國家，試圖在國際社會孤立及汙蔑中國，意圖阻礙中國的和平發展。但是這種企圖是沒有用的，他們這麼做只是搬磚砸腳。」[29]楊潔篪並譴責仲裁法庭五名法官的組成，聲稱它是由一名右翼日本籍法官所召集成立，「意圖使日本擺脫戰後的安排」。其他人則乾脆宣稱五名法官專業能力不足，箭頭特別指向主審法官非洲迦納籍的湯瑪斯．孟薩（Thomas A. Mensah）。更有些人抱怨，由於法庭其他法官都是歐洲人，因此仲裁法庭完全不熟悉「亞洲價值」。

像楊潔篪這樣的官員以其強硬且相當刺耳的言詞，聲稱他們才是真正捍衛國際法理，雖然這些話不能讓國際輿論信服，但似乎很對中國國內聽眾的胃口。部分是因為國家機關檢查過濾了對仲裁案的新聞報導，中國民眾被刻意隱瞞，不了解裁決的法律依據，及其說明的論點。然而，中國人民並不是此一宣傳運動唯一的人質。長期以來中國的國家機關向民眾強烈灌輸，中國在南海無可爭議、無可分割的權利，北京發現這將自己逼到了牆角；言詞上找不到可行的方法來改變政策，尤其是無法公開且須迅速地改口。一旦改口，就會招致外界批評習近平政府出賣國家利益。因此，當不利的裁決一宣布，中方官員如楊潔篪只能捶胸頓足，強烈反彈。「主權是中國的底線。像中國這樣的大國，我們不能放棄祖先留下來的每一寸領土。中國的主權和南海海上權益是兩千多年來形成的。它們完全受到歷史與法律證據的支持。在任何情況下，它們都不能被此一滿紙廢話、所謂的裁決所否定。」不過，中國的反應還有超乎即時戰術問題的重要意涵。事實上，北京的強硬責備和偏執的言詞，已使得它非常接近於以文明差異的老套做訴求：創造國際制度的是西方人，不是我們，儘管我們信守它，但現在他們卻利用它做為詭計，否定中國的權利。從這裡，只有一步之遙就要走向更廣泛的修正主義，才能紓解中國人的挫折，並掩護它進行令人質疑的行為。

底牌是，做為一個崛起中的大國，中國決定在周圍近海遂行其意志。長期來看，再多的法律或甚至國際輿論，都勸阻不了它或要它改變目標。

這種帝國視角——「天下」——的觀點，從中國國家級智庫南海研究院院長吳士存的言談可見一斑。二〇一四年九月，也就是仲裁結果出爐前近兩年時間，他在海南島接受菲律賓記者訪問時說道：「假設仲裁法庭做出最後裁判，中國和菲律賓之間的關係還是會存在。菲律賓學者也曾說過，假設一切都進行順利又成功……中國也不會遵守它。」[30]

吳士存顯然是以朝貢制度的邏輯出發，他接著指出，中國和馬來西亞之間的雙邊貿易最近每年已超過一千億美元，但與菲律賓的貿易僅有二百億美元——馬來西亞人口只有兩千三百萬，而菲律賓則有八千多萬人（譯按：菲律賓人口在二〇一五年已突破一億）。他說，改善關係、強力提升貿易的唯一方法是，擱置仲裁案。他說，如此一來雙方就可以在爭議地區「共同開發」石油與天然氣。「這樁生意應該交由中國海洋石油總公司（China National Offshore Oil Company，簡稱中海油）與菲律賓政府討論——五五對分合作。」吳士存又說，如果當時的菲律賓總統班尼諾・艾奎諾（Benigno Aquino）不肯依這個基礎談判，北京可以按奈不表，等候他任期屆滿下台。或許二〇一六年全國大選會出現（類似葛洛莉亞・雅羅育）比較容易受影響的新總統。

二〇一四年吉伯特・亞蘇克（Gilbert Asuque）擔任菲律賓主管海洋事務的助理部長，當時他告訴我：「中方說：『我們來共同開發吧』，但我們〔對我們大陸棚內〕的根本立場是，這些資源屬於菲律賓——所有的資源都是。」

二〇一六年六月三十日菲律賓新任總統宣誓就職，時間正好是海牙常設仲裁法庭就仲裁案宣布裁決的前兩個星期。新任總統羅德里哥・杜特蒂（Rodrigo R. Duterte）這位粗線條的前任市長，打出恢復法治的旗號競選，在此之前他幾乎沒有強調國際關係。從中國的角度來看，他簡直是天作之合。杜特蒂在競選期間就強烈批評美國對菲律賓持新殖民主義的態度，誓言他會與北京妥協。當他被問到是否會依中國要求，與北京進行雙邊會談時，他回答：「我們與西方簽了條約，但是我希望人人都知道我們會走自己的路，不會再依賴美國。我們不會去討好任何人，只重視菲律賓人利益的路線。」[31]選戰期間及選戰剛落幕時，在好幾個不同場合都有強烈的跡象顯示，他所謂菲律賓的最佳利益就是開發外海石油，著重國家對基礎設施——這是中國的強項——的巨大需求，許多人因此不免忖想，新總統是否將以此為基礎，就爭議領土與北京達成妥協。就職後不久，杜特蒂的脾氣不曉得打從那裡冒起來，公開痛罵歐巴馬總統是「婊子生的」；過後不久他又揚言將會取消美菲聯合軍事演習，不過在本書截稿前，菲律賓官方還未證實此一政策轉變。（編按：杜特蒂上台後，二〇一六年十月四日至十一日美菲即舉行軍事演習。）

然而，不論杜特蒂總統有什麼新招術，菲律賓都必須接受門口有一個愈來愈強悍的軍事大國的事實。這也代表菲律賓必須習慣近乎永遠處於不確定狀態——也可能需要對根本利益問題做出妥協。海牙仲裁法庭做出對菲律賓有利的裁決之後，菲律賓前任總檢察長佛洛林・希爾貝（Florin Hilbay）以籃球比賽來比喻與北京的爭議。他說：「這場比賽需要花點時間。」他形容仲裁過程是「律師的比賽」，「上半場第二節」。他說，「現在我們走向外交官比賽」，大部分會在幕後磋商。「終極目標是讓菲律賓能夠有效地堅持其在南中國海／西菲律賓海的海上自然權利。這是終極目標。」[32]

然而，中國堅稱仲裁法庭對它做出的不利裁決，完全不影響中國在南海的主權，這句話的初期測試可能出現在杜特蒂身上。如果他被認為過於大方地妥協，將面臨國內輿論的反彈，甚至涉及法律訴訟的危機。或許最明顯可能爆發事件的熱點——當然也可能是雙方展現善意姿態的地點——就是離巴拉望島一〇五海里，也就是菲律賓專屬經濟區之內的仁愛暗沙（Second Thomas Shoal）。從一九九九年以來，菲律賓就在當地維持一個舉世罕見的海軍據點：馬尼拉找來一艘二次世界大戰時期破舊、生鏽的坦克登陸艇「馬德瑞山號」（BRP Sierra Madre），刻意讓它擱淺，但仍維持運作。這艘船艦上住了一小支菲律賓士兵，其職責雖只是象徵意義，卻是展現菲方實質控制此一礁岩及周遭海域，並非如中國所主張北京對此區域擁有主權。

中國在附近維持船隻海巡，二〇一四年起它們奉命與前來運補的菲律賓船隻玩起貓捉老鼠的遊戲，不時進行熱追，企圖攔截菲方船隻。如果持續下去，有一天菲律賓的運補就會失敗，馬德瑞山號上的官兵就必須撤退。如果中國守住封鎖線，阻止對它們施援，就可能會導致衝突。另一方面，北京也可以為了追求日後更大的戰略收穫，而選擇在仁愛暗沙周圍降溫。北京可以不放棄對仁愛暗沙的主權主張，悄悄地允許馬尼拉運補其船隻，或許甚至允許馬尼拉運送材料來適度修理這艘已擱淺的船隻。類似這樣的善意動作可以讓杜特蒂有足夠的轉圜空間。

仁愛暗沙絕對不是唯一可能爆發事故的熱點。中國目前大肆投資於建設海軍和海上巡邏部隊，它將有能力對菲律賓在其他許多地方的據點大幅升高壓力。中國海巡部隊已打造一萬噸級船隻，所配備的水槍足以沖沉許多小型的普通船隻。中國這方大幅提升海巡部隊船隻水準，其堅強程度可令絕大多數大國的海軍欽羨，而設備不足的菲律賓則大半還要仰仗美國將淘汰的海上防衛部隊船隻送給它的海軍。巴拉望島外海還有另一群小島礁——派格阿薩島（Paga Asa，譯按：中文名稱為中業島），面積只有〇．一四平方英里，大約住了兩百名菲律賓平民。二〇一四年，中國《前瞻》雜誌刊出一篇文章，提到中國很快就會動用武力併吞中業島，以幫助北京強

菲律賓海軍故意擱淺布置在仁愛暗沙的馬德瑞山號軍艦（© Washington Post）

化對南海廣大水域的控制。文章寫道：「世界最大的航空母艦美國海軍福特號造價一百二十八億美元，甲板面積只有〇．〇二六平方公里。在中業島建造空軍基地，面積可以大上十來倍，造價少得多，而且它不會沉沒，可以維持很長的服務壽命。」[33]

在仲裁法庭依據聯合國海洋法公約對中國做出不利的裁決後，目前還不清楚中國是否會對國際法律採取如此正面挑戰的行動。表面上，中國政府對南海是異口同聲強硬表態，不過我們可以假設私底下內部已在進行鬥爭，要找出對本區域未來政策的最佳方向，中國軍方的強硬派以及在海洋擴張上有重大利益的其他部門（如：國企石油業、造船業、漁業和沿海各省政府），全都有激烈的民族主義輿論撐腰，不太可能被海牙仲裁法庭的裁決所嚇阻。

中國未靈巧地尋求妥協，而是悄悄地以外交交涉主導這場籃球賽下半場，來進行其本身的「法律戰」。最有可能的狀況是它宣布南沙群島是個島群——就和以前宣布西沙群島是島群一樣——環繞整個島群畫一道領土基線，以明顯但頗有爭議的法理排斥海牙仲裁法庭的「南沙不論單獨或集體都不足以產生專屬經濟區」的裁決。許多分析家聲稱，在裁決出爐後，中國微妙地轉為堅稱對南沙「各島」具有無懈可擊的主權，不再提及「海域」，似乎已見端倪。[34]

這就是菲律賓幻想要建設新蘇比克灣念頭的起源，一個亞洲武裝部隊最弱的國家竟然不顧其經濟和體制上的沉重負擔，想要挑起本身的國防重任。沒有具可信度的嚇阻力量，就是代表出事的風險極大。這並非只要取得大量新武器的問題，而是需要在社會中建立幹練的軍事和防務文化；但菲律賓社會的現代史告訴我們，在它身為殖民地，爾後又在冷戰期間形同美國的半保護國，已經使它深陷消極的心態。

我在馬尼拉聽取一位最近才卸下國家安全顧問重任的海軍上將的簡報。我們和十多位參謀官圍坐在一張會議桌四周，有位助理透過一份清單詳細報告菲律賓所進行的提高軍事準備的措施。它們多半涉及加快取得新武器系統的步調。他說：「我們將有兩艘新型的多功能攻擊艦艇，時間可能在二〇一六年之前。我們將有兩艘新型的護衛艦，時間可能在二〇一五年之前。我們正在取得八艘新型兩棲作戰攻擊船和兩架反潛直升機。我們也計畫部署更多的海岸巡防船隻。而且我們正在牡蠣灣（Oyster Bay，位於巴拉望島）興建一座新碼頭。」海軍上將在這裡打斷話題，接管了會議。「從國力——經濟、外交、資訊和軍事力量——的工具來判斷，我們是亞洲最弱的國家之一。我們肯定比不上中國的力量。但是我們能做的是，試圖阻止它對我們頤指氣使。我們可以試圖確保菲律賓和國際法能夠運用。」將軍又說，菲律賓高度重視在南海領土爭端問題上達成共同的區域立場，特別是與鄰近各國制定並遵守有約束力的行為準則。「我們遇到很多困難，因為某些國家——寮國、柬埔寨和緬甸——都籠罩在中國勢力之下。」

一位年近四旬的軍官羅德里奎茲上尉面帶笑容問我：「還要多久，我們將和中國爆發戰爭？」在我努力說明的同時，他卻打斷我的話：「我希望是在我身後的事。」

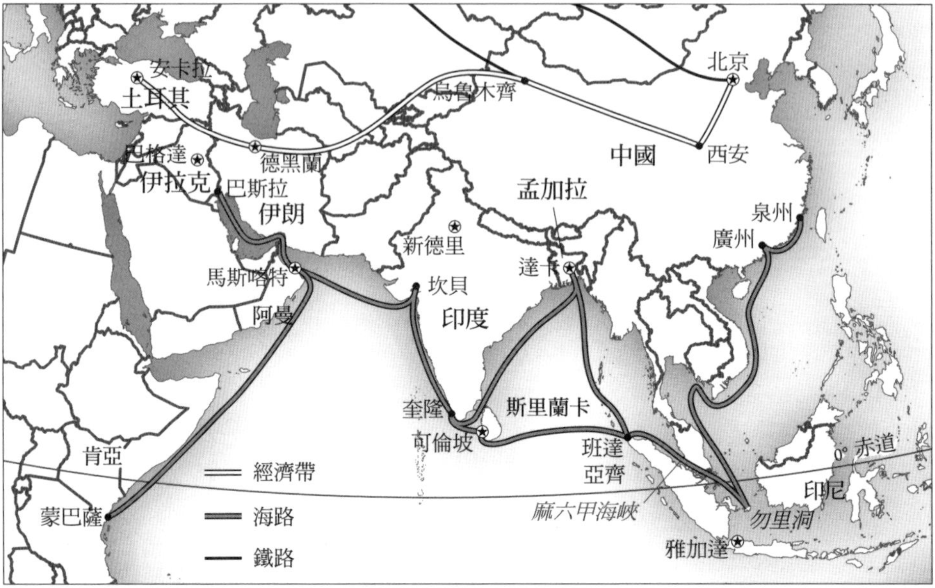
安卡拉
土耳其
烏魯木齊
北京
巴格達
德黑蘭
伊拉克
巴斯拉
伊朗
中國
西安
孟加拉
泉州
新德里
廣州
達卡
馬斯喀特
坎貝
阿曼
印度
斯里蘭卡
奎隆
可倫坡
班達
亞齊
肯亞
0° 赤道
經濟帶
海路
鐵路
印尼
蒙巴薩
麻六甲海峽
勿里洞
雅加達

第三章　世界的咽喉

步行到控制麻六甲河河口的陡峭山頂，在這個太平洋和印度洋兩洋交會的赤道地帶，一定會汗流浹背。來到山頂，地形變成開闊、平坦，這裡有個大廣場，涼風習習，稍解鬱悶。極目四望，不僅可看到山底下緩緩流動的麻六甲河，以及它所環抱的城鎮狹窄的街道，還可看到五百英里長的麻六甲海峽；天氣晴朗時，可以看到更遠處的印尼蘇門答臘島（Sumatra）。

遊客抵達的山頂，是一再扮演歷史樞紐的地方，一千五百多年前全球化由此地開始，將波斯、阿拉伯世界、非洲和南亞與中國連結起來，後來更成為中國朝貢體制很重要的一環。將近五百年歷史的破舊的聖保祿教堂（St. Paul Church）盤踞在山頂的廣場中央。浪跡天涯的葡萄牙探險家來到此地，在一五一一年擊敗麻六甲蘇丹，將馬來半島末梢這塊地方呈獻給葡萄牙國王後，興建了這座教堂。

耶穌會教士聖方濟各・沙勿略（Saint Francis Xavier）巨大的白色雕像從這個景點向外遠眺；晚年時，沙勿略進出於葡萄牙這個全新且快速擴張的亞洲帝國的邊疆。克里斯多福・哥倫布

聖方濟各·沙勿略雕像，位於今天馬來西亞麻六甲山巔、十六世紀興建的聖保祿教堂。（© Howard W. French）

（Christopher Columbus）第一次跨越大西洋航行後五年，瓦斯科・達伽馬（Vasco da Gama）率領四艘帆船和一百七十個手下組成的船隊，從里斯本出發，想找出一條通往亞洲的新航路。他是奉葡萄牙國王曼紐爾一世（ManuelI）之命，國王在送行時的致詞，已清楚揭示這個位於歐洲西南角、資源匱乏的小國無比的雄心壯志：「發現印度和東方那些土地」是「最有利潤、最榮耀的壯舉，足可名垂青史」。[1]固然沒錯，他提到傳播基督教信仰的使命，但從他說的話來判斷，曼紐爾一世最大的目標是「從蠻夷番邦手中搶來……古代作家傳誦的東方財富，其中一部分透過貿易往來，已使得威尼斯、熱那亞、佛羅倫斯和義大利其他城邦成為大國」。比起哥倫布，達伽馬的功績較少受到後人推崇，但他們都是同等重要的歷史人物。每個美國小學生都知道，哥倫布為歐洲新興的帝國主義做先鋒，打開西半球。然而，達伽馬在一名東非洲馬林迪王國（KingdomofMalindi）穆斯林領航員的協助下，證明了哥倫布想要確立的一條航路的概念——的確有一條海上通路可前往亞洲——達伽馬去世時，被追諡為「阿拉伯、波斯、印度和東方諸海大將軍」（Admiral of the Seas of Arabia, Persia, India and the Orients）。[2]貝理・狄菲（Bailey W. Diffie）和喬治・韋紐斯（George D. Winius）在他們的著作《葡萄牙帝國的基礎，一四一五年至一八五〇年》（*Foundations of the Portuguese Empire, 1415-1850*）說明了達伽馬在經濟上的大突破。他們寫下：「西方發現了東方。」透過他在東非沿岸到後來在印度卡利卡特（Calicut）一路征戰，達伽馬也首開先例動用武力和恐怖手段，建立西方帝國在東方迅速採行的基本行為模式。一五〇二年，達伽馬第二次出航，率領二十艘重武裝船隻來到印度，欲懾服路上可能遇到的土著領導人，並向卡利卡特統治者報復，懲罰他一年前殺害駐地的葡萄牙商務代表人。儘管印度統治者努力示好，達伽馬仍把艦隊駛近海岸，以大砲砲轟城市，然後凶殘地屠殺數百名在海上抓到的本地漁民。[3]

十五世紀末，歐洲最賺錢的經濟活動是與撒哈拉沙漠之南非洲的黃金貿易，其中大部分來自今天迦納的海岸。根據非洲史專家馬丁・梅瑞狄斯（Martin Meredith）的說法：「到了一四八七年，El Mina即一般所謂的the Mine，每年要送約八千盎斯的黃金到里斯本皇家寶庫。到了一五〇〇年，年度交易量達到兩萬五千盎斯左右，占當時全球供給量相當大的比例。」[4]但隨著一五一一年葡萄牙征服者（conquistador，譯按：指十五至十七世紀到美洲新大陸和亞洲為西班牙與葡萄牙開疆闢土的探險家與軍人）亞方索・狄・阿布奎基（Alfonso de Albuquerque）攻占麻六甲後，這一切都有起了劇烈的變化；阿布奎基的目的是想阻止威尼斯和阿拉伯商人做生意，進而壟斷歐洲與遠東的商務。阿布奎基以無比的勇氣在十多年內以達伽馬奠下的基礎，為葡萄牙創造一個跨全球的帝國結構。第一階段是沿著非洲海岸建立強化的墊腳石，在印度西海岸外海一座島上興建城堡，並在靠近紅海口建立基地，以攔阻敵對的阿拉伯船運。定下這個戰略前景後一年，曼紐爾一世指示他的征服者占領並駐守歐洲人從未踏上的麻六甲城。[5]

近一千年來，麻六甲海峽附近出現一連串的王國，勃林邦（Palembang，譯按：華僑稱為巨港或舊港）和占卑（Jambi）等城市，因控制通過航道的運輸而變得富裕而強大；這個戰略性的海上通道正好位於東亞龐大的農業人口和文化中心，與印度次大陸之間。由於占地理位置之利，它們得以提供轉運設施，不只連結中國和印度，更擴及阿拉伯世界甚至東非，而形成日益厚實的全球商業網絡。[6]珍娜・阿布—魯賀（Janet L. Abu-Lughod）在《歐洲霸權之前：一二五〇—一三五〇的世界體系》（*Before European Hegemony: The World System A.D.1250-1350*）中敏銳地描述這些馬來人買辦城市是今天香港和（鄰近的）新加坡的前身。她寫道：它們是自由港，「在這裡，各式各樣的貿易夥伴能免遭高壓限制和苛捐雜稅，交換外來生產的東西，安全地存放起財富，並可隨意在不同的交易網絡之間轉移資金。」

十六世紀初，麻六甲蘇丹國控制中繼港中最著名且獲利甚多的地方已逾一百年，麻六甲狹窄的街道上隨處可見古吉拉特人（Gujaratis），對這些印度人而言，這裡是他們與東方貿易的總站；這裡也充斥著爪哇人、華人、日本人、阿拉伯人、波斯人等，當然少不了土著馬來人。歷史學家說，阿布奎基率領或許十八艘船艦抵達本地。十六世紀葡萄牙作家兼外交官多梅・皮萊資（TomePires）稱這個非常繁榮的地方為「世界的咽喉」（gullet of the world），技術上它並未建立城堡，但有兩萬名傭兵和八千枝槍重兵守衛。這表示若正面進攻，阿布奎基和他的九百多人葡萄牙部眾，外加兩百名印度傭兵，根本沒機會打贏。在初步交戰，勝負互見後，他使用詭計，以一艘據說是不滿當地土王的華人商人送給他的帆船，趁著漲潮開進河口，戰士便一擁而上，衝進市中心，展開突襲。十六世紀西班牙征服者，如佛蘭西斯科・皮薩羅（Francisco Pizarro）和艾爾南・柯提茲（Hernan Cortes），在美洲新世界以寡敵眾擊敗土著大軍，推翻印加帝國（Inca Empire）和阿茲特克帝國（Aztec Empire）而名留青史。但與麻六甲的情況不同，他們對付的是沒有槍砲和其他現代武器的文明。阿布奎基突襲成功，占領亞洲最偉大的商業港，然後有系統地掠奪它的倉庫，而他僅折損二十八名部屬。

葡萄牙人從他們在非洲和印度的經驗學到，只要他們能維持運補船定期安全靠岸的能力，一座歐洲式堅牢的城堡便足以抵禦當地土著的攻擊，因此他們不惜花費資金、遵循自家國王的指示，動工興建法摩沙城堡〔AFamosa，譯按：葡萄牙文，意即名城（The Famous）〕，今天從聖保祿教堂山頂往下眺望可看到這座城堡的遺跡。阿布奎基在占領麻六甲後不久寫下戰果：「以其偉大和獲利，我們無法估計麻六甲的價值。麻六甲是個因商品交易而興建的城市，比全世界任何城市都更合適。」然而，他並未逗留太久。三個月後阿布奎基再度出發，攻下摩鹿加群島（Moluccas Islands）——馬來群島中的這個島群，擁有里斯本珍視的香料。

丁香、荳蔻香料和肉荳蔻只在摩鹿加生長，它們的貿易很快就成為里斯本十分特殊的全新財富來源，甚至比非洲的黃金更有價值。葡萄牙的海上指揮官裴迪南・麥哲倫（Ferdinand Magellan）受西班牙國王之聘，決定捨非洲、繞道南美洲，另闢一條通往太平洋的新航線，終於在一五二一年抵達東亞。此時西班牙人有理由認為他們已輸給葡萄牙人了，因為里斯本控制了摩鹿加群島。葡萄牙人宣稱掌控這個香料群島（Spice Islands）的正當性，不僅是因為他們最先到達，也因為上溯一四五二年一連串的教皇敕書，獲得教皇的承認，賜予里斯本享有對「黃金東方」的權利。[7]疲憊的麥哲倫花了不少時間在今天的菲律賓地區搜尋，他的部屬在菲律賓找到肉桂——相較於價錢高出許多的丁香，肉桂只能算是安慰獎。一五二一年，麥哲倫在宿霧（Cebu）和土著作戰時身亡。一五二九年，西班牙國王查爾斯五世（Charles V）一則感於已無希望取得梵蒂岡承認他對摩鹿加有權利，再則忙於與法國作戰，因此接受里斯本付給他一筆錢，而放棄對香料群島的權利主張。

隨著達伽馬的腳跡，方濟各・沙勿略於一五四二年來到印度果阿（Goa），在當地蓋了一座教堂，努力渡化印度人信教。麻六甲被阿布奎基攻克後不久，沙勿略轉進到麻六甲，蓋了東亞第一所西式學校。然後他又仿效阿布奎基，前進摩鹿加。在他傳教生涯的最後階段，他以摩鹿加為基地，試圖將基督教義傳入日本和中國，成敗互見。沙勿略在離廣州不遠的一個中國島嶼去世，遺體運回麻六甲，一度下葬在聖保祿教堂。目前此地還保留他的衣冠塚（真正的安息處在果阿）。

今天此地已經罕有遊客，這通常是已經覆亡的帝國遺跡的宿命。葡萄牙人在此據守一百三十年，因興建城堡策略得宜，從未被亞洲敵人擊敗。身為歐洲最小的國家之一，他們面臨的問題是勢力過度伸張。雖然摩鹿加的香料只來自五個緊鄰的島嶼，但葡萄牙所主張權利的這個遙遠的馬來人世界，面積卻極為廣袤——如果包含海域，其面積等於包括阿拉斯加在內的美國。葡萄牙人無力固守如此廣大的土地，起先引來宿敵西班牙的覬覦，後來被荷蘭占領，最後大部分的地區都落入英國手中。然而，若非葡萄牙提供這個即使資源有限、但可成為在亞洲建立帝國的先例，荷蘭和英國這兩個北方歐洲國家幾乎不會想像到這個可能性。

從山頂可俯瞰麻六甲河和法摩沙城堡的遺跡，距離山頂不遠的山底下，有個依據歷史建造的觀光景點，在今天的麻六甲吸引了許多遊客。一群群遊客擠在這個十字路口，拿起相機爭拍一個大船模型；這艘大船比第一批葡萄牙征服者早了一個世紀來到此一海峽。大部分時候，這些群眾主要是華裔，不論他們是中華人民共和國國民或東南亞華僑。知曉這艘船故事的人對此都不會感到神祕難懂。這艘雄踞在圓環的九桅帆船，是中華文化圈名聞遐邇的明朝大將鄭和所指揮的一艘船之迷你仿製品。

鄭和是明成祖永樂皇帝麾下一名穆斯林太監，一四〇五年率領一支艦隊浩浩蕩蕩來到世界的這個地區，艦隊中有些船艦是有史以來最大型的木造船隻。鄭和麾下有兩萬人，絕大多數是職業軍人，明朝的文獻說他們是「精銳之師」。直到二十世紀之初，西方歷史學者新一波興趣激發中國人重新關注鄭和之前，他在中國歷史中大體上已經被人遺忘。很大一部分原因是，永樂皇帝駕崩後明朝政策大翻轉，不再派遣艦隊遠下西洋，也限制人民出海。西方學者很想知道古代

鄭和艦隊寶船仿製品矗立麻六甲街頭（© Howard W. French）

文獻記載的巨大船艦是否真的存在。如果中國真的建造如此強大的艦隊，又怎麼會不是用來作戰和擴張——不論是擴張版圖或擴張商業，或者兩者都擴張？

現代學術研究證實了船隻的大小和艦隊的尺寸。最大的船艦有四百四十英尺長、一百八十英尺寬，甚至有六百英尺長，約等於兩個足球場的長度。[8]愛德華・德瑞耶（Edward Dreyer）在《鄭和：中國與明朝初年的海洋，一四〇五－一四三三》（*Zheng He: China and the Oceans in The Early Ming Dynasty, 1405-1433*）一書寫下尼爾遜勛爵（Lord Nelson）十九世紀初的旗艦「勝利號」（Victory）為一百八十六英尺長、五十英尺寬，只能算是鄭和隨行艦隊中最小的一級。克里斯多福・哥倫布最大的船隻聖塔瑪利亞號（Santa Maria）僅一百二十五英尺長，只能承載兩百八十噸，大約只有鄭和最大船隻的九分之一。鄭和麾下艦隊有兩百多艘船，比著名的一五八八年西班牙艦隊多出七十艘；換個比較，大約相當一八〇五年參加特拉法加之役（the Battle of Trafalgar）的英、法、西班牙艦隊全部加總的船隻。[9]

中國人對鄭和的興趣則從完全不同的方向出發。許多西方歷史學者起先認為，像鄭和這樣一位掌握無比強大武力和裝備的人物會和歐洲帝國主義者一樣，派出戰士搶奪、控制豐饒的貿易網絡，進而以武力掌控整個地區，尤其是鄭和可調動的資源，豈是像阿布奎基這樣的征服者所敢想像。十五世紀初，中國朝廷曾做過一項人口普查，記載中國有六千五百萬居民，而當時葡萄牙人口約一百萬，英國人口約五百萬。德瑞耶寫道：「以日後大航海時代的語言來講，中國有船隻、有兵源，也有資金」[10]，可以供征服之用。

今天中國人仰望重新發現的鄭和，主要是為了重建本身的榮譽感。十九世紀下半葉，中國在海上屢遭羞辱，一八九五年敗在日本手下更是奇恥大辱。二十世紀初，海上積弱不振的記憶猶新，鄭和傳奇顯得特別強而有力。「三寶太監」和他的「寶船」（treasure ships）很快就成為有關中國特殊主義論述的重要元素。中國有極大的力量可供調配，但它信守儒家的「天下」概念之核心，沒有欺壓其鄰國，或是以西方列強趾高氣昂之姿霸凌他們——儘管這些鄰國顯然處於弱勢。依照二十世紀初鄭和故事的復活所創造出來的論述，中國遵從其本身空洞的傳統，有如七世紀名臣魏徵給唐太宗的諍言：「如果皇恩遍及四海，何需尋求明珠；明珠自會來到中國。」[11]鄭和雖有極強大得實力，但他遵循此一傳統，依賴中國的美德贏取海外歸服。至少故事是這麼說的。

鄭和故事在中國復活，就像許多二十世紀初中國知識史中其他的事情一樣，關鍵人物是梁啟超。梁啟超在一篇文章裡警示中國人要恢復自古以來的偉大，他慨嘆道：「鄭和之後，再無鄭和。」對於提倡現代中國民族主義的梁啟超而言——他對美國在太平洋的帝國主義行徑相當失望，鄭和之所以特殊，不僅因為他是航海史上的偉人，更因為他的和平典範，這點與西方人的行為模式截然不同。後來孫逸仙也引用鄭和的航行為例，證明中國天性就與西方不同，清楚隱喻中國人在道德上高過西方。

這派言論持續到今天，有助於說明鄭和寶船的仿製品為何在麻六甲廣受注意。到了二十一世紀，中國共產黨大肆歌頌鄭和，在學校教科書和國家宣傳中都強調鄭和下西洋。二〇〇四年，交通部副部長徐祖遠說：「因此這是友好的外交活動。鄭和七次下西洋，從未占領一寸土地、建立城堡，或從其他國家搶奪財富。在商務和貿易活動上，他採取多給少取的作法，因此他受到沿路各國人民的歡迎和讚美。」二〇〇五年是鄭和首航六百週年，中國國有電視台推出一系列稱頌鄭和的節目。其中一集裡，北京中國人民大學教授毛佩琦稱讚鄭和「是一位來自中國的和平使者，他高揚和平友好、交流合作的旗幟」。[12]

果如預期，近年環繞著鄭和的修正對這一代中國人產生了影響。二〇一三年我在耶魯大學出席一場有關中國在非洲關係的學術會議，聽到一位中國年輕學者理直氣壯地發表她對鄭和的看法。她說：「為什麼有這麼多人討論中國在非洲的利益？自鄭和時代以來，中國已證明我們是友好的國家，不求稱霸。鄭和千里迢迢到非洲探險和交朋友，然後就回國。中國沒有想要控制任何人。」

近年來，中國與鄰國為了南海主權發生爭議，鄭和便被抬出來效命。比起其他鄰國，中國歷史的記錄更可上溯遠古，動輒祭出歷史來對付鄰國，也不問是否可信，就當做論據王牌。它一口咬定中國「自古以來」就控制南海，鄭和即為論述的利器。

「『南海』這個字詞出現在春秋時代（西元前四七五年至西元前二二一年）的《詩經》，此後就一直是中國對南海的標準稱謂。」高之國和賈兵兵兩位學者在前述《論南海九段線的歷史、地位和作用》一書中寫道：

後來中國歷代——從公元五世紀開始，隨著旅遊者和其他航海員愈來愈了解海洋——地理和文學作品也愈來愈頻繁提到南海和各島嶼。對南海及其周邊地區的位置和情況有所了解，再加上造船業的進步以及羅盤運用在航行上，人們因而可經常旅行到該地區的其他國家，也啟發了「三寶太監」鄭和在十五世紀的明朝「七下西洋」。一四〇五至一四三三年進行的「七下西洋」具官方性質，因為明朝永樂皇帝任命鄭和為艦隊司令，派給他向海外傳播天子威德的任務。

援引鄭和來為現代的領土爭議助陣，其實有許多問題。根據判斷和了解，鄭和艦隊走的路線一定會避開今天南海爭議許多最多的地方，因為它們布滿危險的礁岩和險灘，會威脅到鄭和的大船。我們知道鄭和從華南駛向占婆（Champa）——位於今天的越南——盡量靠著海岸走，然後再前往麻六甲，最後才進入印度洋開闊海域。在小島和小礁虛耗精神，也有違鄭和出使的精神和目的，而且我們也找不到鄭和或在他之前的中國人對南海這些地區提出權利主張的記載，更不用說治理它。

若要確認鄭和事功的意義，首先必須將其一生放在適當的歷史脈絡來了解，也就是擺在明朝初年地緣政治的框架裡來觀察。一四〇二年，鄭和的主子燕王朱棣起兵奪權，殺了侄子建文皇帝、僭奪大位，年號永樂，諡稱成祖。為了提振本身的正當性，永樂皇帝大大加速中國自十四世紀開始的擴張主義。他對北方用兵，攻下蒙古人首都大都，改名為北平（即今天北京），然後繼續追剿撤退的蒙古人。在南方，明朝征服今天的雲南省（雲南與緬甸、寮國和越南邊境接壤），將它併入帝國版圖。過去中國有時控制雲南，但漢人移民與土著混居後卻都「夷化」了。這一次，為了確保它永久完全併入帝國，中國發動「移民實邊」，將八十萬人遷徙到雲南。[13]

鄭和出身雲南，據說先祖系出中亞，他在明軍征服戰役中被俘，後來成為燕王朱棣手下。永樂年間，中國攻討大越（即今天的越南北部），中國人稱此地為安南。唐朝時安南曾被併入中國。永樂皇帝併入越南，成為中國第十四個行省，並改名為交趾，實施嚴格的儒家教化。

歷代中國歷史教學和宣傳都強調中國美德和文化具有無可抵抗的魅力，吸引其他國家投入中國軌道，然而越南人的經驗卻透露出典型的帝國主義大國之武力威脅，下文將深入討論。中國強迫越南人漢化的作法，其實讓我們想起五百年後日本帝國的侵略行為，當日本接管朝鮮後，強迫朝鮮人改為日本姓名，並以日文為官方的教學工具。

打造全世界最大的艦隊是永樂皇帝最後的擴張主義大計畫，他完全不計代價，引起朝廷不悅的意見。下一個朝代清朝的史官寫道：「他蒐集的奇珍異寶多到不可勝數，但它們彌補不了中國的虛耗浪費。」[14]有鑒於此，中國對鄭和出使的傳統解釋，說他只是和平展現中國的美德，其實說不通。我們不妨想像在鄭和航行路上小國家的統治者，突然看到地平線上出現兩百艘武力強大的巨船，心理所產生的衝擊。「當數千名部隊走下帆船、興建堅固的倉庫，土著一定會認為與大明皇帝締結扈從關係，是無法拒絕的提議。」[15]

從有關鄭和艦隊的考古和文獻資料都可清楚看到，它不是設計來從事海戰，也不是用來探險。這支出洋遠征艦隊的目的是運送大軍，只要一登陸，光靠聲威也可把一路上的小國統統震懾住；有些國家當下未立即認清現實，稍後也不得不委身做為藩屬國。

鄭和作為和平友好大使的傳奇是禁不起分析的。那只是中國人理想化的描述，不是歷史事實。鄭和的航行及當時其他一些較不知名將領的船隊，其用意和資金都是為了把中國勢力擴張到已知的世界，並強化藉由僭奪而登基的統治者之正當性和聲望。

在諸多中國恢復鄭和的記憶裡，最堅持的一個說法是，鄭和一生事功證明中國與天性侵略的西方完全不同；也就是說，中國從未以殖民大國或帝國勢力強迫別人屈服。其實完全相反，幾乎所有今天中國的整個周邊地區，都是透過帝國征服及後續殖民的方式兼併的。

在長久的歷史裡，從中國權力中心出發來看，東南亞是個變動不居的概念。打從秦、漢時期（西元前二二一年—西元二二〇年）開始，中國歷史就是「向熱帶進軍」[16]的歷史，雖有挫折與反轉，但周而復始地向南方擴張，從不質疑此一基本方向。在概念上，中國歷代把南方邊陲分為三大塊：一、鄰近的邊陲，如雲南，它可以完全融和入中國；二、中間地帶的邊陲，即大陸東南亞，包括越南、緬甸和暹羅等地區，它們可以在相當一段時間後大量融入中國或漢化；三、遠處的東南亞，包括本區域所有的海洋部分，它們太遙遠，居民是「南蠻」——和中國人差異太大，難以融合，但是它們仍是構成中國勢力範圍理想的一部分。許多中間地帶地區的地位因帝國勢力起伏而波動，有時候它們被承認是獨立的政治實體，雖然必須納表上貢；有時候又被納入或再次納入中國的直接控制。

這樣的思維明顯地鼓舞有積極擴張主義傾向的明朝。孫來臣寫道，在明朝時期，海洋東南亞「空前絕後成為中國的勢力範圍」。要了解目前中國在本區域的行動，這段歷史仍然有相當大的參考作用。在十五世紀上半葉鄭和時期，為了推動前進印度洋的新的擴張政策，明朝的部隊需要有個中途站和城寨，因此選擇和麻六甲合作。麻六甲因為中國賦予它類似今天的最惠國待遇而大為繁榮。然而，麻六甲不只是透過貿易就受惠——其領導人全都接受中國冊封，他們的正當性（和王國存活）依賴明朝天子的承認。[17]

關於鄭和「友好出航」論述的第二個支柱是明朝嫌惡使用武力，歷史記錄則十分不同。鄭和第一次下西洋，在一四〇七年來到蘇門答臘時，就攻打中國人所謂的舊港（譯按：即巨港、勃林邦）。此地曾經是三佛齊（Srivijaya）的首都。三佛齊是馬來人帝國，幾個世紀前因為控制與中國朝貢制度恩准的中繼貿易而國勢鼎盛。鄭和部隊在舊港逮捕中國「海盜」酋首陳祖義，將他押回中國、斬首示眾。陳祖義真正的罪行是拒絕接受大明王朝的權威；明朝史書記載，逮捕陳祖義的過程中殺了五千人，焚毀十艘船。同年，鄭和介入鄰近的爪哇，殺了一百七十人。這個數字並不大，但若配上最近征服安南時大明王朝傳遞給西爪哇土王的訊息，則顯得非常冷峻：「立刻付六萬兩黃金賠償、謝罪……否則將派大軍懲討。安南即是前車之鑒。」[18] 兩年之後，明朝對緬甸統治者也發出類似的威脅；此時，緬甸因為與中國在雲南競逐勢力，而遭受中國軍隊從陸地所施加的壓力。

一四一一年，鄭和第三次下西洋，他的部隊成功地入侵斯里蘭卡（錫蘭）。鄭和責備錫蘭國王在他上一次前往印度時對其艦隊「失禮」，而且又有海盜襲擊，並企圖誘使鄭和部隊陷入伏襲。（錫蘭國王被廢，換了一個傀儡領袖。）錫蘭真正的冒犯是不服從中國在本地區的霸權。歷史學者傑夫・韋德（Geoff Wade）對後來類似的攻打蘇門答臘事件有如下敘述：

我們又看到一個海上遠征的實例，它運用軍事力量企圖在今天的東南亞和印度洋建立大明盛世（Pax Ming）。

……〔鄭和的遠征艦隊〕在十五世紀前三分之一的時段奉命出航，以便取得已知的海洋世界所有政治實體承認大明王朝的優勢地位。不肯承認大明王朝至高地位的人將受到軍事力量的制裁……

然而，從東南亞統治者跟著鄭和使節團到中國朝覲的人數可以看出，震懾一定是個重要因素。這段時期很少有統治者訪問東南亞地區內其他政治實體的實例，由此可知一定是向他們施加極大壓力，鼓勵他們到明朝朝廷朝覲，以展現他們向中國皇帝稱臣的地位。

德瑞耶也有類似的描寫：

現代人認為鄭和是探險家，其實這大部分來自西方學界的創造。鄭和的船隊其實是一支艦隊，它載著隨時可登陸的強大部隊，其目的是懾服東南亞和印度洋的統治者，讓他們向中國朝貢。外國朝貢團加強了中國皇帝的正當性，以換取豐厚的賞賜，但是鄭和艦隊到訪的國家，大部分是被迫朝貢，等到艦隊不再南下，他們就停止朝貢。

德瑞耶後來又說，陸戰戰鬥和逮捕頑抗的土著領袖「明顯證明鄭和下西洋的目的：透過震懾或必要時壓服反對，將西洋納入中國朝貢體系」。[19]歷史記錄明白顯示，明朝以這樣的方式，忙著透過強大的兵力，建構勢力範圍。明朝和葡萄牙及其後的其他帝國不一樣，它不把通商致富視為中心或首要目標。中國人也沒有想要使用海軍力量奪占遙遠地區的土地，而置於直接治理之下。所有擁抱「天下」概念國的皇帝都似乎盤算過，扼守住和他們遠隔重洋的領地太困難了。控制住陸地廣袤、極難駕馭而且又複雜的中國是令人非常煩惱的一件事。不過，鄭和的任務構成一種很清晰的帝國行為，是以政治做為中心，並遵循我們所熟悉的原則：中國各朝代或皇帝的力量，是根據他所獲得的尊敬和臣服的程度來衡量。明朝此一經驗特別之處在於，其範圍推廣到十分遙遠的地區。永樂皇帝駕崩後立即取消了遠洋航行，但在停止之前，鄭和艦隊已進入阿拉伯世界，並直抵東非洲海岸。今天中國的外交以他的傳奇為證，在非洲推動所謂中國一向和平、和諧的概念——與西方的看法南轅北轍。

正如孫來臣所言，如同今天亞洲的情勢，明成祖永樂皇帝下定決心將南海變成「中國的湖泊」。這件事之所以可能實現，得力於技術的偉大進展，而這些技術進展的基礎是在宋朝奠立、在元朝進一步建立起來，因此中國在槍砲和造船技術上遠遠領先任何潛在的對手。孫來臣寫道，在鄭和時代，中國成為「世界上第一個火藥帝國」。[20]而且明朝無疑也認識到這個事實，鄭和自己所說的話是最好的證明：

> 我朝實力已經超越歷代。控制著北夷和西狄，不必像漢朝嫁女和蕃，也不必像唐朝與外邦（平等）會盟，更不必像宋朝每年都要進貢外邦，也不需以兄弟之禮對待敵國。萬邦來儀，得到接待……多麼偉大啊！
>
> 成祖（永樂皇帝）綏靖天下以來，欲以武力控制世界（萬方），因此派遣使節到各地招撫。因此，西域大小國家都來磕頭，上貢輸誠。（明朝使節）無遠弗居，北至荒漠，南抵遠洋，東西遍及日升和日落之地。[21]

一四二四年永樂皇帝去世，洪熙皇帝繼位，登基當天就下詔取消鄭和艦隊計畫的第七次航行。這代表把明朝二十二年來南向擴張的政策徹底大翻轉。但它並非天上意外飛來的決定。永樂皇帝在去世之前不久就已停止出航，以便集中力量處理帝國所遭遇的挑戰。越南抵抗中國兼併已變得無法敉平，而五次北伐蒙古也在人命及財力上付出極大代價。

洪熙皇帝在位不到一年即去世，換上宣德皇帝。他派出艦隊最後一次出航。某些歷史學家認為之所以會有這個動作，是因為朝廷關切中國視為藩屬國的四十八個國家愈來愈少來進貢。[22]其他學者則認為主要目的是在完全解散艦隊之前，處理一些未竟事宜。一個世代之後，某些廷臣建議恢復中國的海上霸業，但立即就被儒臣駁斥。

十五世紀結束之前，中國開始拆除它的巨型船廠，它們在十五世紀上半葉全盛時期每年要建造六百艘大型遠洋船隻。一五三五年，朝廷下旨立即拆毀遠洋船隻，並逮捕其船員。中國開始延緩對於技術創新和對武器的投資，尤其是採用火藥發射的武器，這是中國在宋朝就創新領先的技術。羅伯・芬萊（Robert Finlay）在他的論文〈鄭和航行：明朝中國的意識型態、國家實力和海上貿易〉（The Voyages of Zheng He: Ideology, State Power and Maritime Tradein Ming China）中寫道：「永樂皇帝政策的強勢面向——試圖將海上貿易納進朝貢制度的正式結構——遭到他的繼任者所摒棄，其北向攻打大草原的戰略也同樣遭到摒棄，換成依靠長城採取守勢防禦。」[23]永樂皇帝極度活躍、追求中國在本區域獨霸的政策，突然換成內觀的消極態度和令人作嘔的自滿。海外貿易被宣稱是只有外國人才喜歡的東西，並將其歸咎於因為前朝元朝蒙古人的統治，才會偏離中國人的本性。甚至海外貿易被說成是吸引不受歡迎的外國人來到中國，譬如阿拉伯商人在華南某些港口城市定居。在軍事事務方面，一些理由被用來為隔離政策辯護，譬如當時的廷臣楊士奇以一段典型的話來解釋為何從越南撤軍。他說：「中國不應該屈尊與狼、豬鬥。」[24]其他人也提出意識型態的論述，認為中國人繼續背誦孔子的教訓就已足夠；體現聖人美德就足以使蠻夷臣服。

中國為何突然轉為內向？國家機關為何放棄海洋？某些歷史學者如布魯斯・史璜生（Bruce Swanson），認為是太監與號稱「大陸派」的保守派新儒家之間發生權力鬥爭，而太監輸了。另一個重要的因素，可能是中國重新開放已疏濬並擴大的大運河，這是非凡的重大工程，將華北與人口日益增加的華南穀倉連接起來。一千一百英里長的大運河有許多水閘控制，很像紐約州的伊利運河（Erie Canal），但後者長度只有大運河的三分之一，而且比它晚了四百年才興建。一四一五年，國家機關禁止走海路運送穀物到華北，強迫使用大運河，為此建造了好幾千艘駁船。這樣的決策勢必大幅降低海上航運的需求，因此影響到造船業和艦隊維修業，進而導致永樂皇帝的繼承人在一四三六年停止興建遠洋船隻。假如重建大運河的確是放棄海上力量的主要原因，而這個決定將在日後以非常殘酷的諷刺回過頭來嚙咬中國。[25]中國紙鈔的崩潰促成金融危機，幾乎是另一個關鍵重大的因素。它使得和外國人的商業往來變得很複雜，外國貨因此變得更加昂貴，而增強了儒家主張自給自足的理想性。撰寫鄭和航海史的作者李露曄（Louise Levathes）寫道：「渴望與外界接觸，意味著中國本身需要來自國外的東西，中國因此不夠強大和自給自足。光是顯示有需要，就辱沒天子。」[26]

然而，不論是什麼原因使得政策大轉彎，其後果來得很迅猛，可說是歷史上最大的逆轉之一──有些人則稱此為最大的失策。[27]從十三世紀開始，世界已經啟動要創造真正的全球經濟。[28]歐洲雖然落後，但我們今天所謂的中東和亞洲，在貿易圈卻構成重要支柱，而科技交流日益將它們連結起來。關鍵樞紐是馬來世界，或者更明確地說，是麻六甲海峽；它是全球的關節，把兩個軸綁在一起。我們無法知道若中國沒放棄，它的砲艦帝國主義會發展成什麼模樣。然而，據歷史學家貝理．狄菲說，一四九八年當達伽馬第一次來到卡利卡特時，「船員們聽到土著說，大約八十年前，有些長相像葡萄牙人的白人水手幾乎每年都來到他們這裡，持續一個多世代之久。印度人說，他們身披鐵甲，搭乘四桅大船前來。」[29]葡萄牙人大吃一驚，曉得這應該是斯拉夫人或日耳曼人訪客的故事，但他們一定是鄭和麾下人馬。如果不是中國人早先就退出海洋，葡萄牙人聽到的故事將是南亞區域有一支強大的中國海軍——一種「華夏盛世」（Pax Sinica）——其實是建立在兩百艘船的大艦隊、載著兩萬多名精銳部隊，定期到訪的基礎上。我們只能想像，達伽馬只有四艘中型船隻、人馬只有一百七十人，他會有什麼反應；他一定不敢心生動用武力的念頭。歐洲人也可能在還未抵達亞洲之前，譬如在東非沿海或亞丁，就遇上「華夏盛世」的跡象，因為鄭和後期的航行已抵達這些地區。碰上了中國大艦隊，西方人可能會躊躇不敢前進。在這個劇本下，阿布奎基不太可能在馬來世界有所突破，葡萄牙人若不了解本身實力遠遠望塵莫及，就必須為莽撞躁進付出慘痛代價。

然而，由於中國撤退，許多亞洲小國開始採用中國的科技創新，包括建造更禁得起大海浪濤的船隻，尤其是以火藥發射的武器，而縮小了他們與中國之間的實力差距。

在歐亞大陸塊的另一端，十五世紀中葉代表著歐洲早期現代時期的開端。[30]歐洲海軍工程和武器進步迅速，逐步建立在未來四百年其他地區追趕不上的優勢。當然，之所以會如此，是因為長期以來身為世界首席軍事大國和技術創新者的中國，基本上退出了競賽。珍娜·阿布-魯賀在《歐洲霸權之前》寫道：「『東方覆亡』早於『西方崛起』，既有體制退出才加速歐洲便於征服。」[31]當西方君主與他們雇來的追逐財富的探險家和征服者完成長期追求經由海路通往亞洲時，他們慶賀著世界主要海洋互相連結，其實中國人知道這件事至少有一千年之久。

歐洲的突破對中國和全球歷史都有深刻的影響。葡萄牙人一度近乎壟斷東亞貿易，後來太平洋成為「西班牙的內湖」，而非鄭和時期差點成為「中國的內湖」。一五六五年，西班牙人在馬尼拉定居，他們很快就發現：「馬尼拉的地理位置極為理想，可以把北方中國和日本的絲綢、南方摩鹿加的香料、西方印度的棉花和柬埔寨的象牙結合起來，供應新世界銀礦豐富的西班牙殖民地近乎無限大的市場。」[32][33]透過遠距離海上貿易把分散世界各地的區域串聯起來的工程，早在十三世紀就已熱烈展開，阿拉伯人、波斯人和馬來人首開其端，稍後元朝和明朝初期的中國人一度接棒。但中國依其條件改造世界、成為全球霸主的機遇，其實在十六世紀歐洲開始竄起時就已放棄。這個機遇要在五百年之後才重新出現。

我們從中國的經驗得到的首要教訓是：維持一國的實力、持續不斷地發展軍事和科技、一旦領先就絕不鬆懈或放棄的重要性。至少同等重要的是，維持在其本身區域、本身地盤的領先。除了台灣——中國把擁有它視為國家最高優先之一，今天我們很難回想起一九四九年毛澤東革命成功後，曾經將確保中國大陸周邊地區視為第一優先的事例。麥可·韓特（Michael Hunt）和梁思文（Steven I. Levine）在《帝國之弧：美國在亞洲的戰爭，從菲律賓到越南》（*Arc of Empire: America's Wars in Asia from the Philippines to Vietnam*）中寫道：「中國知識份子和政治領導人看到列強（包括美國）對他們的一些鄰國展開殖民，並在其他國家覬覦非正式的勢力範圍，而且（最嚴重的是）在中國穩定地延伸對中國的控制。他們一致認為，克服此一危機的先決條件是，建立起決心收復台灣、東北、蒙古、新疆和西藏的強大的政府，抑制外夷，恢復中國的榮耀，並恢復中國受尊敬的世界大國的地位。」[34]

「天下」這個字眼不曾出現在當代中國的外交論述裡，但從一九七四年以來，中國似乎決心逐步強化它對毗鄰其大陸的海洋之控制——這是它數世紀前曾經主宰的區域，最重要的是讓蠻夷不存非分之想。中國在伊比利亞半島葡、西兩國崛起之前就放棄進軍西洋，而繼西、葡兩國之後的挑戰者如荷蘭、英國和美國也接踵而至。西方人終於把中國的大陸派從自大自滿和長久以來的觀點中震醒，讓他們不要再以為相當大一部分的世界史即等於中國史。[35]

直到鴉片戰爭，中國都沒有統一的艦隊，它派去迎戰英國鐵甲蒸氣船復仇女神號（*Nemesis*）的帆船，讓西方敵手想起羅馬的長槳帆船，「只是造得更差，只能勉強駛離陸地。」[36]因此，英國透過封鎖大運河、威脅糧食往北運輸，而使得中國迅速陷入困局。來到十九世紀即將落幕之際，滿清政府急起直追，希望建造一支現代化艦隊，向德國購買船艦，並雇用外國顧問。但為時太晚，也做得太少，一八九五年敗在日本手下即為一例。馬關條約迫使中國支付巨額銀元做為賠償，並且承認朝鮮獨立，割讓遼東半島給日本，也放棄台灣和澎湖群島。[37]

中國在南宋（一一二七—一二七九）開始大力向海洋發展，以歷史意義而言，這項努力為時甚短，在今天大家熟悉的爭議極大的南中國海認真活動的時間也不長。不過，這段歷史在今天卻非常重要，不僅關係到中國共產黨官方宣傳一再宣稱「自古以來」即控制九段線以內整個區域的主張——其實這個主張很容易被駁斥——對於瞭解長期下來以其中央性和優越性為基礎而出現的中國世界觀，也相當重要。三個世紀之後的明朝，中國人在一五八四年首次看到歐洲人繪製的世界地圖（*mappamundi*）——義大利籍耶穌會教士利瑪竇（Matteo Ricci）繪製——驚訝地發現他們的帝國位於歐亞大陸塊的東端。利瑪竇出於尊重，另外為東道主畫一張地圖，把中國擺在世界中央的位置。[38][39]

十一世紀，馬來—印尼世界與中國之間的商務和外交海上網絡，不是因中國船隻建立，而是由馬來人、南亞人或阿拉伯人作業的船隻所確立。王添盛（DerekHeng）在《中—馬貿易與外交，十至十四世紀》（*Sino-Malay Trade and Diplomacy from the Tenth Through the Fourteenth Century*）一書中寫道：「有關中國參與前往馬來地區航運的資訊，直到十一世紀才出現。中國省級的記錄，尤其是福建和廣東的文獻，才開始提到中國人出海通商。從考古學來看，十三世紀以前在中國或南海海域並未發現中國建造的遠洋船隻的蹤跡。中國朝廷對於與海上東南亞的外交和經濟互動抱持消極的心態，顯然十分不鼓勵中國人在此時期積極參與兩個地區之間的航運。」[40]

歷史學者王賡武在他的經典大作《南海貿易：早期中國在南中國海的貿易》（*The Nanhai Trade: Early Chinese Trade in the South China Sea*）則以稍微不同的取徑得出類似的結論：「我們無法說在五世紀初至六世紀末是最常使用哪些船隻。中國書籍未提到有任何中國船隻進行此一貿易。」[41]

前文提到，中國至少從漢朝（西元前二〇六年—西元二二〇年）就粗略知道「大洋」的存在，知道經過地中海可通達「西域」。但是，中國古代旅行家的記錄——大部分是宗教朝聖者的紀錄——最多只是片段，而且零散罕見。而中國慢慢累積對海上地理的知識，大部分來自遠方入京的朝貢使節團，包括今天印度南部、斯里蘭卡和印尼的一些王國。

中國出海的人對於南方附近海域印象，直到宋朝（九六〇—一二七九）的第二個世紀之前，顯然都不深刻。中國文獻模糊提到「南方」的一些土地上有人居住，但強調它們十分遙遠，幾乎不可能抵達。六世紀的一部官方正史寫道：「南洋及東海蠻夷之邦……是位於（世界）極域的邊疆部落。每個部落以崇山峻嶺和汪洋大海為界。」[42]總而言之，這些記載似乎都可信地否定今天對自古以來中國即控制南海的說法。更晚近的歷史也進一步不利此一主張。

到了四世紀末，從遠方載著奇珍異寶來的船隻在中國港口頻繁出現，而南中國海南端（今天的印尼、馬來西亞、汶萊和泰國南部）的馬來世界人民，成為中國的主要來往對象。幾百年前，馬來人即以航海技術高明聞名，已開始與印度次大陸有旺盛的貿易往來，當時印度已成為其初期印度教和佛教影響的文化之源頭。馬來人高明的航海技術，加上強大的海洋文化，使他們得以控制經過麻六甲海峽的通道，對運貨船隻課稅或收取泊港費用後才准其通行；如有不從，則對之發動攻擊。鑒於當時的海上交通初具雛型，當時或許可被視為新興世界的城市很少能直接相互連繫。這為可做為中間過渡點的港口製造利潤豐富的機會，使得扼住全世界最重要通路之一的馬來人躍居商場主人的地位，或多或少成為中國主要的供應來源。[43]

馬來人更因中國本身特殊的政治因素考量而機會大好。中國歷史上一直維持隔離政策，不讓外國人進入中國，也不准中國人出海。中國國家機關緊密控制或仔細介入中國人與外國人所有的關係，這有助於說明支撐其朝貢關係的保守性質。[44]它也說明了中國在唐朝時首次只與南洋蠻夷馬來人建立特許關係，准許他們帶商品來中國貿易，而非讓各個港口門戶洞開。這在華南建立僑社的阿拉伯商人造成了許多動亂。唐朝恢復了許多朝代習見的姿態，也成為朝貢制度的基礎：拒絕與不服從的當事國通商。馬來人很快就掌握到箇中奧妙，尊重中國的儒家價值，包括朝貢的禮儀，並以合適的文明舉止——馴良和順從——取得商務的角色。

到了唐朝後半葉，八世紀末至十世紀初，中國經濟已經走上後人所謂科技創新的黃金年代。進展的項目令人目不暇給，包括：發現火藥、開發武器、掌控水利並啟動農業革命；而且比歐洲人早了好幾個世紀，發明初期形式的紙鈔，最早是以遠距離貿易商的匯票性質出現；也發明了羅盤，很快就運用到中國的船隻身上。

隨著這些進步而來的財富爆發，強力推升了中國商人的地位，對外國商品也產生強烈的需求。三佛齊（Srivijaya）這個南蘇門答臘重要佛教中心的轉口港城市，控制著麻六甲海峽，樂意成為代辦。唐朝滅亡，在宋朝（九六〇—一二七九）和元朝（一二七一—一三六八）經濟並沒有鬆弛。但在武力較弱的宋朝，中國的大陸勢力發生決定性的變化，北方一連串民族對中原發動愈來愈大膽的攻擊。其影響是帝國與西方民族的重要的傳統貿易通路遭到切斷，長久以來這條陸上通路以一項最重要的商品得名而被稱為「絲路」。中國北方戰亂不休、與中亞的貿易又中斷，導致國內人口大量由北方遷移到南方。從八〇〇年到一二〇〇年四百年間，華南沿海省份如浙江、福建和廣東的人口激增七倍。這些發展大大刺激了中國對快速竄起以海上替代絲路路線的興趣——透過麻六甲海峽的海外貿易。[45]王賡武在《南海貿易》一書中有詩情畫意的描述：「南中國海成為亞洲貨物和思想上東西交流的主要通路。這是第二條絲路。它的水域和島嶼海峽好比中亞的沙漠和山隘，港口有如商隊的旅舍。」[46]

九六〇年，在北宋建政這一年，三佛齊遣使來華表示效忠。貢品包括某些在中國最珍貴的奢侈品，如象牙、犀牛角、玫瑰香水和乳香油等。使節團選在九月來華，反映了三佛齊認為爭取大宋好意的急迫性。來自南洋的船隻通常在五月或六月啟程，利用季節風的順風之便，但三佛齊顯然覺得事不宜遲、不能等。

九八七年，當宋朝已完全鞏固權力，便派遣使節前往南洋宣慰，傳遞大宋已堅實控制中國的訊息，朝廷已預備好開始接見朝覲團。宋廷只是在做歷來中國其他新朝代都做的事，招徠遠方國家領袖向朝廷叩頭示誠，以彰顯皇帝具有天命。三佛齊一馬當先最早遣使來華。

一〇一七年，統治三佛齊制海權的摩訶羅闍（maharajas，意即大王），在一封和中國往來的書信中自稱是「海洋之王」。[47]他之所以未被中國怪罪，部分是因為中國雖在唐朝已開始集結強大的海軍，但迄今還不想在麻六甲海峽的旺盛貿易中直接扮演角色，它也未將兵力投射到靠近南中國海南端附近。我們知道，中國的檔案文獻對各種國事的記載鉅細靡遺，但獨獨對這兩個主題隻字不提。再者，前面已經提到，完全沒有中國沉船或其他考古證據可指證中國在海上的活動，也支持這個觀點。最後，十世紀留下一份記錄，一位阿拉伯貿易商對巨港有非常生動的描述，提到這個安定的商業城市國際商旅匯萃，當地的鸚鵡能通各種語言。不過，牠所模仿的語言當中獨缺中國話。阿拉伯人稱呼巨港是「仰望中國的港口」[48]，但即使到了十一世紀，當地留下的記錄提到所有的外國訪客中，獨缺中國人。

連結南中國海的朝貢關係凸顯中國人對世界的理解方式——次等民族心悅誠服接受事物的自然秩序。在實質上和儀式上，這當然代表夷狄承認中國是「所有政治美德的源頭，以及人類最終的保護人」。[49]若是比較不受沙文主義蒙蔽的觀點，就會告訴我們不太一樣的事實。事實上，馬來人從五世紀就開始透過繁複、有時也很昂貴的朝貢儀式之核准，建立成功的貿易關係，他們發展出自身的航運業，也控制住海峽，而得以維持進貢。沃特斯（O.W. Wolters）在他的大作《馬來史中三佛齊的殞落》（*The Fall of Srivijaya in Malay History*）一書中寫下：

> 馬來人之所以這麼做，不是因為他們希望當忠誠的藩屬，但他們當然熟悉在「印度化」的東南亞此一到處實施的藩屬體制。基於相當實用的理由，他們準備讓中國人將他們視為藩屬。對華貿易是他們權力的源頭。皇帝認為自己透過間接控制的方法操縱藩屬；而藩屬則操縱對華貿易來積累財富——這是朝貢貿易背後的事實，是他們在四分五裂、動盪的馬來人社會中掌握權勢的手段……因此他們追求權力需要皇帝的合作，而海外統治者正式臣服是中國方面提供合

作、要求以及所能了解的唯一條件。因此，摩訶羅闍準備接受受到皇帝青睞的標誌，然後炫耀這些標誌，來提高自己在亞洲商業圈的聲望。

這有如穩定和相互有利的均勢——以當前中國外交的流行語來說是「雙贏」——之基礎，在十一世紀末以出奇驚人的速度發展開來。這是中國宋朝政治、經濟快速變化的結果，與華北的不安全及前述人口南遷有關，它們使得帝國賞賜和周邊的扈從關係變成過時的東西。

南宋迫切需要新的歲收來源，在克服了長期以來偏好國家控制和反對民間商業的文化歧見之後，他們迅速發展出靠自己力量進行全球導向海上商務活動的方法。中國首先拋棄三佛齊特有的中間人角色，絲毫不感傷也不張揚。它先開放對外貿易，允許阿拉伯人的船隻再次進入中國的港口，然後鼓勵中國商人也出外尋找有利可圖的市場。中國商人劍及履及地前進南中國海，尤其是蘇門答臘和爪哇，很快就在當地建立小型商人社區，並開始採購來自印度和中東的貨品，以及當地的奢侈品如香料和芳香劑等，回銷到中國。

到了十三世紀，中國商人主宰了今天印尼地區的海上貿易，經由本地港口的進口取得中國渴望的所有東西，而不是像從前那樣，由別人從老遠運貨一路送到華南廣州等港口。蒙古人統治的元朝之造船業則全面擴張，而得以比別人更快建造大型船隻。類似這樣的發展，預示了現代全球經濟近年的變化，中國的製造業和充沛的勞動力使得東南亞鄰國和其他許多國家，根本沒辦法以產業規模經濟和中國競爭。到了一三三〇年，中國商人航運更加興盛，甚至遠至印度洋許多地方。巨港和占卑原本是三佛齊富饒的貿易中心，現在卻淪為聊備一格的停靠港。[50]

雖然三佛齊曾經以極度忠誠的藩屬而著名，但這個海峽「帝國」對其主子中國已不再有用處，像是十九世紀英國政治家巴麥尊勛爵（Lord Palmerston）那句名言的前現代版本；他說：「國家沒有永久的友邦或盟國，只有永久的利益。」到了鄭和大艦隊十五世紀初出現在馬來—印尼世界時，原本極富裕的巨港已淪落為海盜窩。大約一個世紀之後，葡萄牙人接管巨港，對歐洲人在東亞早期帝國經驗有最敏銳觀察的歷史家托梅·皮萊資（Tomé Pires）來到巨港，一點都不知道它曾經是個大城市，在十世紀一位阿拉伯人曾經描述巨港是「你沒聽過任何一位國王比它更富有、更強大，擁有更大的歲收」。[51]

這個故事告訴我們，雖然帝國網絡世世代代將世界接合在一起，但其實都很短暫，特別是世界城市更可能瞬起瞬落，極為短暫。繼巨港和占卑之後崛起的麻六甲，有如中國的殖民地，也曾經短暫璀璨發光。但無論從山頂的聖保祿教堂、或從被阿布奎基率兵攻打的狹窄街道來看，現在都已被遊客淹沒，而這些遊客幾乎和托梅·皮萊資一樣，渾然不知此地豐富的歷史，不曉得麻六甲的活力及其與事物的種種關聯。這個地方曾經是馬來世界與全球關係緊密的一隅，然而時間已經遺忘它了。

由歐洲人在亞洲創造前述的貿易和財金網絡，使他們可以在馬尼拉、雅加達和澳門等地，以及稍後的香港和麻六甲近鄰的新加坡，建立他們的全球中心。現在，經過五百年之後，歷史浪潮似乎又再次轉向。年復一年，西太平洋愈來愈不符合西方的需求與目的，倒更像是十二世紀末至十六世紀初由中國人短暫主宰的世界。中國現在幾乎是本區域每個國家最大的貿易夥伴，下文將詳細討論。整體而言，雖然中國的軍事力量遠遜於美國，卻穩定地處於使美國在發生衝突時若要前進部署就會遭遇極大危險的地位。

今天，中國的地緣政治大戲以愈來愈清晰的方式告訴我們，它在援引中國對世界的概念，以及它對中國本身過去權力傳統的概念。中國的種種外交語言都透露著，它對西太平洋抱持著它對古代世界「天下」的心態，以及有意使本地區恢復中國至上地位不被挑戰的舊時狀態。這些事情都還未直接表述出來，但從北京說過的話，我們不需要太多想像力就能填寫空白的地方。譬如，二〇一四年五月習近平在上海一場會議的談話，他說：「現在該是讓亞洲人管亞洲事的時候了。」這不就是擺明了要美國在亞洲讓路給中國嗎？

與過去在「天下」體系一樣，中國新興的實力也分為軟實力和硬實力，而且和過去一樣，我們也不必懷疑中國喜歡使用哪一種。孫子兵法說：「不戰而屈人之兵，上計也。」就好比古時候海上朝貢的制度，中國的目標是最大化地利用其巨大的市場力量。中國發送給鄰國的訊息相當清晰，我們可以歸納為一句話：為了確保你的繁榮，請搭上我們的篷車。是的，我們期待順從，但為了安定與共榮，這不是小小的代價嗎？這個訊息的內涵其實不啻來自過去皇帝的敕令。

對現代中國的鄰國而言，應該以三佛齊的故事為借鏡，提防過度依賴和太過進入中國勢力範圍的危險。像中國這樣一個快速成長的巨大市場，加上新的「華夏盛世」的吸引力——更何況它號稱不干預他國內政——實在難以抗拒。然而，隨著時間進展，要付出的代價可能很高，遠比今天軟言細語來得厲害；如果三佛齊是個很好的先例，你要付出的代價就是失去對本身命運的控制。

有鑒於此，今天的中繼港口城市如香港和新加坡（及享有自主地位的民主國家台灣），都必須格外小心。從中國崛起的力量來看，它們和諺語中「煤礦裡的金絲雀」（編按：事先預警）並無殊異。與數百年前的南海國家一樣，香港和新加坡都仗恃地理位置和與中國的文化關聯而繁榮，但如今它們的不安全卻和它們的財富一樣明顯。對香港來說，跡象已經十分明顯，它愈來愈陷入要維持經濟活潑、政治上至少要能從中國半自主卻十分艱苦的鬥爭。出乎人意料之外，自從一九九七年香港回歸中國以來，英國的殖民統治以及早已深植香港相對自由的國際主義，這些卻反而強化港人在地認同的意識，而使得香港與中國內地產生巨大的差異。弔詭的是，與此同時，香港現在的命運和財富遠比現代任何時期都更加與祖國緊密綁在一起。

無論是出於勇敢或愚蠢，香港的年輕人在這件事上可能別無選擇，但他們仍努力試圖實現其目標。由於他們的努力，香港或許將繼續享有作為中國特殊中介人的角色——而不是麻六甲海峽歷史上一般人熟悉的河邊倉儲中心的中介機構。香港將是中國與世界其他地方之間金融、司法、設計和服務的中間人——同時為自己爭取朝向更西式政治體制的穩定發展，也就是自由和直接選舉，無拘無束的言論自由和獨立的司法。遺憾的是，當中國提出「一國兩制」這個口號、號稱願意賦予香港有限度自主時，它心裡想的可全不是這麼一回事。中國面對此一挑戰時的反應，純粹是「天下」意識，先是不祥地警告，香港若不安定和失序，將對本地的繁榮構成威脅，同時也試圖甜化經濟大餅，希望能在香港人民賺錢第一的意識決定其政治態度時產生決定性的作用。

面對二〇一四年一波波要求選舉制度改革的劇烈抗議，中國將香港股市和內地股市掛鉤，揭示它將祭出共榮招數，展開大規模的基礎設施開發。其內容是興建高速鐵路，把香港和上海串聯起來，並在珠江三角洲打造超級城市，將香港與鄰近一些新興城市，如深圳、東莞、珠海、佛山和廣州，結合起來。這個超級大城市將有五千萬人口，經濟產值將占全國十分之一，面積足足有大倫敦的二十六倍。

從北京的角度來看，這種作法的優點不僅是透過區域整合收買香港，也能藉此產生共榮的意識，更何況還能將香港併入一個更大、更相互依賴的整體，而強烈減弱其獨立性。透過國家規畫的移民及刻意將人民集中到新屯墾地區，以利管控，這種人海戰術是中國自古至今慣用的伎倆。中國通常使用這招來促進同化，最起初是在古時候用於撫輯華南，然後用在中西部省份，現在再套用到西藏與新疆等邊陲地帶，對付世居於此、族裔和宗教不同的少數民族。

如果這種輸送經濟利益、爭取人心和改變思想的作法不能奏效，北京還保留許多巨棍，以彌補其源源不絕的胡蘿蔔之不足。中國近年已屢次發出警告，公開宣傳要將上海或天津或兩者打造為全球金融中心的構想，這可剝奪香港最重要、最有厚利的專職。中國若要實現這樣的計畫，就必須實施極具挑戰的改革。然而，許多改革，如准許貨幣匯率浮動、取消其他資金控制、實施更嚴格的財務報告規定等，從長期來看是不可避免的措施，而且確定可以加速推出，以增強對香港的壓力。同樣的道理，雖然在不挑戰中國共產黨的權力之下更難推出，但中國可以強化它本身對財金事務的法治管理。它可以先劃定一塊地區做有限度的實驗，如一九八〇年代初期所採行的經濟特區那樣。當年，北京在經濟特區內接受海外私人投資，試行資本主義式的工業生產，不去撼動在國內其他地區所實施的列寧主義制度。

我們不難想像北京會允許外資企業在經濟特區註冊其中國業務，保障它們享有國際標準財務正常程序的待遇。即使在類似作法上有溫和的進展，也會威脅到香港另一個重要支柱：它在中國境內享有的獨特地位，司法上相當獨立與透明。為了阻滯北京類似的改革，香港的菁英會竭力討好北京，包括出重手阻止民間民主革命的要求。香港菁英這麼做，中共就可以免去尷尬及被直接指責其壓制政策。然而，我們也不應該有幻覺，若有需要，北京就會親自出重手壓制。二〇一五年和二〇一六年的事例已經很清楚顯示，香港銅鑼灣書店因出售批評中國統治者的書刊，五名股東竟然「被失蹤」。其中之一的桂民海雖為華裔，具有瑞典公民身分，因為書店擬出版一本有關習近平情史的書籍，竟然神祕地出現在中國，透過電視螢幕「認罪」，為十二年前一樁交通事故自首投案。二〇一六年一月，中國公安部官網也宣布成立一個特別的局級單位，追緝逃出中國國境的「嫌犯」。[52]

中國對香港的言論自由增強壓力，以逮捕書店股東殺雞儆猴，另外又試圖接管大學，使得香港居民對前途抱持悲觀態度。二〇一五年底一部電影《十年》意外賣座，這反映出此一微妙情勢。[53]電影分成五段情節，想像二〇二五年香港的生活，每一段由一位導演主鏡。其中一段描述普通話取代廣東話，成為香港官方語言，凡是不會講普通話的人，就會被邊緣化。另一段是北京透過趨炎附勢的香港官員嚴重介入地方政府，並雇用流氓恐嚇異議人士。一位觀眾對《紐約時報》記者說：「這部電影提醒我們，再不有所行動，香港將變成另一個深圳。」[54]

珍娜．阿布—魯賀在《歐洲霸權之前》一書中評估香港走向一九八〇年代末期的景況，就已預見惡兆。她說，香港的角色「類似『自由貿易區』，主要功能是擔任通往中國的『門戶』，直到最近中國仍限制外國貿易商進出，甚至到今天，還需透過上海和〔廣州〕等國際港口通行。因此，香港的繁榮完全繫於它所享有特許而可進出受限的市場。從這方面來看，香港很像巨港和占卑，而這兩座城市的重要性來自其在宋朝以前在朝貢貿易上具有特殊關係。我們很容易理解，為什麼這樣的地位在政治上相當脆弱。」[55]

想要生存下去的一個關鍵，也是麻六甲海峽所有買辦國家沒有做到的一點，就是珍娜．阿布—魯賀所說的envaluation，即今人所謂的「加值」。這正是新加坡戰略的關鍵元素；新加坡比香港更富有創新精神，可能是出於一般人所謂的「距離的好處」。有很長一段時間，香港似乎很繁榮，幾乎純粹是因為其扼居進出中國門戶的地理位置，而樂享其成。然而，隨著時間進展，香港因無迫切壓力需要演進或創新，而面臨險峻的代價：香港變得有如巨港或占埠，一個沒有本身腹地的地方，一旦中國本身的改革在許多產業上以低價取勝，香港便只能大量貿易，但生產不了太多東西。反觀新加坡不斷努力開發新的產業，藉重精密的研發、創新的設計和先進的科技，特別重視有高度附加價值的領域。在李光耀父子領導下，新加坡出現獨特的軟性威權主義，目前還能漂亮地勝過自視甚高的詛咒。當然，長期下來新加坡是否能成功，仍然是未知數。

新加坡和香港不同，它不是中國的一部分，因此可以運用東南亞地區買辦國家興亡的另一個教訓，也就是避免被納進任何一種逐漸復活的朝貢體系。以現代國際關係的語言來說，新加坡必須做好避險措施，也就是平衡。它是本地區最積極鼓吹美國應在西太平洋維持強大駐軍的國家之一，目前也能巧妙地未與中國交惡。它也藉由全民強制服兵役的制度及定期的科技更新，來維持本身強大、獨立的國防。

我們很難預測，若像目前的全球趨勢繼續發展一、二十年，將會變成什麼狀況——自一九九〇年以來，中國的經濟規模已增為五倍，以一個雖非全球接受的常見指標來比擬，中國從比義大利還小變成大於美國。由於中國經濟明顯將要超越美國，華府再也無法維持在西太平洋地區既有的競爭力，甚至無法維持舉足輕重的兵力之軍事預算。本區域的歷史沒有給我們適當的先例，來預測新加坡在目前狀況下的自處之道。當前的問題是，新加坡是否比香港更可能躲過類似「天下」的體系，並掌控自己的命運。

二〇一〇年，東南亞國家協會在河內舉行區域安全論壇，發生了一段有人認為它只是外交失言的對話，其實足資警戒，讓我們得以預見未來的局勢。新加坡代表團發表聲明支持簽署南海行為準則，而北京已經表態並不樂見。[56]中國外交部長楊潔篪瞪著新加坡外交部長楊榮文，說出中國對遊戲規則的心聲：「中國是個大國，其他國家是小國。這是不爭的事實。」

第四章 安南

二〇〇五年暮冬的某天下午，我們剛繞過鄉間一條彎路，墳場就立刻映入眼簾。陽光下，極目所至，一崁又一崁的山坡，疊置著眾多墳墓，各自豎著水泥墓碑。兩個四旬出頭的中國男子在山坡下等候我們。他們是人民解放軍退伍軍人，據他們說，每隔幾年都會來此為一九七九年共同參加「懲越戰爭」殉難的同志掃墓。中國的鄰國就在南邊幾英里處。之所以把戰死同志集中埋骨於此邊界地區，就是要讓這段不愉快的歷史脫離人們的視線和記憶。

對於這場戰爭，北京當局並不想要紀念碑或英雄。他們也做出成績，確實將它埋葬在時間長河裡。我之所以知道，一部分是因為我和受過相當教育的中國朋友劉蕙（音譯）一起來此參訪，而她對中、越兩國在一個世代之前發生的這段故事幾乎毫無所知。我提起中國官方給這場戰爭定的正式名稱「中越邊境自衛反擊作戰」時，她點頭表示聽過，但她幾乎和同世代的年輕人一樣，對這件事講不出個所以然來。

當天我們和老兵們花了幾個小時靜靜地在山上行走，微風吹動四周的竹林。我們行走的這塊

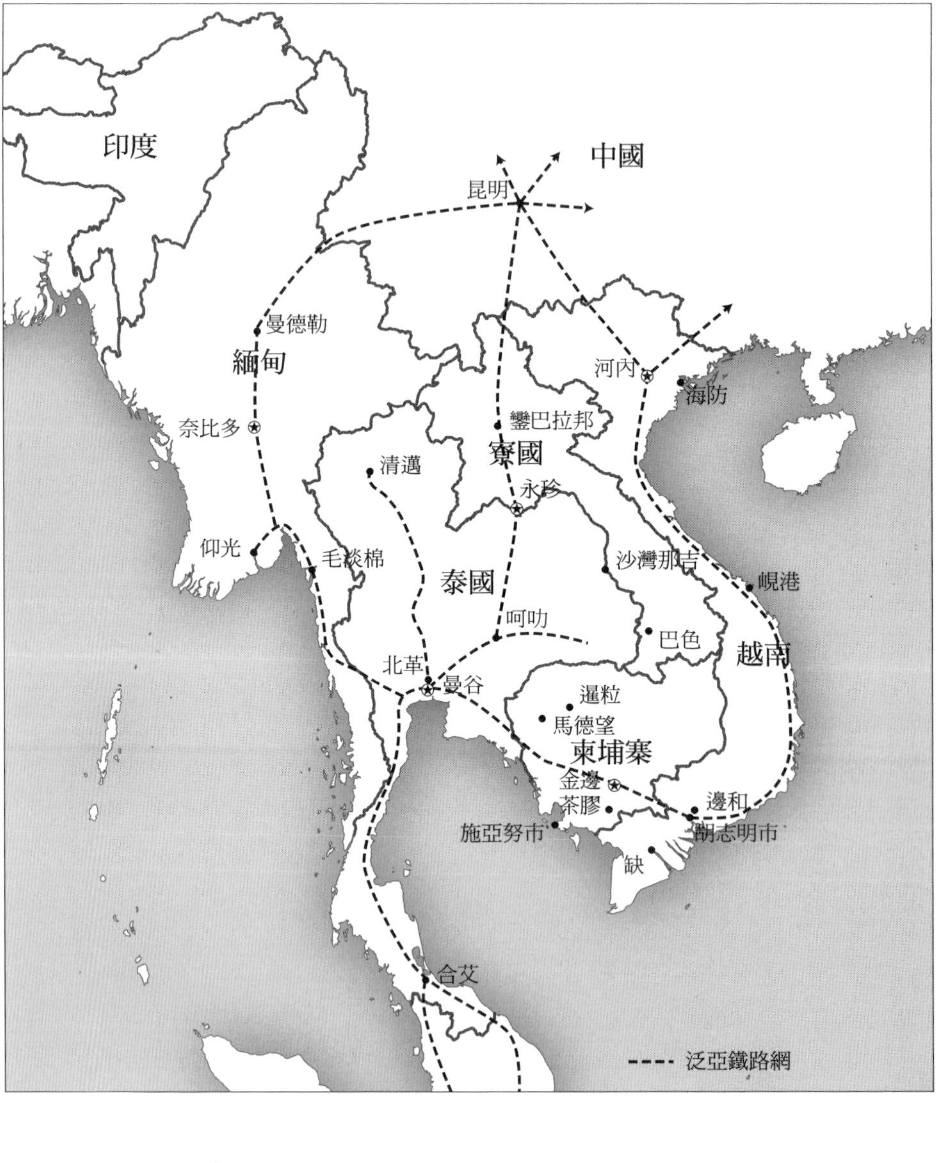
印度
中國
昆明
曼德勒
緬甸
奈比多
仰光
毛淡棉
清邁
鑾巴拉邦
寮國
永珍
泰國
沙灣那吉
峴港
河內
海防
呵叻
巴色
越南
北革
曼谷
暹粒
馬德望
柬埔寨
金邊
茶膠
邊和
施亞努市
胡志明市
缺
合艾
泛亞鐵路網

區域有九百五十七座墳墓，兩位老兵只要看到熟識的同志墳墓就駐足默哀幾分鐘，點一根香菸豎立於鐫刻大紅星的墳前，向死者致意。

在某個墳頭駐足時，我問經歷過慘烈作戰的老兵龍照岡（音譯），究竟懲越戰爭為何而打？他說：「我也不知道。」我又問，他怎麼向家人、向他十二歲的女兒解說這件事？他一句話就頂回來：「這不關她的事！」我們陷入沉默。

不知道中國，就無從界定越南。若沒有像越南這麼長久的朝貢國，我們對中國就會有完全不同的觀點。這兩個國家各自從哪裡開始、哪裡停止，一直是幾乎無可解決的問題，這個困擾一直延續到今天；光是他們彼此有主權爭議的海洋，名稱莫衷一是：中國人稱之為南海，越南人則稱為東海。

今天我們稱呼越南的這塊地方，最早記錄的事件是西元前七世紀受到一位中國國王統治，比起今天我們所稱之中國這塊地方的統一還早了四百多年。越南人所流傳的國家起源之傳說，具有約瑟夫·坎伯（Joseph Campbell）[1]式的共鳴。與大部分的傳說一樣，一旦細加考究，很多細節都不可靠，但誠如坎伯這類神話學者試圖透過對神話的考據，來證明這並不會減損其力量或甚至真實性的價值。據說越南最初的建國始祖是貉龍君（Lac Long Quan, Lac Dragon Lord），這位英雄住在今天北越的外海。當他來到紅河平原（Hong Riverplain），帶來文化並開化當地人，教導他們複雜的水稻耕作技術和其他各種事情。在他回到大海神祕的住所之前，他向新的受保護人發誓，一旦他們面臨危機，他會回來援救他們。果然，不久他被請回來兌現承諾。[2]

這個場合就是北方——意即來自今天的中國某地，來了一位國王企圖占領本地。根據傳說，貉龍君遵守承諾，從大海復返，綁架了「中國」國王的妻子嫗姬（Au Co），將她關押在一座聖山的山頂。中國國王找不到妻子，便退回北方，不久後嫗姬為貉龍君生下一子。這個孩子後來成為雄朝（Hung）的第一個國王；據說這個青銅器時代王朝建立於西元前二八七九年左右。〔譯按：國號「文郎」，歷傳十八代國王稱號「雄王」。〕基斯・韋勒・泰勒在他的著作《越南的誕生》（*The Birth of Vietnam*）裡寫道：「本土文化英雄透過其合法性來源之運用，化解來自北方的威脅，而這個故事預示著越南與中國之間的歷史關係。」歷代雄王的神話起源反映出一個海洋文化的基礎，其中包含大陸對它的影響所衍生政治增長。

歷代雄王統治至西元前二五七年，就被一位來自今天中國四川省的王子所建立的王朝短暫取代。儘管傳說表述了其成功抗拒北方僭奪者的占領，但它也反映出另一個矛盾、具有重大意義的長期歷史進程。

中國在西元前三世紀發生了一連串戰爭，今天越南的北部地區逐漸成為北方新菁英一波波南下移民的目的地。這些華夏化的人民其實是爭奪控制華南之戰的敗方。「中國」正陷入爭取統一的大征戰，北方民族開始強力將其控制向南方民族延伸。西元前二二一年秦始皇首次統一中國之後，這個過程更快速地推展。秦始皇在中原地區征服許多國家之後——China這個名字可能出自「秦」——便派出五十萬大軍加速其向南方擴展的征服行動。

東南方王國及其居民，也就是今天中國福建、廣東，一路向南延伸到今天越南北方疆界的民族，是此征服行動的主要對象；而征服者對這些多元化、只有鬆散關聯的民族，不稱呼其名字，只是籠統地稱之為「粵人／越人」（Yue）。這個名字留存到今天的中國，仍用來做為南方的代名詞（譬如廣東省簡稱「粵」，從汽車牌照即可見到），而越南人也自稱「越」。Vietnam中nam

的漢字就是「南」；Viet則是Yue的越南文同音字，依照中國人的字義是「蠻人」，這清楚表明了中國人對本地區的態度。十九世紀初，越南首次開始採用這兩個字做為現代國名，也成為它和中國爭吵的話題。歷史學家兼政治學者班乃迪克．安德遜（Benedict Anderson）在他的大作《想像的共同體》（*Imagined Communities*）中寫道：「一八〇二年，〔越南國王〕嘉隆即位，希望將國名取為『南越』，而派使節爭取北京同意。然而，滿清天子堅持用『越南』。理由是：『越南意指在越（粵）之南』，一千七百年前越這個地區經漢朝征服後，被認為是包括今天中國的廣東、廣西省及紅河流域。但嘉隆用的『南越』卻是指『南越／南粵』，就是這塊舊地區。」[3]

秦朝國祚甚短，後來歷代將長江以南的粵人／越人定為初級的臣民，等候著黃帝子孫賜予文明。然而，對來自北方的征服者和屯墾者而言，文明不只是採納某些我們所認為的中國本質之基本文化特色，還代表了徹底同化，在相當大的程度上即是忘掉你原本認為你是什麼人，要徹底在思想和自我形象上「變成」中國人。

雖然這樣的工程需要幾百年的潛移默化，但它的確在許多地方奏效了，譬如今天中國東南部許多人自認為漢人，而百分之九十以上的華人社會都自認為「龍的傳人」。儘管他們的語言不同，譬如廣東人的粵語，福建人也有其他許多方言，根講無法與講普通話的人溝通（普通話是中國北方一種方言，民國肇建後被定為國語）。

將華南融入更大的整體之所以能夠完成，是因為持續且有時人口從華北和華中大規模南移的結果。直到唐朝，大南方才開始有「漢人」的感覺，意即文化上和政治上同化，超越城市中心，進入到農民居住的山區和河谷。[4]

秦始皇派去南征的五十萬大軍中，有許多人就在越南北部地區定居墾殖，或駐守當地城鎮。

但他們沒變成深度華夏化進程的先鋒，在秦始皇駕崩後，新統一的中國又告分裂，而使得駐防南方的大軍流落他鄉。這些流落他鄉的人及其後裔後來逐漸被本地人同化。這就是越南的起源。

同樣地，透過人口的力量，以及做為取得本身正當性的方法，這些來自北方、有家歸不得的菁英與當地人通婚，融入當地文化，而沒有傳播獨特的中國意識。擁有中國文化的鎖鑰，如能讀、能寫和精通古典經書和儀禮，是衡量菁英開化的基本條件；但是菁英若過於徹底同化為漢人，或過於直接被認為北方大國的代理人，就很容易遭到反叛。這一切都有利於穩定地出現一種獨特、而且從中國的觀點是頑固的文化，一種永遠不會真正接受外國控制的文化。

在當時若要統治越南——許多人今天也如此認為——就必須小心地在獨立和順服、本地的真實性和擁護北方方式之間保持平衡。這是秦朝末年手腕強硬、足智多謀的南越王趙陀統治所得到的教訓。泰勒在《越南的誕生》裡寫道：「他之所以成功，不只是他有能力號召南來的中國移民，也因為他在非漢人圈中相當得人心。」[5]西元前一九六年，趙陀接見繼秦代之後的漢朝所派來的使節，他仿效越人作風，束髮、蹲坐。當趙陀遭責怪「忘本」時，他回答：「在南方住了這麼久，已記不得北方的一般習俗。」

後來漢朝終結越的自主，根據史書記載，這件事發生在西元前一一一年，越南北部地區經宣布納為中國郡縣。[6]但正式的直接控制始於西元四二年，持續了九百年之久。在這段漫長的時間裡，中國展現無比的耐心和決心，努力推動它對其他許多新征服臣民所期望達成的目標：兼併其領土，並且在文化上將他們納入華夏世界。幾百年來，中國採用幾乎所有可以想像得到的策略，來克服當地人對其計畫持續的抗拒情緒，但沒有任何一個方法能夠持久有效。這些作法包括焦土軍事作戰、文化上的灌輸洗禮、由上而下嚴峻的管控治理，甚至也以薄賦輕傜等軟性的懷柔政策來爭取民心。

即使在早期，當地精明的中國官員對計畫的長期前景抱持懷疑態度。泰勒在《越南的誕生》裡引述二三一年退休官員闞崧（Que Song，音譯）呈給皇帝的奏文。中國努力感化南方越人，希望他們接受優越的華夏文化，但即使是最基本的東西也遭到抗拒。譬如要求男人留長髮，女人穿長褲、而非裙子，並要求比較平等的越南社會改採中國更嚴格的世襲制度。

在闞崧奏摺裡有一段典型的挫折感十足的文字：「南蠻之人有如鳥獸，束髮、赤足，所謂衣服，就只是在布料上剪個洞容許頭伸出，或者左衽〔蠻人的衣著方式，編按：即衣襟向左掩〕。」在另一段奏文裡，他哀嘆道，雖然記錄宣稱，開化活動已進行了四百多年，但自從他到任以來，多年四處行走的見聞，實際情況則大謬不然。

根據泰勒的分析，闞崧悲觀地在奏文裡提出一個問題：為何中國要從華夏文化角度來看，在如此「難以正常治理」的艱鉅環境裡費勁開化蠻夷？[7] 而中國政治和文化的霸權也在中亞草原面臨局限，草原的地形適合人口稠密的拓殖和遊牧民族的生活方式，不是以中國式人口稠密的城市地區為特徵之易於課稅、關係密集、固定耕種的區域。往西南方，中國的擴張則受到更嚴峻的地理現實之限制——青藏高原巍峨聳立，難以通行。不過，往南方就沒有天險障礙。反之，越南非常適合水稻種植——水稻是華夏文明的主要支柱。而且這些地區的居民——套用一個中國皇帝的話——至少表面上看起來和中國人關係「密彌」。這些動人的條件更加強了中國不惜代價、全力以赴的決心。[8]

當然，「天下」這個詞就隱含中國人自視高人一等的意識。除此之外，還有更實際的激勵意義。中國人稱為安南的越南，擁有充分、多樣豐富的天然資源，可以支持以大量開採為基礎的經濟，闞崧也抱持疑念地在他的奏文裡承認這點。他寫道：「這個地方名聞遐邇，有許多珍奇異寶，如珍珠、香料、藥材、象牙、犀角、玳瑁、珊瑚、青金石、鸚鵡、翠鳥、孔雀，凡此稀有和豐富的珍寶，足以滿足所有人的慾望。因此，沒有必要依靠稅收而有利於中國。」此外，藉其地理之便和海洋文化，越南似乎為中國提供了一條進入南中國海的至關重要的走廊，以及在當地及更遠地區豐富的新貿易可能性。

中國對越南的控制在唐朝開始動搖，此時中國管治當地已有一千年之久。這是許多因素匯集的結果。唐朝因國內爆發安祿山之亂而分神，國勢也因此衰弱。日益赤裸壓榨的趨勢，以及對越南人其他形式的苛政，如強徵伕役開礦及突然稅負加倍等，也有助於驅動華夏化的地方菁英和其餘百姓的結盟。原本高高在上的越南大官開始採用庶民的語言，強調他們也支持擺脫外國的主宰。諷刺的是，唐朝擊敗緊鄰安南的南方宿敵——頗受印度文化影響的強大的占婆（Champa）——反而促使安南人全力造反，反抗中國人。一旦獨立，在往後一千年裡，越南一直反抗中國；直到十九世紀法國整個接管印度支那，除了短暫中斷，越南仍是一個不太安分的中國藩屬國。

越南自稱大越，在這段時期如何維持獨立的詳情，是最根本了解中國的權力概念，以及直到今天地緣政治在本地區是如何運作的。與中國維持和平的代價就是遵守「天下」的規則。這表示越南接受本身居於弱勢的次等地位，包括禮儀上臣服，向中國聲威和權力奉承。事實上，越南人玩著很繁複的兩面手法。雖然中國行政官員闞崧等人懷疑越南人是否能夠通曉黃帝的文化，而越南人卻一再證明他們是一流的應用高手。越南菁英的權力概念和治國方術深受中國儒家文化薰陶。這一點加上越南根深柢固、獨樹一幟的意識，頑強地堅信本身具有自主權，導致越南版的迷你「天下」體制的出現。[9]

越南決心向南推進。透過無情的征服和同化的過程，越南努力建立其霸權，將其文化強加於今天我們所謂越南此一狹長地帶。與中華帝國一樣，越南的發展方向受到地理因素極大的影響。北方是地廣人眾的中國，絕不可能征服它（不過越南曾經數度和中國發生戰爭，攻入中國領土）。越南位於紅河附近，往西是險峻的安南山脈，阻礙了西進擴張之路。東邊就是大海。如此一來，只剩下南進此唯一強國致富的路徑。越南人立刻認識到南向擴張的地緣政治需求。面臨北方強敵的威脅，越南的長期生存要求它建立某種戰略縱深空間。中國可能在越南數百年獨立期間（也的確曾經）入侵，但其擁有的腹地可以使越南人退守並重整兵馬，進而爭取生存。

宋朝首先在九八一年試圖收復越南，此時離唐朝失去越南僅四十年。在發動南征之前不久，宋太宗派人送交一封信給越南國王，把中國此一南方朝貢國比喻為連結在中國軀幹上的肢體。信中說道：「聖人豈能忽略痛趾？」接下來他要求越南稱臣，以保中國安康；然後列出一連串的威脅，描述越南若不服從，後果將不堪設想：

我們的軍隊將把你們粉身碎骨，把你們土地化為草地……雖然你們的海洋有明珠，但我們將把它們扔進河裡；雖然你們的山上產金，但我們將棄之如糞土；我們不貪圖你們的貴重物品。你們飛跳如野人，我們有馬車代步；你們牛飲，我們卻有米和酒；讓我們改變你的習俗。你們剪髮，我們戴帽；你們說話如鳥鳴，我們卻有科舉考試和書籍；讓我們教你們適當的法律知識……你們想脫離外島的野蠻行徑，並凝視文明之屋嗎？你們想丟掉草葉編製的衣服，穿上繡著大山、巨龍的花色長袍嗎？你們明白了嗎？不要犯下致命的錯誤。我們正在準備戰車、大馬和士兵。[10]

宋軍果真犯邊，雖然攻勢猛烈，但被越南國王黎桓（Le Hoan）的部隊擊敗。[11] 這只是往後一千年越南獨立期間北方強敵數十次入侵中的第一次。下一次大戰是元朝忽必烈當政期間，在十三世紀下半葉三、五十萬大軍一再進攻越南。越南能存活，部分原因是每次蒙古大軍進犯，它就放棄大城小鎮，特別是向南撤退，進入鄉間，利用中國部隊補給線過長，對敵人發動伏襲。

我們在前文已經提到，一四〇六年明朝又發動一次重大征服及占領行動，派出高達百萬雄師的兩支軍隊進攻，而且許多士兵首度配備火器。他們占領越南領土，施行今天越南人公認有史以來最嚴峻的外國統治。明朝之所以要恢復中國主宰安南，部分原因是在其南方的這個區域發生動亂。一四〇〇年，河內遭安南的世仇占婆部隊攻陷，占婆因而控制了南中國海，擾亂南海中國海上商人的生意。

越南人在抵抗這次入侵和後續二十一年的兼併行動中，死者可能高達七百萬人。作為殖民主，中國訂定嚴格的戶口登記制度，強迫人民攜帶身分證件，讓當局可以檢查每戶家庭。身強體壯的男丁被強迫進入帝國部隊服役，手工藝匠人及其他特殊才藝人士則被押送到中國。咬檳榔和塗黑牙齒兩種長久以來本地人的陋習，都被列入嚴禁之列。[12] 此外，越南人被迫開始祭拜中國神佛。作家約瑟夫．巴廷格（JosephButtinger）在《反抗的巨龍：越南簡史》（*A Dragon Defiant: A Short History of Vietnam*）中寫道：「學校只准教中文。所有的地方教派一律取締。越南所製作的國家文學逕予沒收、送往中國。女人被迫穿上中式服裝，男人要蓄長髮。」[13]

儘管中國投入極大的軍事和行政資源，其欲促成同化的努力終究敗在一四一八年豪族黎利（Lê

Lợi）發動的抵抗運動手下。黎利領導的叛軍包圍中國殖民當局首府東關城（Dong Quan），即今天的河內。中國皇帝派出一支龐大的援軍，可是越南人締造歷史上最大的勝績，竟在一場奇襲中俘虜明軍主帥，明軍潰敗。一四二八年，黎利建立新王朝〔譯按：後黎朝，一四二八－一七八九〕不僅恢復越南的主權，也首度明確地與中國分庭抗禮。

黎利新王朝立刻把精力轉向南方。越南從七世紀以來就在種種藉口之下蠶食占婆的領土，但現在意識到大幅擴張的良機在前，於是發動大規模的南進（Nam Tien）移民，最終導致與印度化（後來又伊斯蘭化）的南方鄰國占婆的全面戰爭。占婆最近才和中國發生戰爭，它卻訴請明朝介入、對付越南。明朝應允，但只派海軍助戰，這證明其無從幫助占婆取得優勢。[14]這段故事及後續發展，揭露了許多本區域權力運作的恆久主題。雖然占婆在一四七一年遭後黎朝擊敗和兼併，占婆卻是第一個掌握到中國對本區域的長期政策、並善加運用的東南亞國家——中國的政策是力挺小型鄰國，以遏止越南日益升高的地緣政治野心。

十五世紀初的越南，只是東南亞幾個大致勢力相當的王國之一，但到了世紀末已鶴立雞群成為此一次區域的小霸主。兼併占婆是越南重整其周邊鄰國秩序冗長過程中的第一步，雖然規模相當小，但它卻以舊日殖民主中國為榜樣。要在東南亞成功稱霸，越南不僅需要投入軍事和經濟力量，也需要十分靈巧地處理與中國的關係，而越南也的確辦到，長達三百六十年與這個鄰國沒有發生戰爭。

上溯一四〇六至〇七年間明朝占領越南這段沉痛的歷史，給予後人強大的警示，知道對天朝鄰國若順從不足或禮貌不周，後果會相當嚴重。明朝短暫占領越南這件事有強大的意識型態根源，與「天下」制度概念的完整性有關。不久之後就啟動鄭和下西洋的大明王朝永樂皇帝，對於越南人聲稱政治上與中國平等，大為憤怒。他會有此感覺，是因為越南君主胡季犛（Hồ Quý Ly）公然重新詮釋儒家典籍，這個行為讓中國覺得偏離了世界秩序。亞歷山大・王（Alexander Eng Ann Ong，譯按：音譯，他在國立新加坡大學教書）在《十五世紀的東南亞：中國因素》（*Southeast Asia in the Fifteenth Century: The China Factor*）一書中寫道：「永樂認為胡季犛的意識型態公然挑戰他主張以道德控制全世界的正當權利。」明朝占領越南之後的殖民行為嚴酷，具有清楚的懲罰意味。其中最惡名昭彰的一段——有系統地摧毀越南文學——即是對此一離經叛道行為的一種懲戒。永樂皇帝派到越南的司令官鄭復（Zheng Fu，音譯）「全力收集所有的文書作品和碑文。他逐一親自檢查，決定是否付之一炬或銷毀」。[15]

前文提到，從很早的時候開始，為了避免衝突，也的確為了生存之需，越南統治者不常向中國人以平起平坐的帝王自居，甚至不敢稍有僭越之意。譬如，西元前一七九年漢朝皇帝警告「天無二日、地無二君」之後，南越王上表請罪：「老臣妄竊帝號，聊以自娛……我居越地已歷四十九年，現已抱孫，惟仍夙興夜寐。我寢不安席，食不甘味。眼不見彩色，耳不聞鐘鼓之聲。這全是因為我未能服侍大漢天子之故。現在陛下恩賜我舊銜，並遣昔日使節前來溝通。此後，我若亡故，骨不會爛。我自此改銜，不敢再以皇帝自居……」[16]

然而，像這樣的時刻，有時也會讓越南人變得具有更大的自信，甚至十分具有侵略性，譬如在宋朝，越南竟先發制人侵略中國南部，造成雙方關係周期性的動態變化。越南的千年獨立始於十世紀，打從一開始就有不凡的故事，當時越南的統治者與中國君主往來時不會遵循中國的「天下」制度，完全畢恭畢敬臣服。歷朝歷代，許多越南統治者拒絕依循君臣之禮向中國叩頭，令中國人相當憤怒。理論上，不服中國領導的越南國王，依據禮儀規定應親赴中國京城負荊請罪，但是歷史上似乎只有一次遵行的案例，發生在一七九〇年的清朝；甚至後來越南也堅稱，他們派遣替身仿冒國王的身分到北京請罪。[17]

對後黎朝來說，其挑戰在於和中國打交道時如何找到正確的詞彙，因為越南本身也正在演變成為區域霸主，對鄰國愈來愈有帝國主義的心態。解決這個問題有一種傳統方法，就是長期以來所謂的「內帝外王」（truong de ngoai vuong）。[18]專門研究越南事務的政治學者亞歷山大．巫文（Alexander Vuving）說：「這個公理可以用一個事實來說明：越南君主登基後的第一個動作是自稱為『皇帝』，可是第二個動作卻是向中國統治者尋求冊封為『國王』。」越南領導人在與中國打交道時會努力爭取一個可以接受的順服稱臣姿態，可是同時又保持在國內的皇帝規制。後黎朝時期，這包括間歇性地以武力脅迫較弱的鄰國，逼迫他們同化或稱臣納貢。巫文寫說：

雙方從這兒演變成作戲。

越南人的世界觀在一個關鍵點上與中國人的世界觀截然不同。中國人認為，中國的皇帝是全天下的統治者，以天子名義號令世界，「別人都不能稱帝」。然而，越南人認為世界很自然地劃分為南北兩部分，各有自己的皇帝統治其臣民。根據越南人的觀點，越南皇帝是南方的合法統治者，中國的皇帝是北方的合法統治者。[19]

越南雖然這樣做，但它極力避免和中國鬧翻。譬如，在戰勝明朝之後，後黎朝竭力避免羞辱中國。許多越南人主張報復，包括處決中國的戰俘。但是，越南領導人黎利的親信重臣、詩人阮廌（Nguyen Trai）建議以和為貴、獲得採納。納楊．昌達（Nayan Chanda）在他一九八六年的著作《兄弟敵人：西貢淪陷以來的印度支那史》（*Brother Enemy: A History of Indochina since the Fall of Saigon*）提到這段經過：

「在目前的情況下，攻擊敵人並飲其血來解渴，其實並不難。但我憂慮這將與明朝結下深仇大恨。為了報復，為了挽回偉大帝國的威望，他們勢必派出一支大軍前來征伐。兵連禍結，伊於胡底？為了兩國的利益，最好是趁敵勢疲憊之際，與之締和。」黎利接受這個建議，給了中國軍隊五百艘船、數千匹馬，並備妥食物送他們返國。[20]

不久之後的十五世紀末期，這位越南「皇帝」準備揮兵南下，特別採取預防措施，派遣特使前往明朝宮廷說明他全面入侵占婆的計畫，從而先發制人，取得中國的默許。[21]

越南在建構本身的世界觀，即把自己置於本身地域中心的一種世界觀時，其行為方式有如將老師的價值深刻內化的一個兢兢業業的好學生。我們前文提到，越南是個成功的學生。這個學習過程在一四〇七年越南遭中國兼併後嚴厲的殖民占領期間急劇加速。中國雖未成功徹底掃除越南文化及其分裂意識，但在這二十年的占領期間，卻相當程度上成功地達到今天「國家建造者」所欽羨的成績，明朝以新儒家精神在越南建立了新的統治文化、密集耕作的農業，以及強大的官僚系統。諷刺的是，這種治理文化允許越南國家機構使自己的社會更加「清晰」（legible）——耶魯政治學者詹姆斯．史考特（James C. Scott）使用這個字眼來形容它可以更徹底地對人民治理、警備及課稅。正是拜這些能力之賜，加上快速採用及精通從明朝學來的火砲與其他相關武器，越南得以迅速超越此區域其他傳統治國的鄰國。這表示當越南國力及版圖日益擴大，它也認為在其周圍的國際關係階層體系中，自己自然位居中心。與中國一樣，越南開始自認其文化足資表率，其國力使它可以一言九鼎。

從中國的角度看，越南並非華夏、而是蠻夷，屬於世界的邊陲。然而，從越南人的角度看，越南也屬於世界的中心。越南人自稱是「京族」（Kinh），認為他們的國家是「文明之邦」。根據巫文的說法，「越南朝廷採用神聖的字詞『trunguoc』（中國）稱呼越南，越文這個字和中文的『中國』一模一樣。」[22]

征服占婆，將其人民屠殺、驅散之後，越南的擴張加速。法國歷史學者保羅．穆斯（Paul Mus）寫道：「越南的歷史遍及印度支那，有如洪水般掃遍低地稻田。」[23]下一個遭殃的是位於越南西方和西南方的寮國民族。到了十六世紀末，占婆地區已完全整合，越南完成了特別狹長、有如龍頸的模樣。不過，越南開墾者在這一切完成前，已開始進入更南方、森林茂密的柬埔寨地區。然後，從一六五〇年到一七五〇年，越南占領湄公河流域，包括柬埔寨的漁村普利安哥（Prey Nokor，譯按：意即「王國的森林」），即後來的西貢。

越南和本區域另一個欣欣向榮的國家暹羅（泰國），在今天的柬埔寨展開長久拉鋸戰的競爭。在更早的時期，高棉帝國（譯按：中國宋、元時期稱之為吉蔑帝國）是東南亞最強大、最有野心的國家，控制的領土有今天的馬來半島和寮國。到了十九世紀初，當泰國和越南爭雄時，高棉政體（譯按：中國稱之為真臘）已進入相當衰敗的階段。柬埔寨國王向越南求救，請它幫忙對抗日益進逼的暹羅；一八一三年，越南將暹羅部隊趕出柬埔寨。當時越南一位歷史學家寫下：「我們的軍隊（在金邊）建了兩道城牆，也建造一座鎮邊閣；他們也在這座閣台興建御遠堂（Yu-yuan-tang，音譯），讓蕃王（柬埔寨國王）能夠向越南首都順化（Hué）遙拜。」[24] 歷史學者馬克・曼考爾（Mark Mancall）的論文〈清朝朝貢制度釋義〉（The Ching's Tribute System: An Interpretive Essay），收錄於費正清主編的《中國的世界秩序》。他在文章中指出，這時越南人的行為已徹底漢化，甚至模仿中華帝國，把鄰邦貶為「蕃」（蠻夷）的地位。他解釋柬埔寨所付出的代價：

一八三三至三四年，繼泰國企圖將柬埔寨置於其直接控制不成功之後，越南對柬埔寨發動了一個處置過程，若未受抑制，可能就會導致柬埔寨完全消滅。它在全國各地廣建城寨，又派重兵進駐金邊。獨立的柬埔寨變成越南的「鎮西府」。〔越南國王〕明命帝（Minh Mang）發起強大的運動，要讓「蠻夷」高棉人進入文明世界。他派遣越南老師教導柬埔寨官員「儒學」。越南皇帝還試圖要求高棉人接受越南式的髮型、服飾，並仿效越南制度引進新稅制，甚至強迫農民種植與越南的相同的穀物。拒絕服從新命令的人都會遭到嚴懲重罰。[25]

此時越南對周遭的階層意識已反映出驚人、徹底的「天下」心態之內化，譬如它將柬埔寨貶稱為鎮西府，這與中國長期以來對待越南的老大心態——稱呼越南為「安南」——如出一轍。更糟的是，越南人霸道的自滿和嚴苛，強烈反映出有如當年漢、唐盛世的傲慢驕矜，極力強制越南「文明化」。越南人在柬埔寨的行為也產生大致類似的結果——他們的鄰國至今天仍對越南抱持長久而深刻的敵意；我們稍後就會提到，它影響到區域地緣政治，幾乎就和越南恆久敵視中國一樣。

十九世紀末，越南結束一千年來名義上的獨立，成為新主人法國的殖民地之後，這個趨勢變得更加複雜。一八七一年，法國人從行政上進行改組，把越南的東京、安南和交趾支那三個地區，加上柬埔寨和寮國，組成印度支那聯邦。在印度支那聯邦裡，越南不僅超乎比例得到法國大量的投資，巴黎更把原本屬於高棉帝國的部分土地分配給交趾支那，而且在殖民政府裡大量聘用越南人，以更低廉的成本協助法國政府管理兩個鄰邦小國，造成這兩個小國長期害怕被他們心目中的這個區域霸權所併吞。班乃迪克·安德遜在《想像的共同體》中寫道：「法國人清楚明白地表達他們的觀點，即使越南人不值得信任、又愛抓權，比起『小孩般』的高棉人和寮人，他們卻決定性地更有活力、更加聰明。」[26]

法國是在歐洲列強瘋狂爭搶全世界各地殖民地的風潮中介入印度支那的。當時的中國更是列強覬覦的最大塊肥肉。英國和法國是西方帝國主義國家中最貪婪的，在十九世紀從頭到尾激烈競爭。但在一八六〇年第二次鴉片戰爭（譯按：中國稱為英法聯軍之役），英、法兩國卻罕見地組成聯軍攻打北京。法國及其砲兵擊敗清廷派出的蒙古精銳騎兵，為洗劫中國京城、破壞近郊圓明園定下基礎。這片廣闊的舊夏宮有許多寺廟、宮殿和亭台樓閣，是滿清國勢鼎盛、風華絕倫的最偉大代表。當時一位目睹圓明園浩劫的法國軍人寫下：「我被眼前看到的這一切嚇得目瞪口呆。突然間，一千零一夜變成我絕對可以相信的事。我在兩天內看過價值超過三千萬元的絲綢、珠寶、陶瓷、銅器、雕塑和寶物！我不認為從羅馬被蠻族洗劫以來，我們見過類似的狀況。」[27]

法國與當時其他歐洲列強一樣，運用軍事力量和勒索手段逼迫清廷簽訂一系列不平等條約，在中國境內取得許多特殊「權利」；但與其的宿敵英國相較，法國得到的利益遠遠不及在中國獨占鰲頭的英國。在這樣的背景下，印度支那——從中國的角度來看是其朝貢世界的核心部分——突然間成為十分吸引法國的獵物。這個原本不受重視、但可望提供豐富利潤的地區——尤其是越南——可以成為法國勢力伸入中國的後門捷徑。

環繞著中國四周，構成「天下」系統基礎的朝貢關係處於瓦解之中。梁啟超對中國日漸瓦解的大勢有一番評論：「這座千年大廈……依然是龐然大物，但在風雨交加下，已注定將要傾覆。但人們依然嬉玩或酣睡……漠不關心。」[28]這段話出現在十九世紀行將落幕之前，由此可見即使像梁啟超這樣的中國首要知識份子，也未能完全理解到風雨的巨大規模和力道，或者可以說，他也未看清楚風雨早在許久之前已經開始。

幾十年前，緬甸（從來不是一個完全成熟的藩屬國）和暹羅（泰國）就已意識到大清帝國在亞洲國勢日益衰弱，因此放棄了行之有年、向中國形式上偽裝的臣服。緬甸在十八世紀末與中國的一場邊境戰爭中擊敗清軍。事後清朝唾面自乾，竟然自稱緬甸已同意甘為藩屬。事實上，緬甸只同意每十年互派友好使節團，而不是正式朝貢。甚至可以說，在此之前已有許多各說各話的歷史先例。明朝的中國特使楊選（Yang Xuan，音譯）來到緬甸首都勃固（Pegu），要求緬甸稱臣進貢。他說：「大明天子派使昭告各蕃夷，爾等為何不向宣詔使叩頭？」緬甸國王羅娑陀利（Razadarit）回答：「我統治這個國家，只知別人向我叩頭，豈會向別人叩頭？」[29]

一八五一年，暹羅國王孟固（King Mongkut）即位成為拉瑪四世（Rama IV），是泰國最後一次派朝覲團到中國。然而，拉瑪四世去世前最後一批敕令中有一篇卻譴責朝貢是「可恥的」作法，他說中國扭曲暹羅的親善舉動，以維持朝貢關係仍然存在的假象。暹羅態度不變，或許可以用最後一次使節團到北京的遭遇做為解釋。暹羅使節覺得受到委屈，法國代表團後到卻先被延見。回國途中，暹羅代表團在香港過境，聽到英國總督寶靈爵士（John Bowring，譯按：英國派駐香港第四任總督，任期一八五四至五九年）為他們介紹《西伐利亞條約》之後的外交及法律原則；寶靈特別強調國家不分大小，一律平等，極力主張「你們不應該再向中國朝貢」。[30]

在「天下」體系之下，朝鮮和越南這兩個國家與中國的地理位置最接近、也最深刻受到中國影響。但是即使是他們，當清朝國勢日衰，依據儀式順從的關係也無法維持下去。一八七〇年代初期，日本明治天皇朝廷重臣已開始極力主張他們快速崛起的國家應該占領朝鮮。一八七五年，一艘日本軍艦駛進可直入首都漢城的漢江河口，遭到朝鮮人砲擊，日本人施加報復，以帝國新建的海軍兵威逼迫朝鮮與日本簽訂一份不平等條約，其情節有如先前西方列強以砲艦逼迫日本和中國簽署不平等條約的翻版。根據一八七六年的《江華島條約》（Treaty of Gang-hwa），日本把朝鮮扯進西伐利亞體制，朝鮮被外來列強當做獨立國家而非中國的藩屬國般對待。五年後，在承受日本日益加劇的壓力之下，朝鮮的儒學派官員向政府陳情，建議不要理會以平等基礎與中國和日本交往的要求。陳情書寫道：「我們和中國的關係處於朝貢地位。兩百年來，我們遣使進貢……維持做為藩屬的信念。如果我們與日本正式來往，接受其官方文書上的『天皇』、『帝國』等敬語，若中國前來質疑，試問我們該怎麼解釋？」[31]日本日益現代化、國勢愈趨強大，日本在朝鮮的利益也持續快速擴張，但東京又花了十五年時間，才透過中日甲午戰爭的勝利而切斷朝鮮和中國之間傳統的臍帶關係。

一八六二年，越南皇帝嗣德帝（Tu Duc）被迫將南方三個省（譯按：邊和、嘉定、定祥三省）——後來被稱為交趾支那——割讓給法國。十二年後，一八七四年，法國宣稱整個越南全面開放並接受法國貿易，促使越南向清廷求助。當時，越南國內維新派已開始主張停止正式使用中文，也力推全面現代化，而嗣德帝夙以極端保守的儒家世界觀出名，卻尋求與中國更加密切的關係。當然，這和越南在一個世紀以前最近一次大規模反抗清朝的行動截然不同。當時越南領導人利用農曆新年節慶時對中國入侵者發動突襲——時隔近兩百年，越南和美國打越戰，也在一九六八年農曆新年全面發動突襲攻勢。當時越南的反清部隊在民族主義的歌聲下前進：

為保長髮而戰，
為保黑齒而戰，
為摧毀敵軍輜重而戰，
奮戰到底，不讓敵軍夷然無傷，
讓他們理解勇敢的南國是自主的國家。[32]

然而，此時嗣德帝卻未動員民眾起來反抗法國人，也未將首都由海邊的順化遷往更能防守的地點，借用一位歷史學者的說法，越南國王「瞻前顧後，為可能涉及祭拜和違背祖先儀式而猶豫不決」。[33]

一開始，越南的鐘擺擺向中國，向中國求助，以及更緊密地擁抱儒家文化，似乎不合當時的社會潮流，尤其不合周遭地區其他國家欲脫離中國軌道的趨勢。但嗣德帝的故事是強而有力的提醒，讓我們看到越南對其鄰國老大哥的態度從根本上就相當矛盾，甚至直到今天依然如此：它一直在抗拒和依賴、順服和不從之間尋求平衡，幾乎完全不顧當下兩國之間可能還存在任何其他的分裂因子。努力維持與中國和諧的心理深植於越南文化裡，而習慣性的反抗也一樣根深柢固。自古以來，越南領導人若過於偏向其中一個方向，都會付出沉痛的代價。

清廷接到嗣德帝的求助，便立刻照會法國，嗣德帝是大清忠誠的藩屬，然後派軍赴越南。開戰之初，法軍告捷，但旋即吃了敗戰，在巴黎引起政潮，總理茹費理（Jules Ferry）內閣垮台。接下來，中、法雙方在陸上和海上發生一系列戰爭（包括在台灣和華南沿海地區）[34]，法國海軍封鎖稻米由華南北運，致使華北出現糧荒和動亂。法國此一戰術以前英國人就使用過，也終於使兩國同意休兵，而北京被迫尊重一年前、即一八八四年五月簽訂的《天津條約》，讓出越南（安南和東京）給法國，成為法國的保護國。同年，另一項條約較不受到歷史學家注意，打敗戰的越南依據《順化條約》（Treaty of Hue），同意法國有權在越南派駐軍隊。簽約後，越南必須公開銷毀數十年前大清皇帝頒賜給越南國王以示其權位的璽印，從此象徵性地結束了越南與中國的朝貢關係。

對巴黎而言，印度支那的價值遠超過領土或本區域的直接經濟潛力——不論是做為法國商品的市場或原物料的來源。一路走來，法國把這塊新征服的地區，以越南為中心，做為進軍中國及其廣大未開發市場——從法國的角度來看——的極重要的門戶。巴黎對中國的設計並未完全實現，但法國可以不遭遇重大困難，就鞏固其在印度支那的地位，直到一九三〇年代；到了一九三〇年代，由於對橡膠、煤礦和其他商品的需求旺盛，遠超過這塊殖民地有史以來的記錄，這塊殖民地已完全整合進入全球經濟。同時，越南受到一連串國際潮流的衝擊，穩步地踏進一條道路，終於和法國發生戰爭，最後獲得獨立。首先是中國帝制終於在一九一一至一二年的革命中遭推翻，不論多麼不穩，中國畢竟建立了共和政體。在此一發展下，強大的中國民族主義浪潮開始流入越南，尤其是從與越南毗鄰的華南各省源源流入。日本的崛起也帶來很大的影響力，它是亞洲文化能夠現代化、同時保有主權的獨特和強大範例，一九〇五年的日俄戰爭便證明，日本也是能夠擊敗西方列強的亞洲國家。日本因此是罕見的證明，要開發或現代化，不必以西方殖民為先決條件。即使這時中國也扮演準永恆的老大哥角色，中國知名維新派人士如梁啟超也力促越南人派留學生到日本學習。

最後，對於越南的方向最重要的影響，來自中國共產黨。打從中國共產黨一九二一年在上海創黨起，到將近三十年後紅軍在毛澤東領導下於國共內戰中獲勝，中、越交往密彌。北越的解放者胡志明在一九二〇年代初期，於法國的共產黨員圈子就結識毛澤東最親密的革命同志周恩來。另外，雖然外界知者不多，一九三〇年代和一九四〇年代越南人曾在中國參加毛澤東的軍隊作戰，一名軍官阮山（Nguyen Son）[35]曾參與一九三四年的長征，後來擢升為少將軍階。事實上，中國共產黨很早就深刻影響他們的越南革命夥伴。越南共產黨本身是一九三〇年在香港成立。在此之前，從一九二〇年代中期起，胡志明就吸收和他一樣反抗法國殖民統治的越南民族主義者，送他們到廣州黃埔軍官學校受訓；周恩來在黃埔軍校擔任政治部主任。

一九四九年毛澤東的勝利為法國在東南亞地區的殖民統治敲響喪鐘。而且從歷史大潮流看，似乎也暫時復興了越南——或至少當下的北越，置於共產黨領袖胡志明的統治下。這幾乎可說是類似歷史上中、越兩國朝貢關係的重現。[36][37]

蘇聯起先對胡志明強烈的民族主義色彩頗有疑慮，但是毛澤東在一九五〇年幫忙之下，爭取到史達林認同胡志明；前一年，史達林已認為越南歸屬中國的勢力範圍，指派毛澤東做為亞洲共產主義革命的領導人。為了維護剛被接受進入共產主義國際派陣營的地位，胡志明必須以證明強烈的意識型態一致性做為回報。這表示就黨的組織或言論而言，越南共產黨都必須遵守正統路線。[38]

毛澤東派到河內的第一任大使羅貴波，不僅密切監督北越所迫切需要的軍事援助和技術援助，以擊敗法國人，他在一九五二年也煞費周章以中國最近激烈推動的土地改革經驗為範本，為越南人擬訂一份雄心勃勃的土地改革計畫。[39]若說羅貴波是總督（proconsul）或許太過分，但越南再次陷入自古以來熟悉的地位：處在中國明顯的痕跡之下。一九五四年初，法國在奠邊府（Dien Bien Phu）一役大敗之後，同年稍後，法國結束了它在印度支那的殖民統治。接下來在一九五〇年代末期，越南人大舉叛亂，意欲推翻美國人所支持的南越政府。

美國決策者普遍對防止以北越條件統一越南的前景抱持懷疑，其實可追溯至一九五〇年代初。一九五四年五月參謀首長聯席會議呈給國防部長的一份備忘錄寫道：「印度支那缺乏堅決的軍事目標，美國武裝部隊在印度支那配置了超過象徵性兵力，將會嚴重轉移美國有限的兵力。」[40]當然我們看到，儘管有這些預先警告的提醒，美國卻在一九六〇年代逐步介入。到了一九六〇年代末期，美國人對越戰的支持度大幅崩塌，西貢南越政府的地位愈來愈岌岌可危。從過去好幾個世紀的記錄看來，在法國數十年的殖民統治之後，日本和美國在越南也各有一段短暫獨領風騷的歷史，它們都可被視為這個地區長久歷史潮流之暫歇，而且可說是從鴉片戰爭到一九七六年文化大革命結束之前，中國積弱不振所造成的結果。恢復這段歷史的第一個跡象出現在美國對越戰的熱情消退之時。

一九五〇年代末期到一九六〇年代初期，北越對於必須在中華人民共和國和蘇聯兩個共產黨大靠山之間做選擇並無太大壓力，它很強烈地偏向北京這個熟悉的鄰居老大哥。在作戰物資和經濟援助上，中國一直是北越主要的奧援。中國派出數萬名工兵協助興建和維修公路、機場及其他國防設施，甚至在一九六七年派十七萬名中國部隊到北越，人數之多創歷史紀錄，讓北越得以抽調本身武裝部隊投入對付美軍和西貢政府的戰事。[41]河內對戰場上的一切事務及政策事項做最後決定，而中國如此大規模的援助，加上它和中國共產黨長期的親密關係，強烈驅使越南人向中國汲取教訓，從毛澤東的「人民戰爭」策略到黨的組織和政治路線，無所不學。一九六八年在北京的一場宴會上，毛澤東竟然大言不慚地對北韓大使說：「你們的鬥爭就是我們的鬥爭。越南人有七億中國人做後盾強力支持；廣大的中國領土就是越南可靠的大後方。」[42]越南已經相當傾向中國，事實上，它一度採取其鄰國批評赫魯雪夫領導的蘇聯之尖銳言詞，為莫斯科貼上「修正主義者」的標籤。[43]

然而，儘管表面一團親熱，毛澤東在北京宴會上誇耀中國是如何支持越南時，兩國之間的關係卻日益緊張。一九六六年，毛澤東在中國發動長達十年的文化大革命，企圖以激烈的手段打敗他所想像的黨內領導圈和官僚中的修正主義派政敵，力求恢復他在一九五〇年代末期推動大躍進徹底失敗而受傷慘重的個人權威。大躍進所設定的目標是大幅提升農業和工業生產，不料卻導致大飢荒，至少三千四百萬人喪生。文革環繞著毛澤東，樹立起令人窒息的個人崇拜，狂熱的毛澤東追隨者把他們的領袖捧為無懈可擊的偉大舵手，堅持絕對服從他的意志和政策主張。在這段時期，尖銳的激進主義導致中國和世界隔絕，埃及成為中國唯一還派駐大使的邦交國。一九六九年初，毛澤東也發牢騷了：「現在我們孤立了，沒有人對我們有興趣。」[44]照理說中、越兩國關係應該是唇齒相依，卻發生了問題，的確不尋常。越南倚賴北京支援作戰，而北京要求越南絕對服從老大哥的指導。對北越領導人而言，北京如此趾高氣昂的行為，喚醒了他們對兩國不愉快的歷史之記憶。歷史學者文安立（Odd Arne Westad）在他的大作《第三次中南半島戰爭：中、越、柬之間的衝突，一九七二至七九年》（*The Third Indochina War: Conflict Between China,*

Vietnam and Combodia, 1972-79）中寫道：

中國毛派領導人開始堅持他們改造國家和社會的新模式應該普世通用。在這段動盪的年代，毛澤東和北京的中央文革領導小組實際上就是中國政府。由於越南是鄰國，又與中國有許多共同的文化特質，北京認為自己的新「革命」課特別值得越南學習。中國領導人要求駐紮在越南的解放軍士兵和援助人員，向越南人宣傳中國走向共產主義的道路是他們的樣板。換句話說，越南勞動黨只有在工作上完全接受毛澤東的新革命，才能成為真正的革命組織。[45]

此時因為北京抨擊蘇聯犯了「修正主義」的路線錯誤，中國和蘇聯的關係已經惡劣到無以復加的地步。中國指控蘇聯修正主義的罪狀包括：赫魯雪夫在一九五六年二月痛批史達林主義種種罪行；莫斯科不願冒核子戰爭的風險，反而尋求與美國「和平共存」的政策；以及它不願支持持久戰，以追求全球革命。兩國交惡導致一九六九年雙方在邊界爆發一連串的衝突，在衝突期間，北京下令與蘇聯邊境接壤各省武裝部隊總動員，而莫斯科也揚言考慮對中國發動核子攻擊，這極可能是一種戰術，欲逼迫咄咄逼人、好戰的中國領導人坐下來談判。

這種緊張關係凸顯中國非常恐慌蘇聯會對北越產生極大的影響力，至少在過去三年此影響力一直穩定上升。在北京和河內高階官員之間一連串尖銳的對話當中，毛澤東的副手鄧小平在一九六六年對北越共產黨總書記黎筍發飆，命令他選擇「真正的」共產主義，和中國站在同一邊：「為什麼你害怕得罪蘇聯？中國呢？我要坦白告訴你，我是怎麼想的：越南同志對我們的援助方式有別的想法，但你們沒告訴我們。」[46]然而，中國尖銳的新口吻卻產生反效果，反而將北越推向莫斯科的懷抱，以免完全依賴中國，因為中國已變得愈來愈傲慢和不穩定。

接下來中、越分道揚鑣，是許多複雜的因素交互影響所致。除了中國和蘇聯齟齬加深，以及北京經常無謂叫囂之外，還有美國在一九六五年直接介入越戰，以及隨後戰事節節升高，打翻了眾人原先的估計。北越因承受美國巨大的壓力，此時需要更多軍事和經濟的援助，這已不是中國所能承擔的。中國習慣於在亞洲當老大，支持各國革命，現在變得深怕蘇聯在本地區搶占優勢，竟然破壞莫斯科提供武器給河內。蘇聯雖與北京的緊張升高，卻巧妙出牌；他們不但沒有像北京那樣逼北越選邊站，反而在一九六五年至一九六八年間，大幅增加對河內的援助，如此一來更激怒中國，一次次加劇魯莽的行為。中國更擔心被蘇聯的盟友——蒙古、朝鮮和印度——包圍，其實它本身的行為已將越南推向其所希望避免的方向。

一九六八年中國對河內的不悅更快速惡化；這一年發生在越南戰場及廣大的共產世界的一些重大事件都使兩國漸行漸遠。首先，北越在一月三十日藉農曆春節假期同步向南越六十四個人口稠密中心發動奇襲。中國事先已強烈建議不要發動類似的全面攻擊，事後又私底下持續尖銳批評。表面上中國反對這種行動是因為北越未遵行中國「人民戰爭」的策略，而是依賴大規模的動員、綿密的後勤，以及傳統的作戰戰術。事實上，中國對此採取保留態度的真正原因是，河內更加依賴莫斯科的援助並接受其意見。對北京而言，春節大攻勢（Têt Offensive）是越戰的重大轉折，無可避免地導致北越更加依賴蘇聯先進的武器和其他形式的支持。依照「天下」概念的邏輯，中國擔心北越會更加快速變成蘇聯的藩屬。

中國再次趾高氣昂指導他們的越南盟友，這次換周恩來告訴越共武裝部隊政委范雄（Pham Hung），河內應該堅守毛澤東主義思想，他抨擊此次攻勢是個重大錯誤：「蘇修聲稱攻擊西貢是真正的攻擊，又說鄉村包圍城市的戰術〔典型的人民戰爭戰略〕及進行持久戰是錯誤的。依照他們的理論，只有閃電攻擊大城市才是決定性的作戰。但你們若這樣做，美國會很高興，因為他們可以集中力量反攻，造成你們重大的傷害。你們所遭到的損失將會導致你們的失敗主義。」[47]

中國的批評並非沒有道理。美軍和其他盟軍的戰術機動力使他們能從遭受攻擊地區退出，重新整備後再進行反攻。越共和北越正規部隊的傷亡快速上升，對河內造成沉重的打擊，最後北越的部隊傷亡人數將近二十萬人。但是，春節大攻勢卻產生了另一種衝擊，事先料想不到的政治大震撼使得整個戰爭狀況發生激烈變化，讓中國覺得又落後事態一步，而和河內更加不合。雖然以絕大多數傳統的軍事估計來看，一九六八年美國在戰場上是得勝的一方，但北越發動的攻勢之規模和強度，包括突襲西貢，震撼了美國政治菁英和民間輿論，也帶動一連串具深刻影響的後續事件：首先在三月三十一日，詹森（Lyndon B. Johnson）總統發表演說，列舉「限制」越戰升高的各種作法，他也在演說中宣布不再競選連任。在北越和美國，春節大攻勢為雙方的外交交涉創造了新動力，河內和華府從五月十三日起在巴黎展開會談，最後雙方達成協議，美國停止直接介入戰局。

當北越向中國透露已與美國進行試探性的討論，希望談判如何終止戰爭時，北京再次強烈表示不悅，並警告和談是個詭計。北越只能靠持續運用毛澤東理論——也就是持久戰——在戰場上將美國打敗。周恩來又向北越一位高階官員施壓，這次的對象換成范文同（Pham Van Dong）總理。周恩來的警告不作任何掩飾，他明白告訴越方，河內必須等到戰事取得上風、地位更強之後，才好與美方和談。「為了我們雙方的關係著想，我們一有機會就會向你們提醒這件事。當我們告訴你們時，我們是知無不言、言無不盡。」[48]

後來中國外交部長陳毅和北越將領轉外交官黎德壽（Le Duc Tho）的對話，措詞更加強硬。一九七三年黎德壽和季辛吉兩人共同得到諾貝爾和平獎，但是他婉謝不受。陳毅說：「在我們看來，你們在很短的時間內接受蘇聯修正主義所提議的妥協、投降主義。因此，越南和中國兩黨和兩個政府之間已經沒有什麼好說的了。」黎德壽建議要有耐心，他說：「這件事，我們等著瞧。事實將給我們答案。」這時，這兩個盟友雙方的猜疑之心已經非常嚴重，河內只提前一個星期通知北京，它將和美國談判。

後來中國迅速兌現它的警告。當年年底，中國減少派駐在北越的工兵和防空部隊兵力，並減少供應槍砲和彈藥。由於中國珍惜其支持世界各地革命的形象，對這些行動努力編織正面的說法，宣稱這是為了增強北越自立自強。但懲罰它不聽從中國指導的意味，任何人都看得很清楚。[49]

一九六八年八月，蘇聯坦克車開進捷克，北京宣稱此一舉動證明莫斯科的「霸權」野心，北越對此卻大聲稱讚。莫斯科為其入侵捷克端出來的辯解，日後被稱為「布里茲涅夫主義」（Brezhnev Doctrine）。根據這套說詞，共產主義國家一旦偏離馬列主義，蘇聯就有權介入干預。毛澤東將這套說詞視為是向中國暗示威脅，因為中國極力想在世界共產運動中另外建立一支領導的標竿。從此刻起，在中國眼裡，北越已無可逆轉地選邊站。其實不到十年前，莫斯科才為中國量身打造，提出東南亞特殊勢力範圍的概念，當時中國非常窩心，為自己特殊世界地位的傳統意識受到重視而感到欣喜。此時，北京從這些事件中看到敵意開始上升。

中、越關係的下一個十字路口出現了，有消息傳出中國自己也正在和美國進行認真的外交交涉。這個過程始於一九六八年九月，美國國務院向中國駐波蘭大使館發出試探性的訊息——而在一個月前，蘇聯坦克車才剛占領捷克首都布拉格。

一九六九年三月中、蘇兩國邊境爆發激烈的衝突之後，莫斯科和北京都開始認真設法與美國修好，逐漸演變成為一齣三強全球競爭的大戲。如此一來，北京和華府原本已祕密、有限度的政治接觸，有了新的推動力，中國四大元帥提出建議：中國必須嘗試「打美國牌」。當年八月和蘇聯發生第二波衝突後，陳毅向最高領導人進言，一定要迅速解決和華府的緊張局面，以免美國「坐山觀虎鬥」——五角大廈前任官員白邦瑞（Michael Pillsbury）如此描述。[50]地緣政治情勢發生激烈變化的此一複雜亂局中，中國迅速重新評估其本身的利益。中國此一火花促成季辛吉對中國著名的祕密外交，不久之後，尼克森開創歷史，親赴中國訪問。

在此之前，北京透過將美國困在東南亞泥淖的方式，希望藉此耗竭美國的實力。現在北京的優先目標改為幫助美國撙節實力，俾能反制蘇聯。就越戰而言，這表示北京需要填補和美國的衝突，以有助於促成巴黎和談順利成功——而北京不久前還在強烈反對和談！北越大為不滿，一再抱怨遭到出賣。這為中國製造了相當複雜的外交挑戰，因為中國不希望兩國關係公然決裂。周恩來向越南領導人解釋為何中國與美國尋求和解：

最近季辛吉主動提議訪問中國。我們為什麼不能跟他談談呢？赫魯雪夫到美國大衛營去會談，柯錫金（Alexei Kosygin）到葛拉斯波洛（Glassboro）會談，你也到巴黎和美國人談判。我周恩來可沒跑到華府去。是他們〔美國人〕來中國。我們為什麼不能在北京和美國人會談？我們不會為了達成協議而出賣原則，我們絕對不會出賣我們的友人。[51]

中國在和蘇聯競爭全球和區域影響力時，必須維持本身的聲譽，不能拋棄掉盟友，也不能讓這個盟友占盡上風。從中國戰略家的觀點來看，越南最理想的狀況就是僵局：南越繼續存在，而美國儘快退出南越。一九七三年二月，澳洲總理高夫．惠特蘭（Gough Whitlam）說，周恩來告訴他，美軍撤出本地區會造成本地的不安定，這將對蘇聯有利。其實更驚人的是，早在一九五四年關於終結第一次中南半島戰爭、以及法國在印度支那殖民統治的日內瓦會議中，中國已經悄悄透露此一觀點。當時周恩來告訴法國總理皮耶．孟德斯─佛蘭斯（Pierre Mendes-France）：

胡志明已經愈來愈得了大頭病。他根本不聽我們的話……即使我們幫了他那麼大的忙。我們認為他太聽俄國人的話。因此我們要這樣提議：印度支那應該分割為四塊地區。當然要讓胡志明保有北越。但是寮國和柬埔寨應該維持獨立……繼續做為你們法蘭西海外聯盟（French Overseas Union）的成員。越南南部應該分割出來。可以在當地另組一個政府。我們可以討論透過選舉決定最後的統一……但如果統一沒有真正實現，中國也不會介意。[52]

從一九七一年底到一九七三年初，北京和河內分別與美國進行外交談判時，中國仍設法和北越保持和諧的表象。但是，當一九七三年一月巴黎和平協議一簽訂，雙方的關係立刻急轉直下。到了一九七三年底，不晚於一九七四年初，中國在邊界發動低階衝突，預示兩國將在一九七九年爆發短暫而激烈的戰爭。到了一九七五年初，河內變得很積極，想利用美軍撤離越南的情勢來終止國土的分裂，但北京又再次提出強烈的相反建議，力促河內在四月初之前不要發動攻勢——實際上河內在三個星期後就獲得最終勝利，攻陷西貢。

從此以後，北越——以及後來終於統一的越南——與其北方鄰國的重大分歧已掩蓋不了。從北京恭喜河內贏得內戰的賀電，已可看出雙方的歧見。這封賀電的對象是西貢臨時政府，而非北越，而且不談河內從一開始即立下南北快速統一的目標。賀電中寫道：「我們衷心希望南越人民將在他們繼續堅持的民族與民主革命鬥爭中，不斷贏得新的偉大的勝利。」[53]幾個世紀以前，中國支持占婆以做為對越南的反制，現在這裡又出現不祥的迴響。

納楊．昌達寫道：「歷史最大的諷刺竟是，中國遠比美國更顯得輸掉越戰。美國在一九七五年退出，似乎實現了所有中國決策者對越南最忌憚的惡夢——一個強大、統一的越南，與中國北方的大敵〔蘇聯〕同步，從南方挑戰中國。」[54]整個一九七〇年代，北京一直都很關切及憂慮東南亞，顯示出它對保持在此區域習慣性或文明方面的影響力缺乏安全感，並且為它未來與越南的衝突奠立基礎，其實大部分的衝突可以說都不必要。

在反美作戰的最後階段，中國雖仍是北越的正式靠山之一，但中國卻已開始提防北越。當柬埔寨政府在一九七五年四月遭赤棉（Khmer Rouge）推翻，北京立即抱緊波帕（Pol Pot）領導的高棉激進派領導階層，一則牽制越南，一則作為平台，以維持中國在本區域的影響力。當年八月，即使中國向越南新領導人說明為何戰後的援助大不如從前時，強調這是迫於手頭拮据，但它還是承諾以十億美元援助赤棉新政府，包括好幾項慷慨的直接贈款——這是中華人民共和國截至當時最大的外援承諾。[55]當毛澤東在北京接見來訪的波帕時，盛讚這位殺人如麻的客人的「共產主義政策」，絲毫不像對北越打勝越戰賀電裡吝於誇獎的作風。毛澤東對這位日後以「柬埔寨屠夫」之綽號惡名昭彰的傢伙戴高帽子：「你一舉成就了我們空有廣大群眾卻完成不了的大事。」[56]後來，對本地區國際關係盛行的階層意識而言帶有侮辱意味，毛澤東還力促越南領導人「向赤棉學習如何搞革命」。

北越在赤棉奪得柬埔寨政權近三個星期後才擊敗南越。這件事也使得中越兩國的關係更加惡化。河內希望先摘下勝利果實，因此促請後來稱為「赤棉」的毛派革命黨禮讓隔壁的老大哥。但波帕的戰士在北京的鼓勵下故意全力搶攻，打倒政府軍，因而搶了隔壁老大哥的光彩。

長期以來，北越力挺柬埔寨的革命黨，而且經常在十分拮据的情況下伸出援手。一九五〇年代初期，國際馬克思主義仍然盛行，毛澤東鼓勵胡志明及其同志主導在東南亞各國成立共產黨，北越十分積極承擔此一任務。實際上，北越在一九五〇年代派到柬埔寨的幹部必須一切從零開始。直到一九四四年，柬埔寨每年只有五百人完成小學基礎教育，全國中學生不到一千人。馬克思主義在柬埔寨根本沒有根，在越南人看來，深受印度文化影響的柬埔寨實為異類；而且從深受華夏文化影響的越南人的沙文主義觀點來看，分明就是低劣民族。[57]

一九三〇年代法國人統治本地區時，越南已成立了印度支那共產黨，涵蓋柬埔寨和寮國，就好比法國的殖民地印度支那聯邦一樣，但它的領導人幾乎全是越南人，黨員大部分是華僑。一九五一年，越南人組建「高棉人民革命黨」。越南身為背後靠山並全力贊助，有很好的機會保護自己的利益，而且不只是狹隘、即時的利益。正如中國已經看到，在較小的、極為順服的國家簇擁下是個理想境界一樣，越南對於自身與印度支那西部鄰國的關係，也發展出它的「天下」觀點。這種態度在過去幾百年中發展起來，而且強大到可與越南傳統上接受中國為其宗主國的心態並存。納楊．昌達寫道：「統治者在和中國人交往時，自稱王；但在向本身臣民或東南亞其他統治者通信時，則自稱皇帝。越南朝廷的虛偽文化和中國朝廷一樣大。」[58]

不過，在越南勞動黨裡，從一開頭就有清晰的國際主義精神；每個人都有責任支持世界革命，而且很自然地，一切就從鄰居做起。

直到一九五〇年代初期在鄰國恢復支持共產主義運動時，北越終於了解它想正式於中南半島教導，並不受東南亞鄰國歡迎，於是它開始在當地及在越南吸收及訓練柬埔寨人幹部，灌輸意識型態，也培養軍事及其他技術本領。這些幹部中有許多留在河內，理論上是備位政府的核心，預備在適當時機由已統一的越南送回國去掌握政治大權。不過，革命派國際主義的政治變得格外複雜，隨著時間演進，柬埔寨被吸進越戰的漩渦。一九六〇年代末期柬埔寨在施亞努親王（Prince Norodom Sihanouk）的領導下，走在愈來愈不安穩的中立路線上。當時的安排是允許北越經過寮國，沿著所謂的胡志明小徑（Ho Chi Minh Trail），利用柬埔寨做為將武器運入南越的通路。施亞努要求河內停止支持柬埔寨境內的武裝叛亂，以作為對他裝聾扮啞、故作不知所付出的代價。這倒是為日後改名波帕的薩洛沙（Saloth Sar）創造空間，讓原本沒沒無名的小組織——當時仍稱為柬埔寨勞動黨，後來改名柬埔寨共產黨——以堅決反抗越南並堅決爭奪政權而逐步崛起。

波帕自一九四九年起在法國上學和打工，一九五〇年代中期返回祖國，參與金邊熾熱的左翼政治活動，後因政府抓人，在一九六三年轉入地下。他躲到南越、由越南共產黨保護的「解放區」內，以「九〇〇辦公室」的名義活動，策畫奪權陰謀。次年，波帕在東亞共產國家展開學習之旅，先到河內住了幾個月，再轉赴中國，似乎曾受到國家主席劉少奇和其親密助手鄧小平的親自接待。一九六五年，波帕大半時間都留在中國，然後祕密訪問朝鮮。波帕在回國之前又在北京稍停留，應邀出席一場宴會，越南代表團也是宴會的貴賓。「在這個場合……毛澤東特別誇讚柬埔寨共產黨，讓越南賓客相信他已與波帕有過重要討論，而且印象良好。中國的訊息很清楚：柬埔寨共產黨的新領導人已得到我們的保護。」[59]後來，波帕在和泰國共產黨一名重要人物談話時，透露他第一次在北京逗留期間，「中國擔保我們在世界上結交一些朋友，而且我們在其中已獲得保證，中國朋友會提供我們戰略、政治和精神上的援助。」[60]

顯然地，早在一九六五年，中國和北越之間為了控制前法屬印度支那的命運而暗中角力。次年波帕又回到中國，當時文化大革命正在展開，中國全國上下陷入打著激進的平等主義名義的暴力鬥爭，這對波帕還在演進的意識型態造成強烈的影響。從此以後，他把命運押注在中國身上，他認為中國和蘇聯截然不同，中國政治才是「真正的馬列主義」。波帕與他一心一意想要推翻的施亞努親王一樣，相信只有追隨中國，柬埔寨才能保住不受越南宰制的命運，眼前寮國的例子已經夠他提心吊膽。中國對此已有幾百年的經驗。當越南在此地區變得不知天高地厚或冥頑不靈時，中國知道該如何平衡它，因此樂於暗助波帕一臂之力。

一九七〇年三月，施亞努親王訪問莫斯科期間，國內發生政變，他遭到推翻，柬埔寨陷入大亂。四月美國和南越揮兵進入柬埔寨，試圖消滅北越設在柬埔寨的庇護基地，並摧毀胡志明小徑。河內和北京都支持柬埔寨的叛軍，但此時措手不及，沒什麼選擇。北越必須支持波帕勢力仍小又分裂的柬埔寨共產黨，而不是河內長期以來耐心培養、流亡國外的馬克思派幹部。政變推翻施亞努後，龍諾（Lon Nol）將軍掌握政權，在這段期間赤棉只有二千五百至四千人的部隊，而且散布在全國數個不同地區。

北越十分焦慮，絕對不能失去柬埔寨境內的庇護基地，北越介入柬埔寨的強度絕不遜於美國和南越部隊。與赤棉步調不一的第一個跡象是，河內提議由它出兵占領東北部一塊地區，代表柬埔寨共產黨建立「解放區」。赤棉雖力量薄弱，卻堅持只願接受武器援助。[61]北越不理它，派出數千名部隊搶占柬埔寨一些邊境領土。

儘管赤棉激烈反對，但其實它因北越介入而受惠良多；在中國撐腰下，他們很快就在施亞努領導、設在北京的流亡聯合政府「柬埔寨全國聯合陣線」(the Front Uni National de Kampuchea, FUNK) 中取得立足點。現在赤棉最擔心的是，河內將它培訓流亡在外的幹部大舉送回柬埔寨，與它爭奪權力。

波帕刻意躲在暗處，外界大都還不知道有他這一號人物。不過，赤棉黨內一個以他為中心、十分祕密的團體，開始顯示決心不受越南控制。雙方爆發數十次衝突，第一次衝突發生在一九七〇年九月，赤棉部隊從背後攻擊北越的巡邏部隊。大約同一時期，赤棉開始發展殺人不眨眼的仇外政治路線。雙方的敵意大部分源自歷史的浪漫主義，因為過去偉大的高棉帝國曾經控制絕大部分寮國的領土、一小部分泰國的領土，以及南越的一大片領土，譬如農業發達的湄公河三角洲，甚至西貢。不過，其他元素則是柬埔寨獨特的地緣政治，因為它夾處於越南和中國這兩個強大又互相較勁的鄰國之間，他們各有自己的天下情結。此外，波帕本人也有強烈的機會主義傾向。赤棉逐漸精進和擴大它的仇外主張，很快提升到狂熱階段。不過，赤棉起初和鄰國交往時，掩飾其反越南的言論，比較吻合本身利益，方便繼續讓河內分擔反抗美國支持的柬埔寨「強人」龍諾之負荷。

到了一九五〇年代末期，北京已體會到柬埔寨有潛力在未來反制越南，偶爾耍點詭計，在兩國之間散播敵對和不信任。[62]譬如，鼓勵施亞努親王對原本沒有爭議的越南土地提出光復故土的權利主張，並且惡意地在越、柬兩個共產黨之間製造誤會。但是，在柬埔寨和北越開始衝突之際，中國還沒有明白鼓勵波帕採取侵略性的反越行為；然而，實情恐怕恰恰相反。

到了一九七〇年代初期，欺騙耍詐已經成為本區域的常態，而波帕最愛玩這一套。他設法維持效忠施亞努領導的聯合政府之表象，在意識型態和地緣政治事務上都對北京忠心耿耿，也得體地安撫北越——即使他的戰士騷擾北越部隊，並消滅從國外回國的幹部。波帕也悄悄打造基礎，以對其東方鄰國的血腥仇視做為統治的根據。雖然證據明顯，但河內仍一廂情願地相信隨著時間進展，情勢會好轉。

一九七三年，在美國對柬埔寨的空中轟炸作業最激烈的時候，波帕決定改變策略。北越針對日益遭到圍困的龍諾政府痛加攻擊，為赤棉製造了吸收黨員、建立軍隊的空間。從原先微不足道的基礎開始，它已設法糾集了二十萬人以上的正規軍和游擊隊，而且不斷成長中。[63]一九七三年一月，河內和美國簽訂和平協定後，波帕走上鮮明獨立自主的路線，要求北越部隊立刻退出柬埔寨，同時也和名義上的聯合政府盟友施亞努親王翻臉，痛斥他是人民公敵。到了同年年中，北越雖仍然保持懷柔柬埔寨叛軍的政策，也將其駐在柬埔寨境內的部隊由高峰時期約十五萬人降低到只剩三千人左右。

根據巴黎和平協定的條文，北越須負責讓寮國和柬埔寨的共產黨盟友也簽署和約，但赤棉明白表示毫無意願支持談判得來的和平。波帕從頭到尾的目標是透過武力奪取政權，從內部挖空施亞努的聯合政府，並最大化利用河內在柬埔寨的積極用兵，現在他終於爬到做夢也想不到的地位，可以這麼做了。一九七三年一年，美國在柬埔寨投擲二十五萬七千五百噸的炸彈，但由於國內全面反對美國參戰，它才剛從越南撤軍，美國也已無意在另一個東南亞國家和共產黨作戰。北越本身則專注於打倒西貢的阮文紹政府。而中國到此時都還未特別屬意由誰統治柬埔寨。套用歷史學者班・凱爾南（Ben Kiernan）的話來說，它只關心它在中南半島的勢力不受影響就行。

美國關閉駐金邊大使館的五天後，即一九七五年四月十二日，柬埔寨落入赤棉手中，它向全世界宣布，將把全國居民撤出首都。國家新領導人仍然堅守其諱莫如深的名字「安加」（Angkar）——意即「組織」。其首腦、創始人波帕仍未公開亮相，或宣布他本身的職位。外界把「安加」初期的許多行動——譬如廢除鈔券和激烈肅清知識份子——解釋為一種極端激進的毛澤東主義，它們的確一部分如此。然而，清空首都金邊除了赤棉的毛澤東主義意識型態之外，還有許多直接的相關因素，最明顯的是，清空全城也正是柬埔寨對越南發動一連串攻擊的同時——越南本身還要好幾天才取得最後的勝利。

赤棉的記錄顯示，該黨一直希望能搶在河內結束戰爭之前贏得柬埔寨內戰。赤棉電台為敵視北越提出理由，聲稱北越計畫攻克西貢，然後趁勢進軍柬埔寨，搶占更多豐饒的湄公河三角洲，甚至進據金邊。事實上，波帕的目標是在柬埔寨奪取政權後，快速攻入南越的毗鄰地區——主張收復故土的柬埔寨人將這塊地區稱為下柬埔寨（Kampuchea Krom）——在北越攻下西貢之前就為祖國收復失土。清空金邊兩百萬居民其實是波帕預料北越必會反擊，這兩個東南亞鄰國勢必爆發冗長的鬥爭，不能讓北越搶占這個戰略意義重大的目標。

中國的投機行徑從它一連串動作中展現無遺，它很快就從北越的主要靠山轉身一變，先鼓勵赤棉，然後支持赤棉與河內鬥爭，下文我們將看到，最後北京又擔保赤棉的生存，讓我們直到今天都清楚看到一個事實：意識型態不能解釋北京在本地區的戰略選擇。中國真正的動機源自於一個更古老、也更深刻的盤算。直到今天，北京的本能就是抓緊並庇護行為有如朝貢國的國家，並且反對、哄騙、顛覆或屈服那些妨礙它維持舊式領域的國家。[64][65]在中國眼裡，北越攻打柬埔寨所犯下的「罪行」是：妄自尊大、厚顏無恥；僭奪中國，要在越南本身的次區域當領導人的地位；自以為可以天有二日。

四月十九日，赤棉直接對越南展開第一次軍事攻擊生，離前高棉共和國最後殘軍向波帕部隊投降只有兩天。首先它砲轟富國島（Phu Quoc），這是鄰近湄公河三角洲河口的一個大島，過去並未涉及領土糾紛。兩國邊界地帶也相繼爆發多次衝突。但是，波帕更大的野心被河內急速南下，進入南越守軍潰敗後出現的真空，並進而在四月三十日攻克西貢所徹底封殺。北越戰勝、征服南越，使得柬埔寨大規模收復故土不再可行，但赤棉繼續發動一連串挑釁，大都不在陸地，而是在三角洲口的其他島嶼。

河內勝利後不久，當赤棉領導人與越方官員會談時，將這些事件統統推給地方指揮官，以及他們搞不清地理位置。同一時期，柬埔寨境內反越聲浪高漲，越南人被趕出柬埔寨。

柬埔寨攻打越南小島，預示了區域各國的競爭開始轉向海上。若干國家至少名義上是密切盟國，而少數國家此時肯定也完全預料到它們在未來的重要性。北京一方面對柬埔寨新政府給予極大的支持，使它膽敢對越南採取強烈的敵意立場；另一方面中國本身也同時對越南控制的領土有重大動作。

一九七四年一月，即河內照會北京它已和一家義大利石油公司洽商在東京灣（Gulf of Tonkin）開採的可能性之後兩週，北京發表聲明，聲稱南中國海所有的島嶼都是中國的領土，並派出部隊占領西沙群島的永樂群島（Crescent Group）的陣地。這立刻引起南越海軍的反應——南越也主張這些島嶼歸它所有——欲驅趕中國部隊。比爾．海頓（Bill Hayton）在著作《南海：二十一世紀的亞洲火藥庫與中國稱霸的第一步？》（*The South China Sea: The Struggle for Power in Asia*）裡詳述中國及一些鄰國對這片水域的爭搶。他說：「北京和北越的關係正在快速惡化，而南越已失去美國的軍事支持。一九七四年一月是北京可以不顧後果、採取行動的良機。」

南越正式向美國海軍第七艦隊求助，要求華府派船艦設立糾察線，阻止中國進入爭議島嶼，但一切都太遲了，因為美國早已承認贏不了這場戰爭，因此南越的希望落空，美軍未伸出援手。海頓的故事繼續敘述中國與南越海上交手的經過，南越試圖載運特戰部隊登陸其中一個島礁，遭到中國船艦攔阻：「運用信號燈，他們以英文展開歷史性的辯論。他們送出訊號：『這些島嶼自從明朝就屬於中國所有，沒人可以否認。』越方的回答直率、不掉書袋：『請立即離開我們的領海。』」[66]南越被迫撤走。衝突在接下來幾天激化為相互駁火，中國戰勝。

北京勝了西貢，河內因此陷入非常尷尬的地位；河內沒有選擇，暫時對這件事默不作聲。西貢政府是它的大敵，北京則長期以來是對河內盛氣凌人、但慷慨大方的盟友。但在河內看來，北京的行為無疑是敵意行為。中國暴露出其擴張主義的真面目，是藉越南國力衰弱時趁火打劫，占領越南領土。當年七月的一場軍事會議上，北越領導人黎筍提到「其他國家試圖在這個地區建立影響力」，又說「即使他們沒有說出他們的策略，（他們）對東南亞地區有祕密戰略」。他如此呼之欲出地提到中國後，力促盡快打敗西貢，然後提出自古以來越南南進擴張的論點。黎筍說，越南統一之後人口五千萬，「任何國家都不敢輕慢、侵略我們」。這就是呼應後黎朝南進擴張的原始理路。

一九七四年六月，一位北越官員不再含糊其詞，他宣稱：「東南亞屬於東南亞人民……中國不是東南亞國家，因此中國不應該有它所聲索的那麼大塊領海。」這當然是為自己立場辯護的言論，但這樣的言論也詭異地反映出中國傳統的論調。近年中國領導人習近平對同一個爭端也有類似的說法，他在二〇一四年宣稱：「由亞洲人來管亞洲事、解決亞洲的問題，以及維護亞洲的安全。」[67]

這兩個競爭對手都在努力推動長期以來地緣戰略的優先事項，爭取在本身區域內的優勢地位。問題出在他們對如何控制東南亞有不同的定義。爭議始自對於在其外海有爭議地區的海床豐富的石油和天然氣蘊藏究竟屬誰所有？越南廣大的海洋疆域使它深刻認定自己是個海洋國家。最重要的是，從越南人的角度來看，越南是東南亞的舵手，東南亞是它對抗中國迫切需要的戰略縱深。

對中國來說，習近平使用的語言也符合悠久的傳統。「天下」代表中國居於整個東亞階層體制的最上端，其他國家包括越南和東南亞國家，全都向它臣服。習近平的話同樣代表了中國現代化的重要優先事項，就是把美國——本區域最強大國家——拒於相當距離之外。事實上，現在的這個想法完全依賴於另一個想法。基於一些技術和戰略的原因，中國認為有必要掌握通向亞洲大陸的海運途徑，以確保中國貿易的安全和本土的神聖不受侵犯。另外還有一個更古老的概念，兩千多年前，中國一位皇帝已經向南方周邊一個新興君王教誨：天無二日，在任何時候都只能有一個皇帝。即使不是在全世界，至少在東亞，中國一定是扮演皇帝的角色，而越南、美國或其他任何想擋路的國家，都會被預先警告：中國不能接受這一點。

越戰的結束顯然代表歷史在本地區的復仇，但到了一九七〇年代末期，似乎又再次走向中南半島戰爭。這次的衝突與東南亞以前的現代戰爭不同，所有的前線國家都是本地國家。越南被赤棉不斷的挑釁搞得忍無可忍，終於在一九七八年聖誕節對其鄰國發動全面戰爭，派十五萬大軍攻入柬埔寨。雖然中國在兩星期前就提出嚴正警告，不能有「肆無忌憚」的行為，但河內豁出去了。[68]

越南人事先已做好妥善準備，不會被中國嚇阻。他們組成一個柬埔寨流亡政府，預備一得勝即可上場接掌政權；另外，河內剛與蘇聯簽署全面共同防禦條約，也取得蘇聯大量的援助。如此公然向中國在本地區的霸權挑戰，可想而知會觸怒北京。中國雖投注大量物資，並加派顧問以支持柬埔寨，但首都金邊仍然很快就淪陷。接下來的一幕其實就是本地區十九世紀歷史的重演。赤棉領導人逃到泰國，立刻得到收容；往後十年，柬埔寨政府一直受到越南保護。美國介入越戰期間，中、泰分別居於相對陣營，現在卻為了更優先的目標而放下歷史歧異，攜手阻擋越南在東南亞勢力坐大。這是因為泰國是越南在本區域最鄰近的敵手，也因為中國有心站上舊日朝貢時代的霸主地位。北京立刻找到方法，透過泰國華僑的黑道份子輸送武器和金錢給赤棉。

歷經與西方列強兩場長期戰爭、傷亡逾三百萬人，越南覺得獨立得來不易，因此它有權利畫定一塊專有的勢力範圍。對於一九七〇年代末期的越南領導人而言，獨立即代表與中國平起平坐，有如它長久歷史上國家有自信且堅定自強的時代一樣。

反之，越戰結束時，中國所望的是讓本區域恢復到從前是其天生地盤的狀態，而且從北京慷慨解囊、贊助抗美戰爭的角度來看，越南竟然沒有表示順服，甚至連感謝中國施援的基本禮貌都沒有。中國長期以來就不滿越南和蘇聯關係親密，現在河內和蘇聯締結共同防禦條約，無異於最後一根稻草。北京認為，應該在這裡畫下界線，於是更公開、大力鼓勵赤棉，以做為粗暴無禮、咄咄逼人的越南臥榻之側的一根針刺。對越南領導人而言，一向與毛澤東保持良好關係的創黨元老胡志明已經去世，應該可以坦白表露對「大漢擴張主義」仇視的強大感受了。[69] 河內在其宣傳中，開始稱中國為「沙文主義、霸權心態」的大國，[70] 以善盡社會主義國際團結責任為

中越戰爭陣亡的中國軍人墳墓（© Howard W. French）

藉口，為自己在柬埔寨的角色開脫，迴避勢力範圍或正當的歷史權利的說法。

一九七九年二月，即越南入侵柬埔寨還不到兩個月之後，北京試圖兌現其威脅，懲罰越南不承認自身居於次等地位的舉動。在軍事上，中國入侵越南北部的懲罰戰爭很快就損傷慘重，但北京恢復其所認為的本區域階層體制的決心十分堅定，傳統的代價考慮根本不是重點。中國軍隊在初期階段迅速推進，頗有直攻河內的態勢，但他們的進攻沒有足夠的機械化支援，也罕有空中掩護。因此他們很快就陷入補給線過長，遭到長年作戰，經歷與法國、美國、南越和赤棉軍隊交戰所淬鍊的越軍之打擊。何況越南軍隊也有長年歷史教育的淬鍊，深知國家要生存就必須努力抗衡北方帝國的侵略。

中國主力部隊猛攻三個星期就開始撤退，與中越兩國長久歷史上的多次交戰經驗相似。在短暫、激烈的戰鬥中，中國軍隊負傷及陣亡人數約七萬五千人，死者埋骨緊鄰邊界的山丘公墓，未運回故里安葬，以免傷亡慘重的真相全面披露，可能造成民間反彈。作戰期間，中國宣傳機器極力對戰事擦脂抹粉，即使傷亡累累，也誇稱河內已經狠狠遭到教訓。這場戰爭在許多人的理性評估下，可能會建議中國在當時不能打。中國才剛走出十年文革的混亂。它的經濟極為疲弱，毛澤東在一九七五年曾對越南共產黨總書記黎筍說：「全世界最窮的國家不是你們，而是我們。」[71]而且中國的軍隊裝備極差，士氣十分低落。但是，極力維護中國在舊日領域的頂尖地位是任何領導人都不能抗拒的壓力——直至今天依然如此。

雖然激烈的直接武裝對抗階段很短，兩國之間的鬥爭其實方興未艾。戰火一停，中國和美國修好，全力展開懲罰越南的種種措施。中、美兩國為了聯手對付另一個全球大國蘇聯，雙方修睦，都對赤棉提供強大的政治支援——也大力支持收容赤棉領導人的泰國，由泰國擔任重要的武器轉運站——儘管當時赤棉進行的種族滅絕暴行的規模是無可否認的事實。越南向世界銀行申請貸款，以便啟動國家重建，但在華府悄悄反對下，得不到財務協助。同時，連續好幾年，在中國支持下，波帕的戰士不斷騷擾河內派駐在柬埔寨的占領軍——即使人人都曉得波帕沒有得勝的可能。中國實現懲越目標的計畫就是如此：發動漫長、破壞性十足的流血行動——包括實質上在戰場殺傷軍人——以及製造經濟損失和破壞。北京對於莫斯科提供武器給越南相當高興，因為北京很清楚，蘇聯在阿富汗、古巴、衣索比亞和其他地區的帝國擴張已相當吃力，這只會使蘇聯更加不堪負荷；蘇聯根本沒有足夠的財力和物力重建這個東南亞扈從國家。因此，當本地區大家都在創造財富，中國的改革開放也加快步伐時，越南卻陷於孤立，還背著柬埔寨這個大包袱，仍陷於泥淖裡。隨著時間進展，河內體認到，不服中國在亞洲的地位而追求本身利益的代價並不值得。

對河內而言，接下來又一個重大打擊是蘇聯決定退出東南亞。莫斯科因為經濟頓挫，亟欲與中國修好，展開有利可圖的生意往來。在兩國關係激烈擺盪的間隔時期，中國已經從一九五〇年代共產大國同盟中極弱又窮的小夥伴——至多也只是配角——在一九八〇年代末期變成日益富有、但仍由列寧主義政黨操控的東亞型開發中國家。現在，輪到阮囊羞澀的莫斯科落為步履蹣跚的一方。蘇聯在全盛時期，提供給越南的援助占越南全國國內生產毛額的四分之一。但是到了一九八五年，莫斯科通知河內，今後它必須靠自己了。起先，河內的理解是經濟上必須自立，但是當一九八八年中國在南沙群島以武力占領越南控制的島礁，擊沉兩艘越南船艦時，蘇聯並沒有依據共同防禦條約履行承諾，反而勸河內和解。次年，莫斯科放棄它長期以來想在太平洋布置一支溫水艦隊的夢想，交回金蘭灣（Cam Ranh Bay）的駐軍權利。又隔兩年，蘇聯就瓦解了。

無法想像在北京和莫斯科激烈鬥爭的長久歷史的這件事，即意味著十多年之內，中國已經成功處理了兩大敵國對其南翼的威脅。被打得鼻青臉腫的美國已經從中南半島撤軍，而且出人意料之外的，是在和中國氣氛良好的狀況下退出。在尼克森、卡特和雷根，甚至老布希總統部分任期內，美國外交政策圈普遍的傾向是支持設法協助中國增強國勢。同時，中國在一九六〇年代和一九七〇年代，最緊鄰、最危險的威脅——蘇聯——竟然完全消失了。一九六〇年代，美國在越南作戰，以便防止中國主宰東南亞。一九八〇年代，受到和莫斯科競爭的刺激，華府和中國握手言和。對北京而言，這等於是地緣政治的大收穫，把中國帶到實現其恢復舊日朝貢體制、重登東亞頂峰大位的百年大夢的門口。蘇聯既已崩解，越南也就比較容易聽話。北京和河內在一九八八年開始祕密地探求關係正常化的可能性。一九九一年，多半依循中國的條件，雙方終於重新建立外交關係。

一九八六年，越南開始在某些方面模仿中國的政治、經濟改革，採行他們所謂的「整建」（doi moi, renovation）政策。到了一九九〇年代中期，越南共產黨領導的政府所採取的對中政策，已開始逐步走回昔日的忠誠狀態。一位越南外交官甚至引用歷史類比做辯解，他說：「別忘了，打敗中國人後，我們還是一直上貢。」[72]他指的是越南在戰勝中國之後仍然小心，給足中國面子，以免它未來報復。但諂媚的程度不小，越南黨政官員大量北上「取經」，又讚頌中國的案例，令人覺得十分噁心。各式各樣的代表團絡繹不絕到北京去叩頭和致敬，越南共產黨總書記黎可漂（Le Kha Phieu）甚至向中國共產黨中央政治局一位委員敬酒時說道：「如果中國改革成功，就是我們成功。如果中國失敗，我們也失敗。」[73]

後來，柬埔寨和寮國都脫離河內的軌道，並不是因為動武——我們已看到，對越南動武，作用有限；而是因為中國經濟實力日益強大，令人難以抵抗，而且北京在外交上堅持不懈，又懂得偶爾包裝糖衣。以國際關係的術語來說，這是典型的「投靠優勢一方」（bandwagoning），也是昔日朝貢制度的基礎。別去理會中國人所謂華夏文化力量大、四夷來朝那套故事；也別去理會西方歷史學者如費正清等人向來主張所謂的「中華帝國因其邊境同化而成長。它的擴張就是生活方式的擴張。」——即意味著，鄰國因為希望效仿華夏，而自願、積極地投向中國。事實上，誠如歷史學家王元綱所言：「朝貢國家生活在東亞最強大的大國旁邊，沒有其他重大盟友可以依賴，以制衡中國的力量。小國沒有更好的選擇，只好向中國權威臣服，接受其階層體制。由於相對弱勢、地理位置接近、又缺乏足以制衡的盟友，它們被迫接受中國的主宰地位。」[74]

本地區的戰略重新組合始於美國在越戰失敗，繼之以蘇聯在一九八〇年代末期退出，更因為一九九四年美國退出其最大的海外海軍基地蘇比克灣而更加深化。當菲律賓人舉行公民投票，強烈表達收回國家主權的意願後，美國並未表現出十分憂慮，旋即相繼關掉蘇比克灣及其鄰近的克拉克空軍基地兩個美軍在亞洲最重要的前沿基地。蘇比克灣的闢建依循著西方帝國主義在亞洲一系列類似計畫的路線，是美國海軍戰略的一環。它們始於葡萄牙人和西班牙人，以阿布奎基和麥哲倫等征服者為先鋒。荷蘭人、英國人和日本人接踵而至，各自留下比前人更大的印記。這些國家都想透過海上優勢在本區域建立獨霸的地位。西方大國最後一次嘗試這樣做是由華府在十九世紀啟動，美國展開漫長的歷程，從阿留申群島（Aleutian Islands）到夏威夷和關島、再延伸進入印度洋，興建或取得基地。從一開始，蘇比克灣就在這項計畫中占有非常明確的使命——「確保進出中國市場的優勢地位」[75]，這個政策讓英國惱怒，也導致美國和日本開戰。

在越戰期間，蘇比克灣基地一直是美軍關鍵的前沿跳板和補給站，一直受到密集利用，其職責之一是制衡中國的力量。如前文所述，冷戰末期蘇聯才在越南金蘭灣取得設置海軍基地的權利。除了實現俄羅斯長久以來擁有溫水港的美夢，它也提供蘇聯海軍一個方法，「克服在宗谷（Soya）、津輕（Tsugaru）和對馬（Tsushima）海峽的扼制點」[76]；這些扼制點阻礙了蘇聯艦隊自由進出太平洋。蘇聯進入東南亞，在金蘭灣部署了兩千五百名常駐人員，大大刺激了美中修好，當然也是造成河內與北京關係破裂的重大因素。經過一段溫和縮編之後，華府再度於菲律賓增加駐軍，並專注於圍堵蘇聯的策略，畢竟俄羅斯在今天中國的安全思維上仍然具有相當分量。基於這個目的，美國在印尼周遭的麻六甲、巽他（Sunda）和龍目（Lombok）海峽三地附近水域仍然守住三個據點，並且依賴在蘇比克灣的前沿基地駐軍，提供可能需要的額外兵力。然而，當蘇聯消失了，在菲律賓維持基地的價值似乎也跟著消退，於是華府默默接受從菲律賓撤軍的要求。在這段溫和的縮編時期，美國很少有人想像到，中國會在可預見的未來變成全面的經濟競爭者。當時，即使在安全事務上，美國大都把中國視為不會有威脅。

雖然當時很少人注意到，但實際上中國已發生重大的變化，這些變化顯現出中國的野心及其不斷演變的地緣政治戰略。當時領導國家的鄧小平與中國高階領導同志分享他的看法，認為美國已注定逐漸衰微——當時要這樣預言，還真的需要有些膽量——因為此時美國即將展開全球單極化領導的階段。鄧小平的觀點和他之前的毛澤東一樣，主張世界大權應該重新分配，讓中國多分一些權力。然而，他也建議中國應該暫時準備好守勢待變，不要招搖、自大，要順勢而為。此一戰略思維的精神在一九九〇年代初期被歸納為二十四字箴言：「冷靜觀察，沉著應付；

韜光養晦，善於守拙；決不當頭，有所作為。」這不是一位甘於由美國領導的國際秩序的人會說的話——不過，當時很多人是這樣解讀。應該說，這是一個預料到很可能二十年之內，大國之間勢必會發生衝突，中國無法置身其外的個人洞見。鄧小平想法的精髓是，中國應該避免一切衝突，直到它有力量占上風為止。

一九八九年天安門事件後，北京重新檢視和鄰近國家的關係，開始拼組新策略。在此之前，中國對東南亞國家協會（Association of Southeast Asian Nations, ASEAN）的態度小心翼翼，將其視為是華府為了圍堵目的而在本地區部署的許多多邊經濟與安全組織之一。然而，鎮壓學生示威群眾之後各國的種種對應措施，讓北京嚴格區分敵友親疏。日本是鄰近地區唯一直接譴責鎮壓學生運動的國家。南韓只是表示「遺憾」。亞洲其他國家則大都保持緘默，譬如，馬來西亞說這是「內政事務」。[77]雖然美國民間的抗議相當嚴重，但官方卻在鎮壓之後採取相當寬大的觀點。老布希總統的國務卿詹姆斯．貝克（James A. Baker）說：「我們的外交政策必須保持開放可能性，而且應該鼓勵中國完全回到國際社會。」將這些反應綜合擺在一起評估，讓北京產生一種新的意識，認為本區域並未聯合起來反對它，甚至可能很快就會接受中國的吸引力。自一九六〇年代以來，中國對其亞洲鄰國的外交政策演進相當遲緩，但現在卻開始動作敏捷。

下一個重要的分水嶺出現在一九九七年到一九九八年的亞洲金融危機。在中國外交政策和國家安全體系內或許可稱為「亞洲第一」這一派新興力量的建議之下，北京開始扮演奮發有為的角色，穩定亞洲區域的經濟，並透過對危機的靈巧反應，為自己打造新的形象，以慷慨、理性的大國姿態出現，並擺脫過去數十年自掃門前雪的形象。政治學者沈大偉（David Shambaugh）在其大作《中國走向全球：部分的大國》（*China Goes Global: The Partial Power*）中寫道，中國「負責任、穩健地行動，未將人民幣貶值，對幾個東南亞國家提供援助和低利貸款。這些行動不僅在本區域內獲得感謝，也與國際貨幣基金和國際放貸機構面對危機所採取的獨裁專斷姿勢形成了鮮明的對比。這些援助打破了本區域過去認為中國高高在上或霸權的印象。」[78]

像這樣經濟慷慨的作法，又有許多重要的政治姿態做後盾。或許最重要的是，北京與寮國、塔吉克、吉爾吉斯、哈薩克和俄羅斯等幾個毗鄰國家，解決了長久以來的邊境糾紛。[79]事實上，幾乎每個個案中中國的讓步都很小，但這並不妨礙普遍認為中國的崛起或許不會造成鄰國傷害就能達成。的確，從一九九七年到二〇〇八年，在落實鄧小平的期望上，普遍認為中國已脫胎換骨，變成新的國家，可說相當親善，不會強迫別人順從它，與過去絕大多數的帝國主義者截然不同。

中國改造其形象最明顯的工具是貿易。中國已經成為快速崛起的製造業重鎮，這個時期幾乎本區域每個觀察家都說，伴隨著友善外交，中國與其鄰國的貿易呈現爆炸性的成長。在這方面，從影響力的角度來看，進口比起出口更加重要。一九九〇年，中國購買鄰國的出口商品僅有百分之五。到了二〇一三年，這個數值竄升為百分之二二，而且持續上升。至少在後亞洲金融風暴十年的初期，它比較少受到討論，但比貿易更加重要的是，中國提供鄰國融資。北京不透露它貸給個別國家的總額。但從非常不起眼的一個基礎算起，到了二〇〇八年，一般公認中國已經是本區域最重要的融資提供國。[80]

在非常短時間內，「亞洲第一」的策略——有時也被稱為「睦鄰政策」——開始獲得極大的紅利。中國逐漸成為其區域的真正吸引力重心，這是過去一百五十年不曾有的現象。中國先悄悄做起，起先它從日本吸引投資來為鄰國的先進產業生產原物料。接下來向區域內各國吸引製造業者，請他們善加利用中國訓練良好、薪資低廉的勞動力。一路走來，它利用合法及非法（即剽竊智慧財產和盜版翻造）手段，吸收許多科技和專業知識。當中國工業起飛、人民收入水平上升時，北京開始採用鴉片戰爭時期就已出現的點子——當時的外國人夢想將許多商品賣給數千萬中國人民。即使中國已將許多投資從鄰國吸引到中國，並以這些國家難以競爭的低廉成本生產商品，但中國的鄰國仍相信中國大陸新興的中產階級消費者，可以帶動區域內所有國家穩定邁向未來的繁榮。在這種環境下，沒有人想從地緣政治角度向中國提問，也沒有人想要冒犯中國。中國順利走在重建古代朝廷所玩的遊戲的道路上，以准許進入世界最大市場的機會來換取鄰國的順從，並接受它的霸主地位。到了一九九〇年代末期，情勢已完全翻轉，中國不再像經濟起飛期那樣提供原物料給東協會員國，反而是東協會員國成為供應中國原物料的國家。這是以中國為中心，整個區域經濟大整合的宏偉計畫很重要的第一步。[81] 二〇一五年，歐洲著名的分析家強納生·賀爾斯拉格（Jonathan Holslag）在他的專書《中國即將與亞洲開戰》（*China's Coming War with Asia*）中分析，在不久的將來，中國若成功的話，它的野心將會帶來什麼樣的情況。

他想像，從上海到成都、從瀋陽到昆明，這一大塊地區將成為高所得區，充滿了中產階級、先進產業、國際知名品牌和優質服務：

它的主要城市將各自專精於不同的獲利豐厚的經濟；譬如，上海是金融服務業，重慶是綠能汽車，昆明是先進機械，成都是軟體業等等。在它們之間，鄉鎮將提供有茵綠庭園舒適、健康的生活環境。同時，高速鐵路和民航班機將輸送數以百萬計的遊客和數以億元計的消費到寧靜的地方：西藏將成為中國的庇里牛斯山（Pyrenees），東北是未來中國的阿爾卑斯山，新疆是新安達盧西亞（Andalusia），南方的海灘則成為中國的地中海俱樂部（Club Med）。中國的海洋將由強大的海軍巡邏，從越南來的廉價勞工將在中國的鑽油平台當作業員，菲律賓女服務生將在南沙群島新建的熱帶度假中心送山東瑪麗或北京貝里尼雞尾酒，台灣將成為人民共和國一個滿意的自治區——蚵仔煎、波霸奶茶照樣熱賣。

經濟將會更有效率，大部分靠內需賺錢。中國的需求將逐漸提升鄰國的發展。中國的新國際冠軍將透過公路、鐵路、輸油管及不斷流動的旅客，把他們與祖國連結起來。他們將控制大部分的生產鏈，從煤礦到零售業連鎖店；而且絕大部分以人民幣交易。俄羅斯的命運很明顯；日本將變得有如人口降低的英國，悄悄地懷念起過去偉大的帝國光輝。東南亞將成為中國的義大利，充滿活力又迷人，但到處是中國公司、銀行和高級人員。[82]從孟加拉到哈薩克這片地區可能成為中國的北非和中東……同時，中國將和美國發展出一套互動模式，允許中國實質控制其海洋周邊有爭議的地區，並且把台灣轉化為另一個自治區，像西藏和新疆。換句話說，修正主義最有效的形式將藉由經濟的權力政治繁榮興盛，把軍事力量化為最後不得已的可怕工具。

當賀爾斯拉格的大作問世時，對於這樣一段文字最簡單的反應或許是：「嘿，不會這麼快吧？」或「這不會是小孩的野心吧？」然而，在書出版後幾個月，中國似乎提供了答案，它或許可以歸納為這樣子一句話：「你還沒有看到任何東西咧。」——當然，這包括全球金融大動盪。

歷史賜予中國比任何大國都更複雜的地緣政治情勢。首先，它有一萬四千英里長的陸上邊界線，毗鄰二十個國家，其中有七個是世界前十五名大國之一，從俄羅斯和印度等大國，到雖然較小但自古以來即已難纏的韓國、越南和緬甸。除此之外，它還有九千英里長的海上邊界線，中國面對一堆與它爭奪領土權利的聲索國，如富有且武力強大的宿仇日本，以及菲律賓，這兩個國家都和美國締結防禦條約。除了上述正式的防衛同盟，黎安友（Andrew Nathan）和施道安（Andrew Scobell）在合著的大作《尋求安全感的中國》（*China's Search for Security*）中提到，中國四周鄰國分屬六個相互交織、不同的區域外交和經濟組織，涵蓋東北亞、大洋洲、大陸東南亞、海洋東南亞、南亞和中亞，而且北京「面對著美國在所有這些國家中的存在」。[83]

因此，近年來中國雖十分強大，但仍覺得受到緊密包圍，而決心為自己爭取空間，首先從綏撫周邊著手。它先借重經濟力量，但隨著本身日益強大，當情勢需要時也不會吝於使用新近建立且日益增長的軍事力量。中國也面臨急迫感，因為中國人口的基本面，及其歷數十年之久、逐漸放緩的經濟增長，已經出現不確定性，不均衡的跡象已愈來愈明顯，而使得未來十年、至多二十年，成為它相對力量最強的時期，也是它最大的機遇期。從目前的趨勢看不出有大幅改善的可能，這意味著二〇四〇年時，中國人口將比目前全世界最老化的大國日本更加老化。

即將到來、中國所驅動的世界將是什麼面貌？我們花了偌大篇幅探討的歷史，並非無益的教訓。我們對未來只能臆測，而歷史是預期及了解中國形塑未來世界的動機和行為的最佳基礎。

第五章
日落之地天子

人類的頭腦很難將有組織的歷史分散到不同的時期，但從一個時代到另一個時代的過渡，通常會因時間的距離而定型。即使如此，亞洲近年發生的事件卻讓人很想宣布新時代已經來臨。

我們可以把二〇一〇年中國超越日本成為世界第二大經濟體那一刻做為起點。或者也可再往前一兩年，以全球金融危機先以美國市場為主爆開、然後迅速波及整個西方，做為起點。中國當時的反應包括得意洋洋和公然幸災樂禍，當時國有媒體的評論員喋喋不休地議論西方民主國家資本主義的虛弱，以及中國無可避免將崛起成為世界一霸，明示或暗示地自以為中國的政治經濟高明多了。在後毛澤東時期，這可是全新的心態，接下來的時期更充滿了其他罕見的中國堅毅強悍的例子。這些行為似乎強烈地違背了鄧小平要求韜光養晦的指導原則。

不過，最重要的一樁政治事件卻是習近平躍出掌權，讓一票分析家統統看走了眼。大家普遍預測，在習近平能夠鞏固強大的執行權力、對國家事務貫徹個人意志之前，需要相當長的過渡時期，就像前兩任領導人江澤民和胡錦濤剛上台之初，先以爭取共識、集體領導的方式主政。

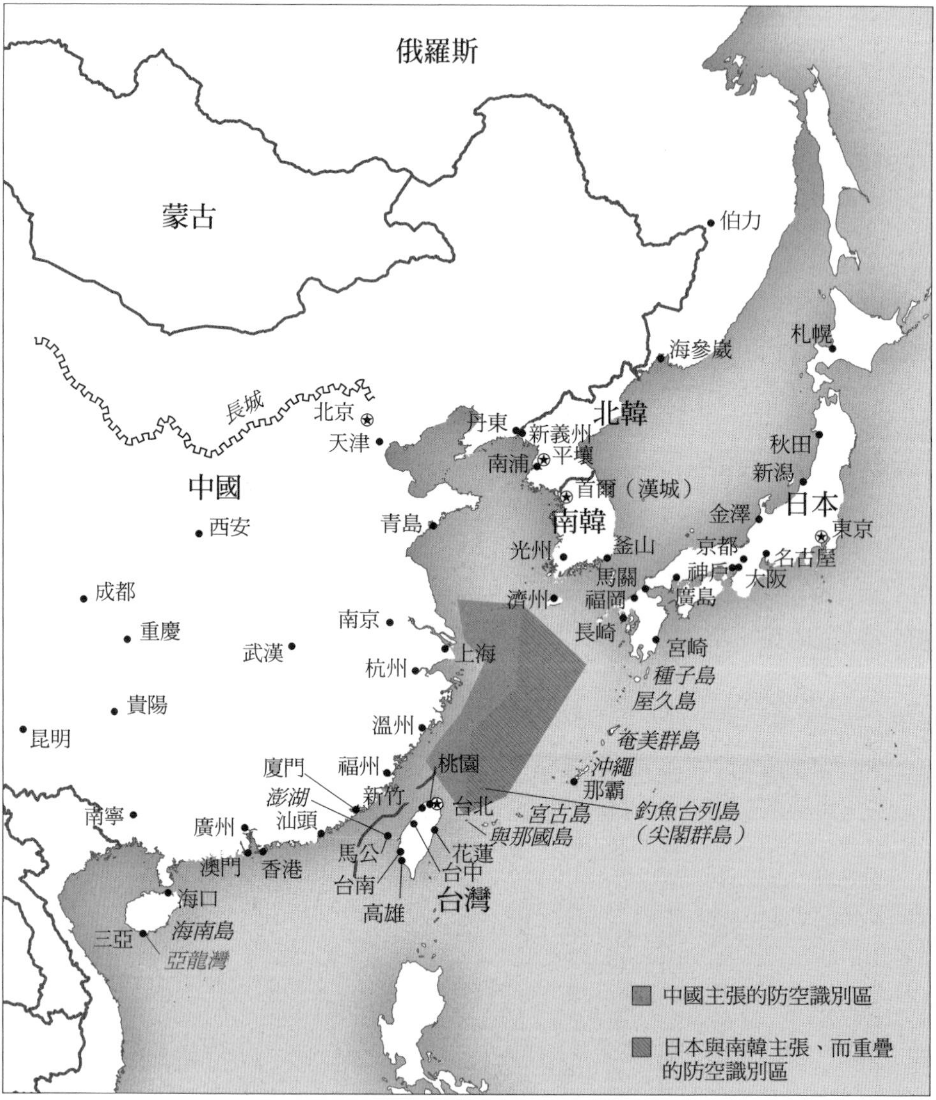
俄羅斯
蒙古
伯力
札幌
海參崴
長城
北京
北韓
丹東
新義州
天津
秋田
南浦
平壤
新潟
中國
首爾（漢城）
日本
金澤
南韓
青島
西安
東京
光州
釜山
京都
名古屋
神戶
大阪
馬關
成都
濟州
福岡
廣島
南京
長崎
重慶
宮崎
武漢
上海
杭州
種子島
屋久島
貴陽
溫州
奄美群島
昆明
廈門
福州
桃園
沖繩
那霸
新竹
澎湖
台北
宮古島
釣魚台列島
（尖閣群島）
南寧
汕頭
廣州
與那國島
馬公
花蓮
澳門
香港
台中
台南
台灣
海口
高雄
海南島
三亞
亞龍灣
中國主張的防空識別區
日本與南韓主張、而重疊的防空識別區

與這些事同樣重要的是，北京發動組建「亞洲基礎設施投資銀行」，簡稱亞投行（Asian Infrastructure Investment Bank, AIIB），幾乎美國所有的傳統盟國都紛紛加入——尤其是英國一馬當先熱切響應，不理華府的極力勸阻。亞投行之所以具備這種歷史意義，不僅因為它以傳統或當下的意味都對美國構成威脅，也因為它比其他任何事物都更充分代表中國崛起的意志及其強力上台，以及中國展現強大決心成為強大的全面性的地緣政治主角。

在中國倡組亞投行之前幾個月，歐巴馬已開始大力推動一項重要的區域貿易和投資協定「跨太平洋夥伴關係」（Trans Pacific Partnership, TPP），包括澳洲、汶萊、加拿大、智利、日本、馬來西亞、墨西哥、紐西蘭、秘魯、新加坡、美國和越南等十二個發起會員。儘管中國近年已躍居全世界最大貿易國家，卻被刻意排除在發起國家之外。這項協定不僅涵蓋商品貿易，也涉及重要的智慧財產、金融服務和勞工事項。歐巴馬在推動跨太平洋夥伴關係協定時所使用的文字，甚至露骨顯示美國對能否在亞洲和中國競爭十分焦慮。歐巴馬對國內及國外聽眾談論這項協定時，都曾說過類似「我們必須確保是美國——而非中國這樣的國家——為本世紀的世界經濟制訂規則」這樣的話。[1] 如果這還不足以界定中國的舉足輕重，歐巴馬總統任內最後一位國防部長艾希頓・卡特（Ashton B. Carter）說過這樣的話：「以最廣義的再平衡來說，我個人認為，通過跨太平洋夥伴關係協定的重要性，不下於另一艘航空母艦。」[2] 對一個經常涉及採購議題的五角大廈首長來說，這是非常不尋常的一句話。

歐巴馬團隊在他剛上任總統初期，笨拙地提倡「重返亞洲」（"pivot" to Asia），後來才改用「再平衡」（rebalance）這個精緻的用詞。這項政策起初非常側重軍事和安全議題，但儘管外交上否認，它相當明顯地顯示華府企圖祭出對策，有效地反制中國早在一九九〇年代就開始的擴張行為。

套用許多獨立觀察家的話，尤其從北京的觀點來看，儘管字眼巧妙修飾或矢口否認，但分明就是針對中國的圍堵。

從一九九七年亞洲金融危機開始，到二〇一五年極力推動、爭取國會通過跨太平洋夥伴關係協定，在這幾年期間中國顯得非常好強爭勝，悄悄且不祥地以二〇〇九年北京向聯合國申訴主張對整個南海擁有主權為開端。如前文所述：中國重新祭出所謂的九段線，以界定北京對本地區領土主權的觀點。繪圖員所畫的這條線，最早在一九四七年由中國的國民政府公布，有時稱為「牛舌線」。因為它從大陸蜿蜒九百多英里，將南海百分之九十左右的海域圈圍起來；它也將亞洲許多國家靠近海岸的海域，如越南、馬來西亞、台灣和汶萊的海域，統統畫為中國領土。對菲律賓來說，這條線離菲律賓主要大島之一的巴拉望海岸只有二十五英里。而最堅定與中國爭奪聲索權利的是越南和菲律賓。以南沙群島某些島礁來看，除了中國，菲、越兩國也都主張具有主權；然而，大部分的島礁不論以何種傳統的方法來算，它們距離最近的中國領土海南島達七百英里以上。相形之下，離越南和菲律賓的海岸近了好幾倍。北京依然一口咬定，是中國發現這些島礁，我們經常聽到中國宣稱對這些島礁的主權和控制是「自古以來」的事實。或許是為了讓人不再懷疑中國在這方面的堅決意志，自從二〇〇九年以後，中國發行的護照都採用一張附有九段線的南海地圖照片。

中國向東南亞鄰國做出宣示之後，又向日本就位於兩國之間一群有爭議的島嶼之控制權發動攤牌。日本人稱之為尖閣群島，中國人則稱之為釣魚台列島（作者聲明，以下為了行文方便，都以尖閣群島稱之）。除了戰後一段時期由美軍占領，自從一八九五年日本兼併之後，尖閣群島就一直由日本人所控制。台灣在一九七一年四月正式對尖閣群島提出主張，中國也在同年十二月跟進，提出權利主張。翌年初，日本做出回應，宣稱一八九五年接管尖閣群島時，島上並無人居住，而且不在大清中國的控制之下。根據東京的說法，後來中國因甲午戰爭戰敗，把台灣和澎湖群島割讓給日本，根本不涉及已經被日本兼併的此一尖閣群島，換句話說，尖閣群島不是中日甲午戰爭戰利品，因此中國沒有理由提出權利主張。[3]

如前所述，一九七〇年代中國和日本的關係，起先是受北京希望制衡蘇聯所驅動，到了一九七〇年代後半期則受到欲振興中國經濟現代化亟需的技術和財源所驅動。鄧小平心中懸念著這些優先目標，他在訪問日本時提出一個著名的建議：中日雙方應擱置對這些小島的爭議。鄧小平說：「雙方的確對這個問題有不同的觀點。這個問題若擱置一段時期，假設是十年吧，也沒有關係。我們這一代還沒有足夠的智慧在這個問題上找到共同的語言。我們的下一代肯定會更加聰明。他們會找出大家都能夠接受的解決辦法。」[4]

事實上，鄧小平十分睿智。雖然兩國在推動一九七八年簽訂和平友好條約的談判時，尖閣群島的問題一度短暫出現，但大半都被擱置在後方，允許貧窮又相對弱小的中國先吸引其迫切需要的投資和技術。因此，日本很快就成為在中國首要的投資國家，很早就熱心鼓吹中國在文革造成經濟大破壞之後亟需發動重建工作。一九七五年日本首相大平正芳訪問中國時，甚至表示他「衷心希望〔日本的經濟援助〕可提供建設二十一世紀中國的基礎。」到了一九九〇年代，東京給予中國的援助占日本全球海外開發援助的百分之十至十五之間。直到二〇〇七年，日本一直是中國外援的頭號資金供給者。在這時，日本已經有二十多年，提供的經濟援助占中國外來經濟援助總額的百分之五十至六十。[5]

前文提到，一九八九年六月四日北京出動軍隊在天安門廣場鎮壓示威群眾、屠殺青年學生，日本是亞洲國家當中罕見、直接批評中國的國家。不過，以西方標準而言，日本的反應相當溫和，而且是在激烈辯論孤立中國是否對兩國愈來愈大的共同經濟利益將造成危險之後，才做出暫停開發貸款的決定。天安門屠殺之後，北京極力拉攏日本，精心算計好利用日本希望把二十世紀侵略中國的悲劇歷史徹底拋棄掉的強烈心願。在鎮壓天安門示威之前不久，強烈主張以強硬路線對付學生民主運動的李鵬，向日本試探邀請明仁天皇訪問中國的可能性。明仁天皇在這一年年初剛登基。在日本長久的帝國史上，從來沒有一位天皇訪問過中國。讓這項邀請更添戲劇張力的是，大家都曉得，明仁天皇的父親裕仁天皇正是數十年前日本侵略中國時當朝主政的日本天皇。

北京釋出邀請明仁天皇訪華的意向，讓主張不對中國施加制裁的日本政治人物聲勢大振。一九九〇年十一月，日本宣布恢復對中國融資放貸。次年，中國更積極爭取日本同意明仁天皇到訪，並強調建立兩國最高階層互訪節奏的重要性，北京宣稱這將有助於雙方關係晉升到「新水平」。這在日本引發激烈的辯論，許多人對中國的外交倡議感到困惑，某些保守派認為這是陷阱，要羞辱日本的帝國歷史，或榨取新形式的道歉。《紐約時報》記者大衛・桑格爾（David Sanger）報導，日本外務省發言人不得不公開宣稱天皇「不會為道歉而出訪」[6]。其他官員則強調，早在二十年前東京和北京決定恢復外交關係，中國正式放棄請求賠償時，日本的戰爭責任問題就已經解決了。

後來，明仁天皇在一九九二年訪問中國，他毫不猶豫地提到讓兩國長期分裂的慘痛歷史。中國國家主席楊尚昆在人民大會堂以國宴接待明仁時，明仁談到日本仰慕、尊重中國的長久歷史，追憶八世紀兩國之間第一次派使節互訪的經過。然後他碰觸艱難的議題：「在貴我兩國關係長久的歷史中有一段不幸的時期，我國造成中國人民很大的傷害，我對此感到深刻悲痛。」[7]

一九九〇年代初期，日本一再對其過去的侵略行為宣示悔恨，某些政府高級官員在新的細節和直率程度方面屢有新的說法。譬如，一九九二年初，宮澤喜一首相一再提到戰時被迫當日本皇軍性奴隸的慰安婦問題。一九九三年，細川護熙首相就職時在記者會上宣布，日本曾經進行「侵略戰爭，是不當的戰爭」。[8]一連串類似的道歉所造成的動力，在一九九五年社會黨籍首相村山富市於終戰五十週年所發表的「村山談話」達到高潮。直到二〇一五年安倍晉三回鍋再任首相之前，「村山談話」一直都是日本政府的正式立場。村山說：

上次大戰結束以後已過了五十年的歲月。現在再次緬懷在那場戰爭中遇難的國內外許多人時，感慨萬端。

戰敗後，日本從被戰火燒光的情況開始，克服了許多困難，建立了今天的和平和繁榮。這是我們的自豪。每一個國民在這個過程中傾注了才智，作出了不懈的努力，對此我謹表示由衷的敬意。對於美國以及世界各國直至今日所給與的支援和合作，再次深表謝意。另外，我國同亞太近鄰各國、美國以及歐洲各國之間建立起來了像今天這樣的友好關係，對此我感到由衷的高興。

今天，日本成為和平、富裕的國家，因此我們動輒忘掉這和平之尊貴與其來之不易。我們應該把戰爭的悲慘傳給年輕一代，以免重演過去的錯誤。並且要同近鄰各國人民攜起手來，進一步鞏固亞太地區、乃至世界的和平，為此目的特別重要的是，同這些國家之間建立基於深刻理解與相互信賴的關係。這是不可缺少的。日本政府本著這種想法，為支援有關近現代史上日本同近鄰亞洲各國關係的歷史研究，並為飛躍擴大同該地區各國的交流，正在展開以這兩方面為支柱的和平友好交流事業。同時，關於我國政府現在致力解決的戰後處理問題，為進一步加強我國和這些國家之間的信賴關係，要繼續誠懇地處理。

正當戰後五十週年之際，我們應該銘記在心的是回顧過去，從中學習歷史教訓，展望未來，不要走錯人類社會向和平繁榮的道路。

我國在不久的過去一段時期，國策有錯誤，走了戰爭的道路，使國民陷入存亡的危機，殖民統治和侵略給許多國家，特別是亞洲各國人民帶來了巨大的損害和痛苦。為了避免未來有錯誤，我就謙虛地對待毫無疑問的這一歷史事實，謹此再次表示深刻的反省和由衷的歉意。同時謹向在這段歷史中受到災難的所有國內外人士表示沉痛的哀悼。

戰敗後五十週年的今天，我國應該立足於過去的深刻反省，排除自以為是的國家主義，作為負責任的國際社會成員促進國際協調，來推廣和平的理念和民主主義。與此同時，非常重要的是，我國作為經歷過原子彈轟炸的唯一國家，包括追求徹底銷毀核武器以及加強核不擴散體制等在內，要積極推進國際裁軍。我相信只有這樣才能償還過去的錯誤，也能安慰遇難者的靈魂。

古話說：「杖莫如信。」在這值得紀念的時刻，我謹向國內外表明下一句作為我的誓言：信義就是我施政的根本。[9]

儘管聲稱雙方高層互訪有益中日邦交，但足足過了六年之後，中國才派出高階官員報聘訪問日本，而且這項訪問已經很少反應明仁天皇訪中所想推動的修睦精神。部分原因是，中國在這段時間已經從日本身上要到它想要的東西。日本已經成功地說服美國及其他國家放鬆天安門事件後對中國的相關制裁。北京也從東京收到一連串的道歉，把日本擺回自古以來中國期盼它謹守的附屬的地位。當然，中國也得到日本對戰略性、科技密集的產業（如汽車業）大規模的放貸和投資。同樣重要的是，這時全世界各國都在向中國敲門，爭取到大陸經商，而且中國經濟也穩定地展開歷史性的大起飛。

換句話說，在一九九八年明仁破天荒訪問中國六年後，對中國而言，日本已經沒那麼重要，不需要那麼客氣甚至普通的外交細膩。對此，中國第一位訪問日本的國家元首之行為已不加掩飾。江澤民在一九九八年訪日成行之前，中國以日本前不久向南韓書面致歉為例，努力催促日本以書面對其戰爭行為致歉。但東京不肯，理由是天皇已經公開道歉，也發表過村山談話等多次官方悔恨聲明。日本外交官私下表示，若中國堅定承諾未來不再以歷史問題處理兩國關係，日本才會考慮此書面道歉的構想，中國立刻拒絕接受。因此，江澤民在五天的訪問行程中，展現出一副刺蝟模樣。在官方行程的每一站，他都對日本侵略中國的歷史罪衍提出責備，沒有任何寬恕的跡象。譬如，在東京國宴上，他當著明仁天皇和小淵惠三首相的面前，大談「日本軍國主義走上侵略與擴張的錯誤道路，為中國及其他國家人民造成極大苦難」。在東京另一個場合中，江澤民說得更直白：「我反對〔日中之間〕歷史問題已有充分討論這個說法。」

就在江澤民即將結束訪問之時，雙方聯合公報拖了六個小時仍無法出爐，以致最後未簽署公布，在如此高階層的雙邊外交上，這是罕有的案例。江澤民通常在表面上身段柔軟，一向能騙過政治對手。這次卻過度強勢，打壞了手上一副好牌。他不僅要求日本給予他之前才給了南韓的書面道歉，而且還因前幾個月和美國總統柯林頓高峰會議高度成功而過度自信。這助長了他對自己及對中國力量的過度信心。就日本民眾而言，江澤民負面演出的效應就有如面具掉落一般。執政黨自由民主黨的高階政客立刻明白，對中國任何重大讓步將對政府造成致命傷害，因此東京做出在這種情況下必須做的動作——頂回去。

兩國之間長久而複雜的歷史連結或分歧裡，有強烈的記錄顯示，每當中國要求日本臣服，通常都會遭到頑強的抗拒。這個例證可以上溯到六世紀隋朝時期，日本倭國國王派遣使節抵達中國。日本使節團攜帶的國書，倭國女王推古天皇（譯按：五九三—六二八年在位）自稱「日升之國天子」，稱隋煬帝為「日落之地天子」。即使文字如此單純，日本似乎表示，雖然它珍視與中國的關係，但它已經開始自認自己並非一般的藩屬國。隋煬帝或其朝廷——因為我們不清楚如此違反禮儀的文書是否會上呈到皇帝面前——對日本如此聲稱平等感到非常氣憤，根本不予回覆。

唐朝初年，「大和日本」開始請求中國不再稱日本為「倭國」——倭字可以解讀為「彎曲」、「曲折」或「丟棄」，而帶有貶義——要求改稱它為「日本」。這不僅是在語意學上講究，也是日益自我肯定的舉動。日本的自主意識在宋朝時期（九六〇—一二七九）繼續成長。宋朝財富極盛、文化璀璨，但其軍事力量相對較弱，在周遭四域經常發生安全方面的挑戰。隨後元朝蒙古人要求日本進貢，日本不從，元朝兩度出兵征伐不果。十四世紀明朝初期，中國又派遣使節要求日本臣服。[10] 一三六九年，一位使臣甚至出言威脅攻打日本：「若不遣使上貢，不然就訓練你的部隊、強化兵力。」

日本對中國最著名的反駁之一，懷良親王如此回覆明朝：「乾坤浩蕩，非一主之獨權；宇宙寬洪，作諸邦以分守。蓋天下者，乃天下之天下，非一人之天下也……臣聞天朝有興戰之策，小邦亦有禦敵之圖……又聞陛下選股肱之將，起精銳之師，來侵臣境。水澤之地，山海之洲，自有其備，豈肯跪途而奉之乎？」[11]

這個模式出現一個重大例外，一四〇四年室町幕府統治者足利義滿接受明朝封號「日本國王」，以便展開與中國大陸有利可圖的貿易。不過，在他之後的幕府大將軍又恢復前人作風，不肯逕自承認中國的優越地位。到了十六世紀末，如前文所述，日本首次反倒試圖在軍事上強壓中國，欲成為亞洲的上位大國。一五八七年，豐臣秀吉剛打贏戰爭，結束日本長久的內戰。他寫信給妻子：「我一生大志就是將中國併入日本版圖。」[12]日益狂妄自大的豐臣秀吉兩度嘗試過蒙古人曾嘗試但未成功的事——率兵跨越東亞海域發動戰事，但兩度落敗。第一次借道朝鮮攻打中國，遭到朝鮮抗拒，第二次是明朝大軍擊敗他。

從豐臣秀吉第二次出征的情況，可見中日之間微妙的關係。在豐臣秀吉第一次攻打中國失敗後的談判中，明朝誤信這位日本大名（即幕府大將軍麾下藩主）同意接受中國冊封為藩屬；這是中國為和平所訂下的底線。王元綱（Yuan-Kang Wang）在二〇一〇年的專書《和諧與戰爭：儒家文化與中國權力政治》（*Harmony and War: Confucian Culture and Chinese Power Politics*）寫道，這是因為「中國談判代表沈惟敬（Shen Weijing）擔心性命不保，不敢將日本人實際要求的條件內容呈報明廷」。[13]事實上，豐臣秀吉原始的目標與中國的要求南轅北轍：他要將日本帝國定都北京！歷史學者莫理斯．簡森（MariusB.Jansen）寫道，豐臣秀吉第一次出征受阻，他所要求的竟是「中國朝廷提供一位姬妾給日本天皇，重啟與日本有規範的貿易，割讓朝鮮四個道給日本」。[14]當這些條件索求未遂，豐臣秀吉便調集十四萬精兵，進行第二次遠征軍，再度企圖征服明朝。

豐臣秀吉在第二次征伐期間去世，隨即由德川家康掌握大權，從此開啟了德川幕府新政。歷任德川幕府大將軍都向明廷示好，以求恢復與中國的關係，但雙方在根本問題上都不願讓步。

日本希望進入中國豐饒的市場，不過可想而知，不信任日本的中國還是沿襲舊貫，要求先決條件是日本稱臣。根據中國的條件，幕府大將軍必須以中國皇帝的臣民自居，採納足利義滿一度接受的頭銜「國王」，並在雙方文書往來中使用各種禮儀上順服的文字。另外還要求日本採用中國曆法，這又是另一種貶抑。到了一六四〇年代，明朝的安全頻頻遭受滿洲人叩關的侵犯，最後被滿洲人推翻，因此明朝破天荒地向日本求助。日本一位大名譏笑說，中國「不允許日本船隻靠近其海岸……他們又不能來，現在他們國家陷入內戰，才說：『我們碰到棘手問題了，能請你們派些援軍過來嗎？』」[15]

這些故事讓我們看到，階層問題反覆地出現，是中日關係嚴重摩擦的主要原因，偶爾因此爆發直接的危機和戰爭。對中國而言，其周遭的民族，尤其是華夏世界的民族，受惠於中華文化良多，應該向中國臣服，這個思想是中國人世界觀的礎石，是信仰的基本要件。日本一再峻拒臣服，對中國的自我形象造成侮辱，這傷口的痛苦和刺激起起伏伏，一直需要注意，當中國特別強大時，便會採取行動。然而，因為幾個原因，中國一直力有未逮，無法對此採取決斷的措施。

直到最近，地理因素向來賦予日本毗鄰中國的種種好處，卻少有負擔——完全不像越南或朝鮮。日本位於大陸外海，與中國保持著中等距離，又有怒海保護。不論它的大陸鄰國國土有多大，實力有多驚人，日本在西元紀年頭幾個世紀開始成為一個統一的國家，從治理廣泛的海島領土以來，中國從未糾集力量，也未曾有任何技術手段占有這個較小的鄰國，以致將它長期保留在中國的軌道內，一如其他許多鄰國。然而，幾個世紀以來，中國從未了斷嘗試控制它的念頭。

二十一世紀頭十年，兩國之間長期以來的考驗又清楚再現。而現在所不同，具有深刻意義的是，中國經濟近年來工業化，並建設了一支強大且快速現代化的人民解放軍，大大降低了地理的阻礙——從軍事角度來看，地理距離長久以來保護日本不受鄰國兵臨城下的威脅。如今中國重新動心起念，要讓這個東亞區域中拂逆其階層秩序的島國聽話，而且愈來愈有辦法付諸行動。因此，日本面臨了必須改造自己的奮鬥——以二〇一三年政府報告「基本海洋計畫」（Basic Ocean Plan）的說法，將日本從「受海洋保護的國家改造為保衛海洋的國家」。[16]

這個新現實第一個嚴重的預兆發生在二〇〇三年十月，日本偵察到一艘中國船隻進入日本內海，進行對海床地形的迴聲調查，此舉違反了兩國最近的協商，必須提前兩個月照會對方的規定。這項調查事件短暫地引起日本對防衛戰備的警覺，也對其鄰國是否值得信任起了疑心，但鑒於兩國之間經濟關係欣欣向榮，並沒有危機意識。雙邊貿易在二〇〇三年激增至一千三百億美元，比前一年成長了百分之三十，日本普遍認為中日經濟利益相符。當時很少人懷疑這項調查是即將到來的重大考驗的預兆，即將開啟東亞兩大國家彼此日益緊張的角力。

十三個月後，許多人意識到時代已經變了，中國一艘漢級核子動力潛艇整個潛入水下，被發現穿過沖繩群島靠近石垣島的宮古海峽。中國對上次的調查船事件以疏於事先通知含混過去，現在這件事並非如此簡單。潛艇在另一國家領海的水下活動，依照國際法普遍認為已構成敵意，當日本發現中國潛艇的活動時，日本海上自衛隊便進入警戒狀況，這是二次大戰結束以來僅有的第二次。接下來幾天，日本全國電視台幾乎不斷討論此事件，讓日本民眾留下深刻的印象。評論員競相加碼，力主日本有必要推出新的海上安保政策。日本政府宣布已收到北京道歉，才勉強化解危機：北京的解釋這次侵犯領海純屬意外，私下表示遺憾（但中國外交部在公開方面卻不肯提供任何資訊）。

潛艇事件發生的背景正是中國和小泉純一郎首相政府陷於政治緊張的時期。小泉純一郎頗孚民望，在職約六年，現代日本首相更迭頻繁有如走馬燈，六年任期算是相當長久。小泉是很有自信和魅力的保守派政客，透過將郵政儲金制度民營化，以及改組強大的全國官僚體制，力圖重振遲滯已久的日本經濟。同時，他也推動坦率、毫無歉意的民族主義，呼籲日本人要更加以歷史為榮，不要永遠抱持著歉疚心理，或一些人所謂的「自虐」心態，可謂敏銳地掌握民氣。一位日本分析家幾年後告訴「國際危機集團」（International Crisis Group），日本人民希望「不再永遠像個鬼魂般，在為七十年前亞太戰爭道歉的大洋中飄浮」。[17]

小泉純一郎在這方面最具象徵重要性和最有爭議的一個動作是，定期參拜靖國神社，這座明治時代留下來的神社奉祀著日本戰爭殉難者的英靈，其中包含十四名遠東國際軍事法庭（International Military Tribunal for the Far East）判決定讞的甲級戰犯，他們因參與策畫日本侵略中國及亞洲其他國家戰爭之罪被判處死刑。十四人當中最有名的是日本皇軍陸軍上將東條英機，二戰期間長期擔任首相，也主持閣議、決定攻打珍珠港。儘管小泉純一郎所屬的自由民主黨長期為日本的執政黨，也一直是強而有力的保守力量，其根源深深植基於日本的戰時歷史中，二十一世紀初日本政治之所以會出現民族主義的傾向，在某種程度上可說是受到江澤民等中國領導人不斷挑起對其戰爭罪行的指控，而可預想到的反應。另外，江澤民在一九八九年北京大屠殺之後極力推動所謂的愛國主義教育，也起了相當的刺激作用。換句話說，至少這是兩國之間民族主義負面激盪的結果，積怨極深。

在六四屠殺及蘇聯和東歐共產主義快速瓦解之後，中國共產黨迫切需要時間和政治空間，以

沖繩二戰殉難者公墓（© Howard W. French）

搭配快速經濟成長可預期的果實，來恢復它在其人民、尤其是華東相對繁榮的大城市人民心目中的意識型態可信度。因此，江澤民在一九九一年發動愛國教育運動，設法將全國注意力，尤其是年輕人，聚焦在共產黨執政之前國家所遭受的羞辱。從一開始，日本就躍登惡棍榜首。

在江澤民發動愛國教育運動之前，中國的現代史教育和宣傳大都遵循毛澤東所訂下的論述路線，極端強調共產黨在國共內戰戰勝國民黨，導致國家「解放」和社會主義勝利；而長期以來社會主義承諾會讓國家超越東、西方的對手。除了這些主題，毛澤東的個人崇拜及其執迷繼續的階級鬥爭，也耗費了所有的力氣。如我們所看到的，毛澤東（和鄧小平）用不上抗戰戰勝日本的故事，部分原因是因為毛澤東時期的中國希望爭取日本，以制衡蘇聯在亞洲的地位，而在鄧小平時期，中國還得感謝日本的投資和科技。此外，醜化日本也不能讓共產中國光榮。畢竟是蔣介石之國民黨的鮮血，加上美國的火力，尤其是丟下兩顆原子彈，才擊敗了日本，解放軍在抗日戰爭上出力並不大。毛澤東根本不願強調這種事，因此他選擇的重點是「解放」。

關於日本最著名的戰爭罪行，在江澤民時代中國的教科書和文宣已大量渲染，伊安・布魯瑪（Ian Buruma）寫道：

> 人民共和國很少提南京大屠殺，因為在一九三七年這個國民黨首都中並沒有共產黨的英雄人物。事實上，城內根本沒有共產黨。許多在南京、上海或華南其他地方殉難的人，都是蔣介石部隊的官兵。有不良的階級或政治背景的倖存者，要熬過毛澤東時期的清算，有太多困難，哪裡還顧得了任何在日本人手下所發生的事。[18]

在今天，中國人大都不知道，實際上毛澤東曾經認為日本不應該一直對自己在中國的戰爭表示痛悔和悔恨。一九七二年九月二十七日，中日雙方關係正常化，日本首相田中角榮訪問北京，與毛澤東會面。田中忸怩、含糊地解釋，「日本入侵中國給中國添了很多麻煩」，毛澤東的回答卻參雜嘲諷和令人驚訝的坦白。他說：「我們必須向日本表示謝意。如果日本沒有入侵中國，我們絕對無法達成國共合作。我們絕對無法發展，最後又奪得政權。由於日本的幫助，我們今天才能在北京會面。」[19]

小泉純一郎強化日本民族主義及參拜靖國神社，是發生在中國重新強調自己遭受荼毒的時候，他將中國的不幸歸咎於外來勢力，基於這些目的，日本因此成為非常有用的襯托。中國媒體定期批判小泉對於戰爭的觀點；北京也以限制與日本的雙邊合作為回應，除了例行生意，在各方面竭盡全力凍結這個島國。六年內，兩國之間的高峰會議完全中止。二〇〇五年四月，日本宣布修訂國民教育課程綱領，對日本在二十世紀侵略中國輕描淡寫，尤其淡化日本暴行的細節，於是雙方關係急轉直下、更加惡化。在中國出現了新一波反日示威活動。第一天，上海數萬名青年抗議群眾從黃浦江畔外灘，遊行數英里到商業區虹橋，擋住了沿路全線的交通，當時我也跟著遊行隊伍行走。自從天安門事件以來，任何大型抗議活動若未得到國家的贊助或支持，中國當局很快就會出手取締。這次遊行正式獲得許可，暗示它被允許可以擾亂市中心的商業活動，而且它有高度的組織，到處有引導員維持秩序。然而，當遊行隊伍抵達虹橋，此地有許多日本商社辦公室，群眾情緒突然爆炸開來，年輕人高喊反日口號，向日本領事館和一些日本公司丟擲石塊和水瓶。我盯著這一幕看了一個多小時，印象最深刻的是，從頭到尾沒看到公安人員出現維持秩序。

反日示威活動（© Howard W. French）

在這個谷底，當二〇〇六年小泉一卸任氣氛立刻大變，兩國都意識到這是修好的機會，趕緊把握時機交涉。雙方之間最大的問題之一，即東海領土爭議，似乎最有機會兩全其美。雙方不再執著於釣魚台（尖閣群島）主權歸屬的棘手問題——鄧小平曾說這個問題留待後來世代去解決——而轉向共同探勘東海海底碳氫化合物蘊藏的構想，中日雙方都認為本地油氣資源潛力無窮。中日雙方共同興趣因一九六八年聯合國亞洲暨遠東經濟委員會（United Nations Economic Commission for Asiaand the Far East）所進行的一項多國調查研究而更加增強，這份報告很誘人地下了結論：「有極大的可能性存在，台灣和日本之間的大陸棚可能是全世界最豐富的石油蘊藏地區。」一九七一年一份在當時仍屬機密的美國中央情報局之分析，討論尖閣群島糾紛，這份報告就已確認此一判斷，表示「許多美國地質學家覺得本地區可能是全世界十大石油蘊藏區之一」。[20] 最近，美國能源情報署（U.S. Energy Information Administration）也估計，「整個東海有六千萬到一億桶石油，還有一兆至二兆立方英尺已證實及未證實天然氣的蘊藏量」。[21]

聯合國的調查報告也相當低調地表示，這些蘊藏位於「少數因軍事和政治因素而未被探勘測試的大型大陸棚當中」。[22]

當中國走出文化大革命所造成的經濟混亂，在一九八〇年代初期快速成長時，大量能源蘊藏存在於東海的可能性，成為中國與日本外交的重要驅動力。中國的技術精緻程度仍遠遜於其富有的鄰國，因而想方設法暫時擱置釣魚台（尖閣群島）主權爭議，反而推動共同探勘及開發可能的海底油田的構想。一九八〇年，中國國務院副總理姚依林會見來訪的日本代表團，首次提出建議方案。姚依林甚至建議可把美國引進任何開採協議，想必是因為美國當時擁有最先進的外海石油生產技術。一九八四年鄧小平第二次向日本提議兩國在討論涉及到釣魚台主權爭議問題之前，先共同開發能源資源。一九九六年北京又發起另一項類似的提議。每一次，東京都要求先解決中日海上邊界的爭議，或者北京承認日本對尖閣群島的主權，再來談論尖閣群島（釣魚台）周圍水域的其他生意。[23]

二〇〇七年四月，小泉卸任後雙方關係突然解凍，共同開採的想法再度正式提出，只是這次是由日本提出。安倍晉三首相對來日本訪問的中國國務院總理溫家寶提議。溫家寶在中國高階領導人當中以溫和、不尋常的鄰家大叔脾氣著稱，對日本全面展開他的魅力。他甚至公開承認日本過去曾經對往昔的戰爭道歉，這與中國前任國家主席江澤民的作法完全不同。溫家寶在日本國會演講時說道：「日本政府和領導人已在許多場合表達他們對歷史問題的立場，承認日本曾經侵略，也對受害國家表達深刻悔意和道歉。中國政府和人民理解你們所採取的立場。」

當時北京在國家主席胡錦濤的主政下，喊得鎮天價響的口號是「和諧社會」，通常意指中國應該整飭內政，建立更適合生活、少有衝突的社會。這個口號在外交政策也有配對，即「和諧世界」，它出自胡錦濤早先的另一個口號「和平崛起」。所謂建立和諧世界，就是讓中國的鄰國、尤其是日本放下戒心；日本在安倍晉三首度擔任首相（二〇〇六年九月至二〇〇七年九月）期間，就已經開始試圖提振區域同盟，並且為修法、修憲預做準備，以便日本再度成為「正常」國家，也就是賦予日本為集體自衛目的可以派遣軍隊及動用武力的權利。

或許，離中國主辦二〇〇八年奧運會不到一年時間也有幫助。中國將主辦北京奧運當做是歷史性亮相的大會，可在盛大典禮中向全世界重新介紹自己是個有自信、現代、而且不威脅別人崛起中大國。對北京而言，向鄰國傳遞雙贏和諧的感覺攸關它想要投射的形象。在這樣的背景下，中日兩國談判代表努力斡旋，及時趕在胡錦濤二〇〇八年五月訪問日本之前，擬訂一項聯合開採海底石油天然氣資源的草約。它要求兩國在分隔雙方中線一塊二千六百平方公里的地區合作（很重要的一點是刻意採用日方劃定的分界線，而非中方劃定的分界線），並且允許每一國的公司可在對方鄰近海上領土區工作。然而，雙邊外交此一前景光明進展的潛在影響力，卻因為此新聞由兩國各自召開記者會宣布這種不尋常方式而大為減弱。由於新聞審查，中國能夠管控協議的新聞，使其國內民眾覺得中方讓步不多。安倍政府起先也遭到國內強烈批評，指它向中國投降。

很快地，這一切都變得沒有實際意義，留下一個未能實現的時刻，它不但顯示本地區最強大的這兩個國家，在攸關共同利益的重大問題上合作具有誘人的應許，也呈現他們要克服共同的歷史是極為困難的，況且雙方對彼此相對地位也恆久焦躁不安。二〇〇八年五月，中國四川發生汶川大地震，崇山峻嶺的四川省一大片地區幾乎夷為廢墟。日本因長期遭遇地震災害的經驗，而提供中國一些最早、最有用的緊急援助，在兩國之間產生相當大善意的氣氛，以致有些人相信雙邊關係可以維持於向上走的軌道上。然而，翌年中國幾乎將全部的注意力花在災後重建上，不太有精力處理對日的雙邊關係。

到了二〇〇九年秋天，在中日能夠完成共同開採海洋石油天然氣條約實行細則的談判之前，執政的自民黨突然在國會大選中敗選，政權由日本民主黨接管。九月間，新上台的民主黨籍首相鳩山由紀夫與胡錦濤在聯合國總部會面，他表示希望兩國將東海化為「兄弟之海，而非爭議之海」。[24]以意識型態而言，經驗稚嫩的日本民主黨有點像大雜燴，然而，它的政策優先顯然包括與中國修好並拉近關係，減少對美國的依賴。

日本新執政黨的政策突然以幾近夢想不到的方式，與中國地緣政治最深刻、最持久的目標之一吻合：弱化美國在本區域的同盟結構，而終極目標是使日本不再事事仰美國鼻息。北京要取代華府成為東亞安全的守護人十分艱難。但充滿歷史機遇、賦予中國無限可能的這一刻，卻不幸溜逝，在雙邊關係上僅需輕鬆處理的一樁事件，中國領導人卻因陷入自身新近點燃的民族主義熱焰，處置不當而搞砸了大局。

民主黨政府鳩山由紀夫在職不滿九個月，就由菅直人接任首相——他上台才剛三個月就發生徹底打翻中日關係的事件。（菅直人之所以脫穎而出，是因為日本經濟持續下滑，而且民間認為政府處理沖繩美軍基地遷移時對美國屈服，而導致鳩山首相下台。）事件起於二〇一〇年九月七日，日本海上保安廳發現一艘中國拖網漁船在尖閣群島附近、日本十二海里領海內捕漁，船長拒絕讓日方上船檢查。據報導，這位中國船長詹其雄起先企圖逃跑，然後他的船「閩晉漁五一七九號」衝撞兩艘日警船隻，而導致船隻被扣。船上其他十五名船員立刻獲釋，船長詹其雄遭到羈押。

菅直人新內閣似乎不知所措，又十分缺乏自信，深怕若太寬大處理會坐實了日本民主黨太傾中的形象，以致後果難料。於是，內閣開始準備依照阻礙海上保安廳執行任務的國內法起訴詹其雄，而非只是逕自驅逐出境。中國的反應是暴跳如雷，先召見日本駐北京大使要求立刻放人，又立刻將情勢升高。幾天內，中國各地又出現新一波反日的示威抗議，同樣似乎也得到官方許可。北京宣布中止東海協議的談判。

危機發生後兩星期，日本經濟產業大臣大畠章宏宣布，日本商社突然無法從中國買到稀土——中國控制全球稀土百分之九十的供應量，這代表中國官方雖未公布，但已悄然規劃產業封鎖（過了幾個星期，中國宣布降低稀土出口量百分之三十，以便「保護過度開採」）。大約與此同時，九月二十日，中國在河北省逮捕藤田商社四名日籍職員，罪名是闖入禁區。中日雙方有一份雙邊協議，日本要清理二戰期間日本皇軍使用的化學武器基地，而這四個人即受雇來中國工作。

事件展開時，溫家寶正在紐約即將參加聯合國大會開議。這時中國外交部發言人在例行的每日新聞簡報中宣布：「中國溫家寶總理時機不宜，不便在聯合國與日本領導人會面。」翌日，一向以溫和的溫大叔形象著稱的溫家寶在演講中提出警告，宣示中國將採取「進一步的行動」，又說「一切後果應由日方承擔」。[25]

持平來說，日本在民主黨政府領導下的危機處理出奇地笨拙。譬如，日本海上保安廳握有錄影帶，可毫無疑問地揭露中國拖網漁船船長詹其雄的魯莽行為，他完全一副刻意衝撞日方船隻的模樣，而且可能是喝醉了酒。早早公布視頻可以鞏固世界輿論，使中方難以在公關宣傳上玩弄。但因為沒有具體的反駁資訊，中國國家媒體機關得以完全誤報消息，告訴國內民眾日本海上保安廳挑釁鬧事。日本政府卻矜持狹隘的技術觀點，認為這件民事訴訟案件也適用於證據保密的規定，在危機爆發的關鍵初期幾天未發布錄影帶。

另外還有許多程序上和政治上的處置失當，使得事件拖延了好幾個星期，未能迅速解決，演變成政治皮球。譬如，從九月至十一月，日本外相前原誠司有二十五次在國會發言，這位民主黨內鷹派人士若非明白否認有君子協定存在或擱置中日之間尖閣群島爭議，就是更廣泛地否認中日之間存在著領土爭議。[26]與其他近期自民黨執政時期的日本政府之立場南轅北轍，莫此為甚。小泉純一郎首相時期處理中國船隻闖入尖閣群島附近海域，都會審慎裁量；被扣押的中國漁船船長會立即遭到遣返。小泉以這種方法既可堅稱維護日本主權，又不必公開喧嚷它。小泉的作法其實是遵循日本政府長期以來的先例，在處理尖閣群島問題時不去觸怒中國。日本有句知名諺語「打草的目的是要驚蛇」，最能掌握這種傳統政策的精神。用美國俗語來說，就是最好讓狗在睡夢中死去。[27]

中國的反應最令人咋舌的是，「和諧世界」方式立刻被拋出窗外，廣大群眾和共產黨高階人員的民族主義聲音限縮住胡錦濤主席和溫家寶總理，只能走強硬路線。因此，我們可立即從言詞和姿態上察覺到中國傳統「天下」概念的所有特色。北京立刻找到方法，讓弱勢的鄰國為測試中國的容忍度付出代價：限制它們進入中國市場，拒絕會見其領導人，一切有如昔日對付不肯上貢的藩屬一般。不過，這次拖網漁船的危機讓中國祭出一個新措施，它代表戰術上重大的改變，對未來是一種不祥的徵兆。十月底，北京持續派遣大型漁政船——與海監部隊不同的海警單位——進入釣魚台海域。實際上，這代表中國無數的千噸級船隻，其噸數不亞於日本海上保安廳的巡邏船，將永遠出現在釣魚台附近——也就是深入日本的專屬經濟區。為了強調中國的堅定態度，這些船隻還有一艘「漁政三一〇號」護航。[28]這是一艘二五八〇噸級的高速船隻，還配備兩架直升機。這下子誰也不能否認這項危機了！

從另一方面來看，中國處理這次拖網漁船衝撞的危機也不夠有效。它失去在東海開採石油天然氣的暴利潛在機會。日本在劍拔弩張下終於釋放船長詹其雄，並未起訴課罪。即使正在安排釋放，但日本已找上美國尋求新的安全保證。在紐約，溫家寶拒見日本外相前原誠司後不久，前原就從國務卿希拉蕊．柯林頓取得對尖閣群島新的、公開的、重大的承諾。她說，華府對最後主權歸屬不採取任何立場，但「尖閣群島是在日本管轄下……受到美日安保條約的保護」。[29]

東京和北京是否能夠協商妥當共同開採東海油氣資源的條件，當然絕非十拿九穩的事。日本政府被民眾批評向中國妥協，中國政府也承受中國政治體系內反對勢力極大的壓力，要求放棄協議。反對的第一個跡象出現在二〇〇八年十二月，中國兩艘海監船大剌剌地在長期由日本控制的尖閣群島鄰近海域停留九個小時。在當時，這未曾有過先例的動作令日本輿論大譁，而中國的本意也的確要刺激日本。此事件發生在日、中、韓三邊峰會將在日本福岡揭幕的前夕，讓代表中國出席會議的溫家寶十分尷尬。這項挑釁幾乎可以確定是中國政府和軍隊鷹派人物的傑作，他們反對向日本讓步。[30]

他們會憤怒地反對最可能的原因是覺得中國讓步太多，竟為了共同開採石油，接受日本對海上疆界的定義。在雙方海上疆界有爭議地區，中國與日本相隔距離不到四百海里。自從一九九六年聯合國海洋法公約生效以來，日本主張疆界線應劃在東海兩國之間的「幾何中線」。然而，中國有另一派主張卻認為它的海上權利應由大陸棚來決定；而按照北京的定義，中國的大陸棚延伸到沖繩海溝——太平洋最深的海域之一——遠遠超出幾何中線。不幸的是，這兩派主張在聯合國海洋法公約中都可以成立。二〇〇八年共同開採協議草約一公布，中國國內就這個問題立刻爆發異議，中國外交部長只好堅稱北京從來沒有承認日本的中線主張。[31]

反對協議的其他人士也提出中國長期以來的不滿，日本仍然不承認跟中國存在釣魚台領土主權之爭。高階層政策事項通常都躲在政府陰暗處進行，中國官僚也有一群人從一開始就串聯，反對以這個基礎啟動此一協議。網路上甚至還出現反對協議的運動。明眼人都知道，若官方有強大的政治共識支持協議，網路反對早就被壓制下去。不過到最後，仍得不到足夠的高階層政治人物對於協議的支持，這些人覺得不值得為與日本共同有利的此一事項投注政治資本。事實上，回想起來，這件事不會成功，從一開始就很清楚：公布協議時不是雙方共同召開記者會宣布，而是各自同時舉行記者會，宣布不同語文版本的文件，而且文件還沒有簽名也沒有日期。之所以採用這種方式進行，中國就已經表明得很清楚，任何涉及到與日本歷史問題或國家主權問題的協商，都必須屏息以待。

不過，這時中日兩國之間其他往來交涉仍然不成問題。菅直人內閣（二〇一〇——二〇一一）期間，東海問題逐漸淡化，與中國的經濟關係又開始興暢，二〇一一年雙邊貿易締造了三千四百五十億美元的歷史新高。同年，投資金額增長百分之五十，達到六十三億美元。[32]菅直人擔任首相近十五個月，以後小泉時代的日本政壇標準而言，已經算相當長，但國家領導人還是有如旋轉門不斷更迭易人。菅直人因提議將全國銷售稅加倍，民意支持度大幅下滑；加上二〇一一年三月東北大地震引起海嘯大災，造成福島一號核電廠三組發電機輻射外洩，而政府處置無方，政權更加動搖。諷刺地是，大地震第一次有助於雙邊關係短促提振。菅直人在國內焦頭爛額，中國民眾卻出乎預料，普遍表示同情，並且佩服日本面臨災難，能夠井然有序對應。

菅直人下台後，二〇一一年九月野田佳彥接任首相，替民主黨政權撐了十五個月。野田是「菅規野隨」，在鳩山由紀夫突然與美國保持距離後，尋求恢復日美關係。野田上台後立即宣布日本願意加入美國倡議的「跨太平洋夥伴關係」協定談判；如前文所述，各方普遍認為這個十二國貿易協定是華府企圖反制中國在亞洲經濟影響力日益上升的一項對策。

日本民主黨政府積弱不振，使得保守勢力膽氣大壯，尤其是著名的民粹派民族主義者更是蠢蠢欲動，譬如極右派的資深政客、東京都知事石原慎太郎更是積極活動。石原慎太郎早年是自民黨籍國會議員，是政治派系「青嵐會」領袖，從一九七〇年代日中關係正常化以來，即一直以尖閣群島主權問題為其民族主義主張的中心。他曾批評田中角榮首相擱置爭議不處理。當時執政的自民黨內其他保守派也要求日本公開堅持他們所認為的正當主權；其中一位議員安倍晉太郎是前任首相岸信介的女婿（岸信介在二戰期間任職中國滿洲，是個有爭議的政治人物），他的兒子安倍晉三日後也出任首相。安倍晉三意識到這個議題有太多炒作的空間，於是在策劃重新出任首相的他便利用石原慎太郎的煽動言論，在自民黨內組織一個團體，開始提出自己的主張。安倍晉三及其盟友主張展現日本對尖閣群島的「有效控制」。[33]在實務上，這代表著派遣政府人員進駐尖閣群島——這是過去日本政府所避免的動作。

野田佳彥執政後七個月，石原慎太郎發起募款活動，公開的目標是要向民間所有人買下日本尚未擁有的三座尖閣群島的小島，理由是東京做得不夠，不足以保護它們不落入中國手中。募款活動借華府保守派智庫「傳統基金會」（Heritage Foundation）總部對外公布，以增加戲劇效果。從此看來，石原慎太郎以此一方向不當的期望對北京展開挑釁，似乎得到美國國防及外交決策圈人士的支持。這位東京都知事以他典型的煽動性語言，偕同他的活動助手誓言在尖閣群島上興建燈塔、港口和其他建築物。

從二〇一二年四月到九月，石原推動接管尖閣群島的運動進展遠超過預期，從十萬多名日本個別捐助人募得一千八百萬美元，這下子讓野田內閣緊張起來。九月十一日，在沒有太多事先公開警告下，日本政府宣布以二十億五千萬日圓從私人業主手中買下尖閣群島，而且即日起生效。野田內閣不幸使用「收歸國有」這個詞語，鑒於中國一向對主權議題十分敏感，其中隱含的意義太可怕。北京立刻做出反應，表示反對此一舉動，因而引爆所謂的「尖閣震撼」，這是兩年來第二次涉及此一爭議群島及其周邊水域發生危機。但這次和上一次不同，日本固然為中方似乎預想不到的敵意反應手忙腳亂，中國激烈的反應卻顯示事先經過相當小心的籌謀。

野田政府將尖閣群島「收歸國有」的動機，是為了化解其被認為有更加挑釁結果的危機：阻止石原慎太郎領導的民族主義煽動份子接管它們，以免引爆更大的危機。從東京的觀點來看，政府收購並不會影響尖閣群島主權的地位，而北京自一九七一年起即宣稱對它所稱為的釣魚台擁有主權。它們一向在日本管轄之下，甚至受到隱性承認，部分島礁在美國占領日本時期租給美國，做為美軍射擊的練習場。

日本政府宣布收歸國有的時機，固然是針對發生的事件做出反應，但也自認已對中國的政治實況展現相當的敏感。北京此時正處於領導權移交的過渡期，習近平即將從胡錦濤手上接棒，日方認為處理掉如此燙手問題，不再躊躇，不僅預先抽取掉日本民族主義者可能的搗蛋，也避免讓中國新上任的領導人沒面子。然而，中國人不是這樣解讀。日本官員從二〇一二年六月就告訴中方，他們將採取何種措施以防止在尖閣群島爭議上出現麻煩，也一直公開提到政府有必要接管整個尖閣群島。北京卻將收歸國有這項宣布解讀為挑戰，利用中國正在權力交接過程占便宜，而且要削弱新領導人習近平，或者利用北京新政府上任不備之際占便宜。

二〇一二年九月初，野田首相派密使赴北京向中國高階官員簡報情勢發展。[34]我們找不到記錄，不知雙方達成了什麼協議，但中方代表從討論中得到的印象是，日本可以考慮放棄收歸國有的主意，或至少會找出其他辦法來保持中方的面子。因此，胡錦濤同意在海參崴舉行的區域高峰會議與野田佳彥見面。「國際危機集團」的一份報告寫道：「日本官員很驚訝中方接受會面的要求，因此把它解讀為好跡象。他們以為胡錦濤已經完全明白日本在次日完成購買的用意。」[35]九月十一日宣布將尖閣群島收歸國有的時間點，恰巧是九一八瀋陽事變紀念日的前一週。日本當年製造滿洲鐵路遭到炸藥破壞的事件，並以此為藉口在一九三一年侵占中國東北。中方在抗議日本將釣魚台收歸國有之際，有人以日期如此接近九一八事變紀念日，認為是日方刻意挑釁。人們常說，歷史在中國文明裡是一種宗教。然而我們在這裡又看到，歷史也經常被當做強大的武器揮舞著。

以我們這個時代強大的現代安全官僚體系和即時的傳播通訊而言，這麼嚴重的誤會可上溯到十六世紀豐臣秀吉的故事。當年，中國誤以為統治日本的這位大名準備認敗，接受藩屬地位；其實豐臣秀吉已下決心發動第二次戰役。他也誤以為中國願意把朝鮮半島宗主權讓渡給他，以避免另一次戰爭。

中日兩國沒有為尖閣群島（釣魚台）爆發戰爭，但是雙方的誤會及隨後的外交失敗，很快就引爆二戰後中日關係最大的危機——改變了兩國處理爭議水域時的交往方法，帶來更深的危機和更大的不安定。在危機展開時，中國官員再次掉入他們看待日本的昔日帝國作風，誤以為賜見就能使屬國正確地承認本身在天下體系的地位。或許令人印象同樣深刻的是，日本竟然也以同樣方法解讀雙方交手的動態關係——而且在如此徹底不和之下。野田內閣驚訝中還以為——當然是錯的——北京在開玩笑。

中國當下立刻反應，對日本宣布將釣魚台收歸國有非常憤怒，但它也精心計算要給予日本「多重打擊」。「國際危機集團」說，中國事先仔細規畫好它的行動：

高階領導人對日本嚴詞批駁，當時的總理溫家寶誓言「寸步不讓」，當時的國家副主席習近平也指購買（釣魚台）是「鬧劇」。外交部抨擊購買是「非法、無效的，改變不了日本侵略及占領中國領土的歷史事實」。國防部長梁光烈說，中國軍方「保留採取進一步行動的權利」。商務部則提出警告，日本的行動「將無可避免影響和傷害中日經濟貿易關係的正常發展」。中國省級及中央級官員也奉命取消赴日訪問及與日本官員的會面。[36]

與此同時，中國全國一百多個城市又爆發反日抗議，日本商社、餐廳、汽車甚至工廠普遍受到攻擊。日本商品遭到抵制，在反日熱潮中，日製汽車銷售遭受特別嚴重的打擊。據報導，日本銀行遭中國駭客一致的攻擊，而中國數十座城市抗議民眾呼喚的口號似乎已經奮力一擲，它們呼籲同胞「摧毀日本、收復琉球」。[37]

不過，後果影響最大的措施是，北京立刻宣布涵蓋釣魚台及其周邊水域的領土基線，亦即精確的地理座標。這等於是正式宣布中國今後將把整個地區當做既有領土看待，其陸地及水面都只受它單獨管轄。當然日本從一八九五年一月十四日開始就把尖閣群島以「無主土地」兼併，控制了它們，即使當時未就此一行動公開宣布，而迄今也未受阻撓占領或治理島嶼——除了在美軍占領期間。

我們已看到，在後鄧小平時期，日本不再把與中國對尖閣群島的歧見視為擱置的爭議，改為堅定否認有任何爭議存在。這個改變始於一九九二年，當時中國通過「領海及鄰接地區法」（Law on Territorial Sea and the Contiguous Zone），明白將釣魚台列入中國領海，使得日本政客斷然否認先前有過任何私下協議而擱置爭議。[38]現在，由於尖閣群島國有化危機啟動，中國宣布決心鮮明、持續地證明爭議的確存在，並派出船隻、飛機進入本地區，把日本長期部署在此地的活動視為非法行為。北京如此行動強烈吻合近來的趨勢：一旦受到敵方挑釁，便立刻強烈反擊。

最近的案例沒發生在對付日本，而是二〇一二年發生在南海的兩樁事件。第一樁涉及到菲律賓。由於菲律賓海軍裝備極差，二〇一二年四月它指控中國漁船在黃岩島（Scarborough Shoal）附近非法捕魚，故派出美國所贈送的一九六〇年代護衛艦戈里格里歐．狄爾．皮拉號（BRP Gregorio del Pilar）前去逮捕。這個滿是鳥糞的三角形島礁群，包圍著面積五十八平方英里的淺瀉湖，位於蘇比克灣西方一百二十三英里，在馬尼拉看來，是位於菲律賓兩百英里專屬經濟區之內。相形之下，中國最接近的領土海南島，位於它西北方五百五十英里。中國反應極快，派出民間漁船對付菲律賓，菲律賓改派一艘海岸巡防船隻取代軍艦，在現場對峙了一個星期。美國從中斡旋，雙方各後退一步——將各自的船隻撤出此一地區。然而，當雙方都退走了之後，六月間中國海監及漁政巡邏船立刻回到黃岩島，堵住瀉湖出入口。中國現於從前並無任何軍隊的黃岩島上派駐一支常駐部隊。

六月份的第二樁事涉及越南，反映出中國「積極回應」的作法在發生危機當下就要提出領土主張。河內通過一項關涉到南沙和西沙群島的新的海洋法，訂定經過其海域的新規則。中國國務院立刻反應，宣布設立一個新的地級市「三沙市」，掌管兩百萬平方英里的海域，涵蓋中國所謂的西沙、中沙和南沙三個群島。鑒於中、越長久的海上衝突歷史，河內一定有準備對付中國即刻的反制措施。如前文所述，一九七三年九月越南共和國（西貢政府）對南沙群島提出全面的主權主張，企圖改變現狀，中國即強力做出反應。次年一月，中國派出五百名部隊完全占領西沙群島，在短暫交戰後趕走南越部隊。[39]

二〇一二年，中國沒有動用武力。這個全新的地級市市制設在一個面積五平方英里的珊瑚礁上；最近中國也在這裡大規模進行填海造陸。三沙市居民只有幾百人，是全國這一層級城市人口最稀少的，但論轄區，它所控制的海面面積等於全中國大陸四分之一。國務院民政部宣布設

菲律賓蘇比克灣（© Reuters/Erik De Castro）

立三沙市時，聲稱新的市制有助於增進對南海三個迷你島群的行政管理。或許最重要的一件事卻未特別強調：中國將在三沙市立即設置師級的守備部隊。[40]

中國在反擊日本時，戰術並沒有那麼大膽。它希望對鄰國測試忍耐度，並發起誰先膽怯的遊戲。它的假設前提是日本的經濟愈來愈依賴中國，而且軍事上必須依賴美國，這勢必局限住日本，終究要迫使東京而非北京懸崖勒馬。這個新測試時代幾乎立刻就開始形成，中國國家海洋局派遣船隻進入釣魚台周邊海域。九月間，中國派出八十一艘船隻進入鄰近海域，其中十三艘進入日本所主張的系爭島群周圍的十二英里領海範圍。隔月，中國派一百二十二艘船隻進入釣魚台水域，其中十九艘進入日本主張的領海。從往後數個月出現的模式來看，這將成為新常態。

二〇一二年十二月，中國一架偵察機首度飛越釣魚台附近空域，日本空中自衛隊迅速進入警戒狀態，F-15戰鬥機立刻由沖繩起飛戒備。到了是年年底，中國已開始派偵察機巡航，它們的螺旋槳飛機經常由中國的噴射戰鬥機護航。二〇一三年一月，情勢又發生新變化，中國一艘護衛艦把它的火力控制雷達鎖定日本驅逐艦夕立號，通常這代表敵意的訊號。接下來一整年，中國進行一連串經過盤算的挑釁行為，包括二月間派遣中國海監船隻靠近釣魚台，七月間中國軍艦第一次繞行日本。感恩節週末，中國完全合法但毫無事先預警或諮商，就宣布成立防空識別區（air defense identification zone, ADIZ），涵蓋大部分東海（包括整個釣魚台空域），要求外國飛機向中國航管當局申報其飛航計畫，否則至少在理論上有遭擊落的危險。

同時，自從尖閣群島收歸國有之後，日本也出現根本上的變化。安倍晉三是個強烈的保守派政客，他公開宣示他的夢想是創造「一個再次於世界中央舞台發光發亮」的日本。[41]二〇一二年十二月二十六日自民黨打敗民主黨後，他復出擔任首相。安倍晉三的事業和家庭背景都深具民族主義色彩和國防鷹派思想，他立刻展現對中國岸然不屈的態度。譬如在執政初期，有一張照片顯示他滿臉笑容坐在一架噴射戰鬥機教練機的駕駛艙，豎起大拇指說讚。安倍座位底下的白色機身，刺眼地印上「七三一」字樣，緊挨著代表日本帝國的太陽。即使對日本戰爭史略知一二的學生，也都曉得七三一部隊是日本皇軍惡名昭彰的生化作戰單位，曾經在中國東北以犯人進行活體實驗。[42]

多年來，安倍晉三經常以他的先世為榮，特別自豪他是岸信介的外孫；岸信介具有法西斯主義傾向，一九三〇年代曾經協助大日本帝國治理滿洲，後來成為東條英機內閣主要閣員，擔任軍需省大臣；戰後因涉嫌戰犯罪在美軍占領期間坐了三年牢，不過並沒遭到起訴。[43]安倍很喜歡提到幼時在首相官邸坐在外祖父膝上，聽著外頭民眾反對修改美日安保條約吶喊的故事。一九五七年岸信介推動修改美日安保條約，引起民眾強烈抗議（後來在一九六〇年獲得通過）。表面上，這是要讓日本在外交政策上有更大空間，獨立於華府之外（但日本自衛隊也將有責任，一旦與東亞另一國家發生戰爭時，例如中國，必須協助美國），然而岸信介的行動還包括成功地爭取到乙級戰犯和丙級戰犯獲釋，這些人因犯了刑求、強暴和謀殺罪名仍在坐牢服刑。岸信介也希望修改憲法，修訂第一條和第九條。前者可將國家元首的地位還給天皇；後者可廢除憲法規定放棄戰爭權利。岸信介曉得這些措施一定會引起強烈反彈，因此他先提出一道法令——加強警察權力。這一來，造成各方強烈反對他的政府，也引爆巨大的反對浪潮。岸信介在派出五百名警察進入眾議院，在閉門會議下才促成美日安保條約修正案通過。類似這樣的戰術給反對運動注入更多活力，造成日本史上最大規模的示威抗議，也迫使艾森豪總統取消訪日行程。[44]多年之後，安倍晉三在二〇〇六年的一本書中寫到，成長在批評岸信介是「戰犯」、「反動保守派的代表」的大環境下，可能產生「反面效應，讓我擁抱保守主義」。[45]事實上，安倍很多政策與他外祖父的政策相似。

不同於近年日本歷任政府一碰到中國強大壓力就搖擺猶豫或屈服，安倍晉三似乎又與北京玩起誰先膽怯退場的遊戲。對於一個以讓國家能再擁有全國軍隊為畢生政治使命，也能更積極參與日本自衛的人而言，與習近平交手完全吻合他的長期目標，而且他也精於此道。民主黨領導人在卸任前友善地改變海上交戰準則，命令日本船隻增加與中國軍艦的最小距離，從三英里提高到五英里。但在夕立號雷達事件後，安倍廢棄了這項措施，這帶有明白不過的訊息：日本未來不會輕易退讓。

安倍新政府當家後的政治圈氣氛也同樣積極振作，它發動巨大的外交攻勢，要把國際事務上長期恭順服從的日本，重新推回全世界的聚光燈下。日本開始在被人遺忘的世界角落，如南蘇丹、不丹和冰島等國家新設大使館。安倍在二〇一四年九月以前已訪問過四十九個國家，打破所有日本首相的紀錄。他外訪的第一站未傳統選擇的華府，而是東南亞；欲於這地區提振共同利益的意識，以便抵抗日益強悍的中國。不久，他幾乎跑遍東南亞每個國家。在菲律賓和越南，日本願意大方協助將其海岸巡防部隊擴張及現代化，並改善海上監視能力。安倍努力加強與印度、澳洲的關係，重振他首次擔任首相時所鼓吹的構想——圍繞中國周邊，打造一個鑽石形民主國家同盟；在當時這一定是前所未有的獨到創見。日本發起談判（最終沒有成功）要賣給澳洲最精緻的柴油潛艇技術，這是東京拋棄過去窠臼的鮮明象徵，欲重振日本的軍火工業，一舉解除長期以來禁止日本出口武器的法律限制。

安倍上台的第一年就規劃未來十年國防政策的大調整。他透過一份前所未有的文件——「國家安全戰略」——進行規劃，企圖結合日本的外交政策和國防前瞻。它的精神就是關切中國崛起的影響。這份戰略文件明白地指責北京在東海和南海，「以武力挑戰現狀」，而且「與國際秩序不相容」；另外也提出警告，中國日益頻繁地入侵日本水域和空域，「會造成預料不到的情勢」，以日本國防事務常用的柔軟、委婉文字而言，這已暗喻激烈的衝突。

新政府也爭取到以後連續多年將日本自衛隊預算增加。每年增加區區千分之八，這件事值得大肆報導，正是因為這反映出日本國防部門多年來陷於慣性、沒有作為的狀態。中國果然立刻上鉤，預想得到地對日本提出警告，要求不要再軍事化，顯然希望讓亞洲其他國家也對日本感到焦慮。但除了南韓與日本關係惡化外，亞洲其他國家並不關心日本的動態。這可能出自三個因素的影響：一、安倍每到東南亞國家訪問，就增加日本的開發援助，以軟實力和北京較勁；二、區域內大部分國家都悄悄渴望有個國家能夠平衡中國日益崛起的地位；三、大家理解這是國際現實狀況。

安倍兩次執政之前十年，日本防務預算逐年緩慢減少，合計降低了百分之五。同一時期，中國國防預算增加百分之兩百七十。二〇〇〇年，日本的國防預算比中國高出百分之六十三。[46]到了二〇一二年，日本國防預算僅及中國的三分之一。報上的頭條新聞聚焦於華麗的硬體，譬如計畫購買五架MV-22魚鷹式（Osprey）傾轉螺旋翼運輸機，在任何劇本下，若要空運部隊前往保衛尖閣群島（釣魚台），都少不了它；六架美國最尖端的F-35A匿蹤戰鬥機；三十艘兩棲登陸船，以及一架E-2D鷹眼空中預警式的早期警報飛機（安倍兩次執政的第三年總預算案已將這些武器都統包含在內）[47]。然而，任何人只要從這些頭條新聞再深入觀察，就會理解日本是愈來愈沒有安全感的國家，拚了命增加預算。

過去一個世代，日本已悄悄地成為全世界負債最嚴重的國家之一，日本的負債／總產值比與南歐深陷危機的大多數國家，如希臘等，相去不遠。[48]就自衛隊而言，人口老化和人口下降雙重危機製造了另一個昂貴的問題。居高不下的人事費用牽涉到人力縮小和避免裁員，已消耗掉自衛隊愈來愈多的預算，排擠了可用來取得跟上中國的新武器系統的經費。菲力培·狄·孔尼（Philippe de Koning）和菲力浦·李普西（Philip Y. Lipscy）在《外交政策》（*Foreign Policy*）雜誌上發表文章，提到「由於採購預算下降，單位成本上升，現在日本取得硬體的速度減緩許多：每年一艘驅逐艦和五架噴射戰鬥機，到了一九九〇年代則為每年約三艘驅逐艦和十八架噴射戰鬥機。在未來十年，日本的驅逐艦艦隊會下降約百分之三十。」[49]從某方面來看，安倍可謂走在一個艱險又非常不確定的懸崖上。

二〇一三年十二月，安倍受到美國國家安全會議的啟發，成立了「國家安全保障會議」。就整體布局而言，這是一項非常重要的舉動，一方面可加速決策過程，另一方面可將國家安全大權集中到首相手中。為了強化向來弱勢的首相府職能，安倍又推動其他重要改革，這些核心議程令人想起其外祖父當年的精神和計畫。第一項就是新的保密法，大幅增加國家執行官方保密的權力。安倍既擴大保密項目，又增加對違犯者的罰則，他把整個國家安全計畫罩上厚重的保護布幕。他對強大的國營媒體「日本放送協會」（NHK）要求更大的政治一致性，也對批評他政策的獨立媒體發動恐嚇運動。然後在上任後不到一年，因為新聞媒體已受到管束，他又推動對憲法重新解讀，仿效他的外祖父，試圖放寬憲法第九條對集體自衛權的強大限制。日本憲法第九條明文規定，日本人民「永遠放棄以戰爭做為國家主權，或以威脅使用武力為解決國際紛爭的手段」。安倍意識到民意可能不支持直接修訂憲法中這條最著名且許多日本人認為最獨特、最值得珍惜的條款。他透過修訂一連串相關安全法令，展開政治上相當費勁地迴避憲法第九條的過程。其目標是建立一個法律框架，允許「不只是當日本遭到武裝攻擊，也包括與日本有親密關係的外國遭到武裝攻擊時」[50]，日本可以動用武力。然而，在自民黨主要政治盟友佛教政黨新公明黨施壓下，政府必須對這段文字附加許多條件，譬如必須在即將發生的攻擊「威脅到日本生存」時才能動用武力。

然而，即使同意了這些及其他限制，安倍爭取新法令通過的努力仍受到阻礙。安倍政府請來一位法律學者為法案辯護，不料此君在國會作證時卻反過來批評它們。這位早稻田大學教授長谷部恭男提出警告，若允許政府根據當下的願望自由選擇憲法來對安全事項解讀，憲法限制政治權力的能力便「幾乎煙消雲散」。後來他在記者會中說：「任何對憲法條文的解釋，現在似乎可任由一般人去說。」[51][52]

二〇一三年底，安倍第二次出任首相就職一週年，他做出了明顯不甩中國的象徵性動作。安倍親赴奉祀日本戰死英靈的靖國神社參拜。他把這個動作比擬為美國領袖到艾靈頓國家公墓致祭。首相府當天發布安倍的一項聲明，對過去表示「嚴重悔恨」，又說：「我無意傷害中、韓人民的感情。我希望尊重每個人的性格，保護自由與民主，與中、韓建立友誼，這和參拜靖國神社的歷任首相都一樣。」[53]這個姿勢爭取到少數原本批評安倍的人士，卻沒有料想到卻招致華府的尖銳駁斥。幾個月之後的二〇一四年四月，安倍首相又頒發書面致辭給每年一次專門紀念甲級戰犯和其他戰犯的儀式，稱讚被盟軍定罪、處決的人士為「國家棟梁」。該致辭又提到：「我希望建立一個無愧於戰死英靈的新日本。」[54]他特別緬懷的甲級戰犯，包括東條英機和負責南京大屠殺的司令官松井石根。這證明了他不僅在家世上是岸信介此一復國主義者的血胤，在意識型態上也一脈相承。

一九八五年，日本戰敗四十週年，中曾根康弘首相曾經前往靖國神社參拜。事後他說：「我不是去祭拜東條。我弟弟也在戰時去世，他的靈位在那裡。我是去探望我弟弟。」二十一年之後，小泉純一郎首相年年參拜的最後一次，他明白表示：「我到靖國神社不是參拜甲級戰犯。甲級戰犯已受到懲罰，負起戰爭責任。」[55]二〇〇一年，小泉剛出任首相，他的外相田中真紀子（譯按：前任首相田中角榮的女兒）與中國駐日大使見面後，就向他示警不要前往靖國神社參拜，但是據報導，小泉告訴田中：「我不接受別人給我下達命令。」[56]即使不服從，在他看來等於是北京皇朝給他下達諭令，小泉仍設法緩和他參拜靖國神社的衝擊，不像安倍，安倍所說日本承諾「不再發動戰爭」只是形式上說說。當然安倍也知道小泉的行動觸怒中國。

中國對安倍的輕慢展開外交攻勢。此時楊潔篪由外交部長擢升為主管外交事務的國務委員。他說：「中國人民不能被侮辱，亞洲與世界人民也不能被侮辱。安倍必須坦然面對錯誤、修正錯誤，採取具體措施消弭令人震驚的效應。我們力促安倍放棄他的幻想，修正他的作法，否則他將在日本的鄰國及國際社會上更加丟臉。」[57]

中國不僅只在國內隨時隨地抨擊這位日本領導人，還透過領導人例行的評論和國內的新聞報導發動圍剿，甚至指示駐在世界各地的大使在接受媒體訪問和公共論壇（包括在達沃斯的世界經濟論壇），都要發言批判日本。但這個策略的效益日減，因為它太偏離一般的外交禮節。譬如，中國駐英大使劉曉明投書到《每日電訊報》（*the Telegraph*）言論版，把安倍比擬為當代兒童小說中最邪惡的惡人。劉曉明寫道：「在哈利波特的故事裡，暗黑巫師佛地魔（Voldemort）死得很慘，是因為包含他部分靈魂的七個分靈體（horcruxes）已被摧毀。如果軍國主義就像日本陰魂不散的佛地魔，東京的靖國神社就有如分靈體，代表這個國家靈魂最黑暗的一部分。」[58] 劉曉明的投書引起一星期後日本駐英大使林景一的強烈反駁，文章刊登在與《電訊報》對立的英國《衛報》（*the Guardian*）。林景一強調，日本的海上自衛隊「沒有在公海上騷擾鄰國」，又說「雖然中國至今拒絕進行領導人對話，我衷心希望它會站出來，而不是拿早已不存在的七十年前的軍國主義幽靈做文章。」[59]

佛地魔是個新形象，在中國將日本妖魔化是天天上演的戲碼。中國事務學者威廉·賈拉漢（William A. Gallahan）指出：

中國的愛國教育運動在中國的媒體上把日本人塑造為沒有人性的野蠻人。譬如，二〇一二年，中國橫店影視城（譯按：在浙江金華）所拍攝的電影和電視劇，有百分之六十是關於抗日戰爭（一九三七—四五），那一年中國所有的電影中，日本人就死了約七億人。（二〇一二年，日本全國人口為一億二千七百萬人。）這絕不是無心的結果，因為中國是個實施新聞檢查的國家，許多當代話題是製片人不能碰觸的禁忌。特別是習近平上台後，把日本描繪成野蠻的黷武的國家，已成為重要的軟實力目標。[60]

二〇一四年三月，習近平想把他的赴德國訪問轉換為對東京的抨擊，卻沒有成功。習近平的助理爭取安排他和德國總理安吉拉·梅克爾（Angela Merkel）一道參訪「大屠殺紀念館」（Holocaust Museum）或「法西斯主義和軍國主義受害人紀念館」（Memorial to the Victims of Fascism and Militarism），其用意昭然若揭，想把納粹和安倍的日本扯在一起。德國一名官員生硬地對路透社記者解釋為何拒絕，他說：「大屠殺紀念館不接受參觀訪問。」[61]駐柏林一位外國外交官也說：「他們〔德國人〕不喜歡中國總是拿他們和日本比，一直揪著戰爭這個話題不放。」

安倍式的公共外交，尤其是參拜靖國神社，為美國帶來困難的挑戰。歐巴馬政府擔心這位日本領導人會在東北亞製造不必要的麻煩，不僅是不必要地挑釁中國，還在日、韓冤仇上澆油添火。華府在東亞區域的安全戰略，以及制衡中國崛起的廣泛政治目標，假設前提是美國與這兩個繁榮的民主盟國彼此有強大的合作關係。這一點也不意外，日本本身的安全與南韓的安全是唇齒相依、緊密交織的。這使得安倍這樣一個依恃強大民意支持上台的首相不能花一些政治資本，不讓所謂的「歷史問題」出來搗亂，更加覺得討厭。美國著名的外交政策思想家、戰略家愛德華・陸瓦克（Edward N. Luttwak）對安倍不能除去這個惱人議題有句評論，認為它代表「日本不接受戰略紀律，不是一個嚴肅的大國。」[62]

安倍就任初期，歐巴馬似乎視他為不可預測、鬆弛甚至危險的砲彈，他的行為頗有可能不必要地引爆和中國的衝突，進而考驗美國對日本的條約承諾。華府在安倍精心規畫的挑釁之前，就表示不贊成他前往靖國神社參拜，但東京方面卻不理睬。美國駐東京大使館罕見地發表強烈聲明，公開批評它的盟國，即刻批評安倍的參拜，表示「很失望日本領導人採取會加劇日本與鄰國緊張的此一行動」[63]。華府受情勢所逼，不得不小心調整政策尺度。四個月後，情勢更加清楚。二〇一四年四月，歐巴馬訪問日本，與安倍並肩站在聯合記者會上，他重申美國在東海爭議上對日本有條約承諾，強調這是「絕對」的承諾。幾個月來，美國其他官員也多少有類似的說法，雖然歐巴馬沒有說出美國確切會怎麼做，不過美國總統來到日本領土，與安倍並肩舉行記者會，宣示美國承諾當日本與中國為尖閣群島起爭議時會支持日本，就已代表安倍大獲勝利。然而，歐巴馬下一句話鋒一轉，刻意提醒安倍「和平解決這個議題很重要——別去升高情勢，保持言詞低調，不要做出挑釁行動」。[64]

歐巴馬的躊躇反映其理解東京和華府深刻相互依賴，才能在東亞平衡中國的崛起，他們也都明白這項任務在未來只會愈來愈艱難。這兩個長期盟國也彼此愈來愈沒有安全感，因為雙方利益出現相當的不對稱。歐巴馬政府志在平衡對付中國，但不去挑釁它，也不希望被扯進與北京的衝突，更不願為了幾乎沒有即刻戰略價值（對美國人民可謂毫不重要）的尖閣群島而履行同盟責任。另一方面，安倍則擔心美國在東亞的防禦承諾會日益疲弱，他認為這是因為五角大廈預算縮減，美國又無力從穆斯林世界長久的一連串泥淖脫身所致。日本和中國各自有不同的理由，密切關注美國會在他們近鄰地區淪為紙老虎的一切跡象——儘管華府一直倡言要重返亞洲。從安倍的盤算來看，東海局勢緊張有助於製造緊迫感，他盼望這不僅能讓他改變日本選民的綏和態度，因此促生對修改憲法的支持，也能把美國綁在東亞。

不論美國對於安倍對中國的公開姿態、或者它不願與日本帝國過去的極端可惡行為保持距離，有何保留意見，但在一個更根本的層面上，其實美國強烈支持安倍在安全事務上的改革。數十年來，華府一再催促東京要「多分攤一些負擔」，現在終於在東亞出現一個主要盟國，願意在照顧日本本身及周邊海域的防務外，也願意對美國領導的更廣泛範圍的活動貢獻力量。根據二〇一五年四月華府與東京簽訂的「日美防衛合作指針」（Guidelines for Japan- U.S. Defense Cooperation），「同盟將就對日本和平與安全有重要影響的情勢做出回應。此一情勢不能以地理來界定。」[65]從華府的視角來看，這代表日本的法律和憲法改革攸關美國利益。從嚴格的軍事意義而言，日本在東海建立反潛艇或反彈道飛彈防禦的角色，或協助維持上空及訊號優勢，可以大幅強化美國對抗中國日益升高的軍事力量。這反映在修訂後的同盟指針上。「自衛隊和美國武裝部隊若以合作方式從事有助於日本防務的活動，必要時將對彼此的資產提供相互保護。」

如果日本組建海軍陸戰隊，藉由MV-22魚鷹傾轉螺旋翼飛機，以及載運直升機的輕型航空母艦〔如全新的出雲號（Izumo）〕具備快速空運能力，針對中國企圖搶占尖閣群島，可以提供更可靠的威懾力，比起美國總統重中美國的條約義務都來得有力。在競爭衝突的情景中，可信度與衡量競爭有很強的相關性，而至今基於不同的原因，日本和美國都未投入足夠的努力。日本的情況尤其如此，因為它的領導人躲在憲法所設計的自衛條款底下已相當一段時間，幾乎完全依靠盟友美國的保護；對美國來說也是如此，因為在危機的時刻，中國領導人會發現很難相信華府願意冒著非常大的風險，為一個從來不願冒太大風險的盟國，出面保護一組理論上由它所控制的岩礁。

安倍與歐巴馬會談，強化了其政治聲勢，而幕後修訂同盟指針則強化了日本的軍事地位。就全球輿論而言，北京和東京都了解，一旦兩國發生直接衝突的影響極大。在公眾眼中顯然是，侵略的一方能否在硬實力攤牌上得勝還未必可知，但在軟實力上一定會遭到災難性的沉重打擊。然而，安倍比北京更了解這方面的競賽。在參拜靖國神社之後，他更清楚與習近平之間，他絕不能不表示願意和解。因此，安倍只要在適當場合就會行禮如儀地表示願意隨時隨地與習近平會面，沒有預設條件，將依循「向前看」的睦鄰及相互尊重的精神。

除了全球輿論這一塊必須照顧好，安倍也曉得他的安全政策讓日本民眾不安，他們大都仍然反對修改「和平憲法」。他們甩不掉疑慮，深恐他們強硬的首相會把全國再次帶向災禍慘重的大戰。到了二〇一三年底，安倍似乎在民意上遭遇困難。民意調查顯示，民間非常不贊成當時通過的保密法，以及創立「國家安全保障會議」的法案。二〇一四年中期，由於討論如何重新解讀憲法，又出現民眾焦慮不安和不贊成的跡象。到了二〇一五年，安倍的法律改革在國會討論中受到阻滯，民調一再顯示「民眾無心以提升日本軍事能力來回應中國軍事力量上升」[66]。

我們或許可以說安倍在中國領導圈裡難以想像地窩藏著戰術盟友——雖然他們本身無心幫他——在安倍前往靖國神社參拜之後一連幾個月，這些人一直悍然峻拒日方見面一談的提議，視之為詛咒。中國說日方必須先承認其歷史，才能考量雙方是否會談。在其他場合，中方也經常表示，東京必須承認釣魚台主權的確存在爭議。這似乎正中安倍下懷，在處理原先小心翼翼的歐巴馬，以及日本廣泛的公眾形象時，正可顯示日中關係缺乏進展，其咎不盡然全是日本領導人的政策使然。最後，當安倍上台已將近兩年，北京或許意識到這只會讓本區域其他國家緊張，也撼動不了日本汗毛，中國終於同意安倍和習近平在北京會面。二〇一四年十一月七日，中日兩國外交部長在亞太經濟合作論壇峰會前夕會談，就處理雙邊緊張的措施達成四點協議。即使只是表面上的協議，雙方使用的文字充滿兩國之間的歷史關聯，以及圍繞著中國所認定的中心地位和道德優勢問題的裝腔作勢。

與幾年前發表共同探勘東海水底油氣資源的協議一樣，日本和中國各自公布此一突破，沒有發布聯合公報。中方的聲明說，雙方「承認對（尖閣群島／釣魚台的）緊張存在不同立場」——措詞強烈暗示，日本終於承認存在爭議。同時，日方的聲明只說，東京「認知到（日本和中國）對於發生緊張情勢有不同的看法」。可想而知，這導致雙方更激烈地各說各話。譬如，中國民族主義色彩強烈的報紙《環球時報》寫道：「現在日本已經同意和中國坐下來討論危機管理，等於是承認釣魚台主權的爭議已成為新事實。」中國外交部長王毅引用了一個可追溯到十五世紀的比喻，當時蘇門答臘相互爭雄的幾個王國爭取中國延見，實際上貶抑了自己的地位。他說，北京「重視日本一再提出（與習近平會面）的願望。」[67]然後，他以天下意識明確地表示，改善中日關係的責任完全落在日本肩上。「我們希望日方認真對待這一共識，忠實履行承諾，為兩國領導人會晤創造必要的良好氛圍。」[68]王毅的說法吻合中國最古老的外交作法。澳洲歷史學者馬丁・史都華—福克斯（Martin Stuart-Fox）寫道：「由於中國居世界中心，由於皇帝具有天命，任何外交關係上出現摩擦，必然都是因為藩屬國未能依循中國的預期行動所致。」[69]

日本政府也努力撇清，不承認在根本大事上做出妥協。安倍在協議公布前一天，在日本電視上發表講話，提到「（日本的）立場沒有變。我們已經有效地控制（尖閣）群島。」外務省一名高階官員則堅稱：「日本的立場當然沒有後退或受到侵蝕。」[70]事實上，為習近平和安倍會面鋪路的協議，就是要讓雙方都有足夠的轉圜空間以保留顏面。然而，即使如此技巧地處理雙方間的歧異，當兩國領導人下星期會面時，中國還是設法揮霍大部分的潛在獲利。中國所安排的會面，習近平依照近年來國家機關所煽動，而全中國已深陷的民族主義氣氛演出，不論是有意識或無意識地，他都為自己披上皇室高高在上的氣焰，臉上明顯露出輕蔑之情，在公開迎接來賓時沒有隻字片語歡迎之詞。

中國在本身國土上接見外國領導人時，有全世界最嚴謹、最仔細編排的禮儀，其風格具有「天下」意味，直接延續古代朝廷的叩頭傳統。沈大偉（David Shambaugh）在《中國走向全球》（*China Goes Global*）一書中寫道：

> 當外國貴賓來到北京訪問時，接待——不論是在機場、天安門廣場、人民大會堂、釣魚台國

習近平和安倍晉三在北京會面（© Associated Press）

賓館或紫禁城旁的中南海領導人地區——全都仔細寫好程序，讓外國人遵守歷史悠久的恭謹作法。

譬如，〔主席的〕照片永遠顯示他像個政治家，以歡迎之姿站在外國領導人左邊，右手和右臂微伸，而外賓被迫站在比較不舒服的位置，右手必須跨過身體前方才能〔和中國主席〕握手。因此，中國領導人總是一副輕鬆、自信模樣，而外賓經常似乎身體上不太舒適。當接見外國領導人時，中國官員總是在門後等著，門一開，外賓就被引導走向已經就定位站著的中國官員身邊——這個作法好似走向皇帝寶座。71

但這一次，表情沉重的安倍被安排單獨站在一塊厚重的藍色大布簾前面。他似乎不確定下一步將是什麼，不久習近平從另一個方向進來，有點生硬地停在客人前面幾寸之地。安倍向前踏一步伸出手，習近平面無笑容，一副聞到臭味的表情，勉強伸手相握。然後安倍為了打破僵局說了幾句話，但習近平只是微微點頭，沒有出聲回答。後來，中國官方報導對兩位領導人私下二十五分鐘的對話也沒什麼著墨。然而，兩人的會面打破了雙邊關係長期的僵局。

日本似乎只是含含糊糊、否認承認存在有釣魚台主權的爭議。中國方面則同意暫時緩和對峙情勢。這暫時得出結論和日本對峙於區域大局無關緊要，不過使日本增強與美國的同盟關係可就得不償失。要把這解讀為中國放棄其完全凌駕於日本之上的要求，那就錯了；這是戰術撤退。中國正力求變得愈強大，日本則繼續快速老化，而美國也許會變得愈衰弱。

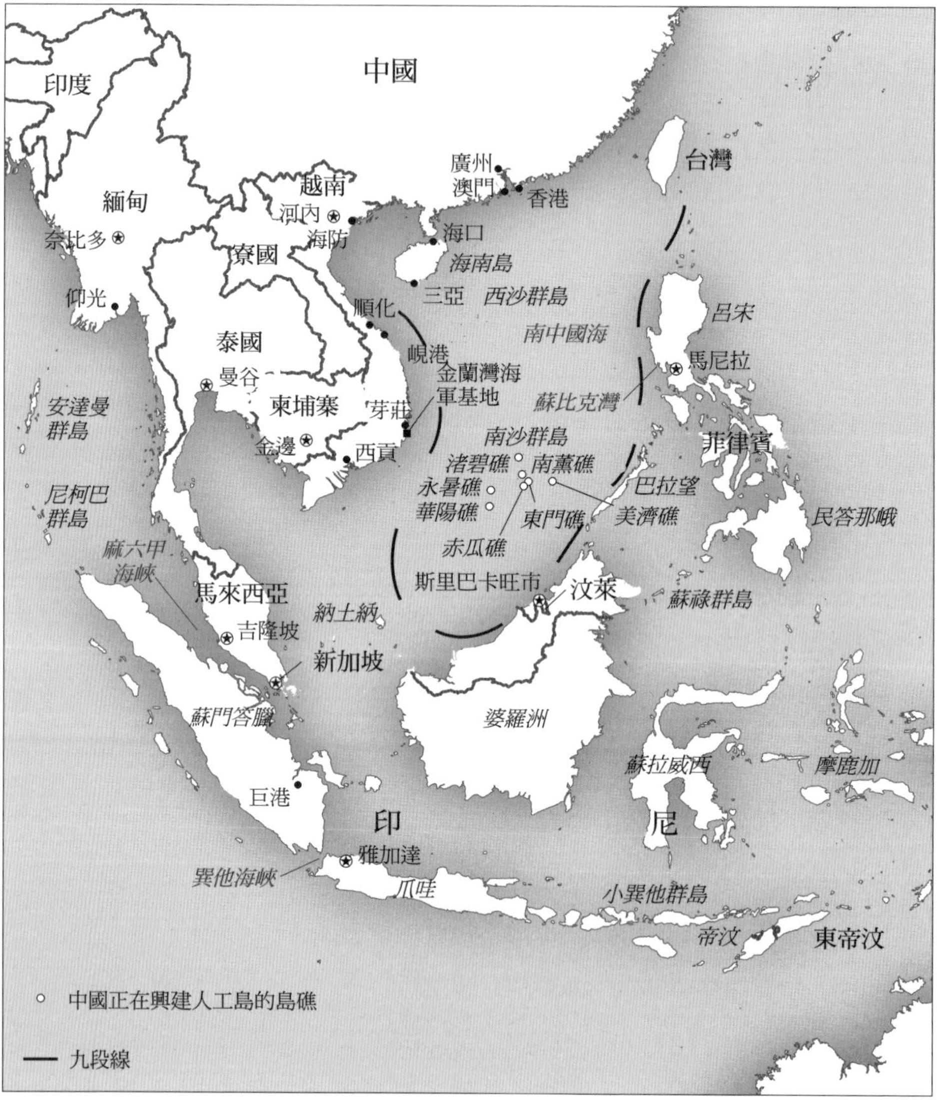
中國
印度
緬甸
奈比多
仰光
越南
河內
海防
寮國
泰國
曼谷
東埔寨
金邊
西貢
廣州
澳門
香港
海口
海南島
三亞
西沙群島
順化
峴港
金蘭灣海
軍基地
芽莊
台灣
呂宋
南中國海
馬尼拉
蘇比克灣
南沙群島
渚碧礁
南薰礁
永暑礁
華陽礁
東門礁
美濟礁
赤瓜礁
巴拉望
菲律賓
民答那峨
安達曼
群島
尼柯巴
群島
麻六甲
海峽
馬來西亞
吉隆坡
新加坡
納土納
斯里巴卡旺市
汶萊
蘇祿群島
婆羅洲
蘇門答臘
蘇拉威西
摩鹿加
巨港
印
尼
雅加達
巽他海峽
爪哇
小巽他群島
帝汶
東帝汶
中國正在興建人工島的島礁
九段線

第六章
主權聲索

面對預料不到、來自日本的強烈抗拒，中國將優先順序轉向南方的戰略海域，也將其意志強加於環繞南中國海一連串更小、更弱的國家身上，這項工作雖與上述任務分開、卻又與恢復在東亞與日本的階層關係相關。第一個嚴重的恫嚇行動發生在二〇一二年，因黃岩島（Scarborough Shoal）而與菲律賓攤牌。當時許多人認為事件純屬偶然，是一個機會嚇住一個湊巧明顯弱勢又討厭的鄰國。然而，中國封鎖這個島礁卻只不過是象徵它廣泛、又持續聲稱對整個南海具有海上領土主權行動之第一步出擊。

北京南向推進在二〇一四年五月初又採取不同的作法，它突然派出中國第一個國造深海鑽油平台進入接近西沙群島最西南端、與越南有主權爭議的海域，換句話說，它深入到傳統上被認為是越南專屬經濟區的海域。根據一項描述，這座耗資十億美元以上的深海鑽油平台「海洋石油九八一號」，「像一個足球場那麼大、高度約相當四十層樓的大樓」[1]。中方出動八十六艘各式各樣海軍、海政和包括漁船在內等其他船隻將它團團圍住保護。[2]越南派出許多船隻騷擾中方

中、越雙方為中國深海鑽油平台進入系爭水域，發生對抗行動。（©AP Photo/Vietnam Coast Guard）

船隊，希望將它驅離此一系爭區域，雙方緊張對峙了好幾天。中方不僅數量多、配備精良，而且在移動其最大船隻時還有一項特殊武器，不必發射砲彈就具有強大威力，也不會製造太大人員傷亡。中方使用的武器就是強大的水砲，能迫使越方船隻在它們靠近、或是雙方船隻試圖互相衝擊時，必須後退。國際輿論很快就檢視中國的霸凌行動，對它普遍批評和譴責，也激起大部分東南亞國協會員國對於中國大國戰術的擔憂及同仇敵愾。

根據《紐約時報》的報導，在海洋石油九八一號深海鑽油平台進駐之前兩年，中國曾就兩度表示有意在西沙群島周圍系爭海域進行探勘，但因為越南強烈抗議而作罷。就在海洋石油九八一號進入越南外海之前六個月，中、越雙方已宣布即將聯合開發本地區海底油氣資源，這就和中、日雙方曾有意合作一樣。可是，當習近平上台後，中國突然改變主意，一位國企石油公司的負責人生動地掌握到這股新大膽作風的意義，把此一深海鑽油平台形容為中國的「移動的國土」。[3] 越南方面剛偵察到平台的動作時，顯然認為它只是要通過系爭水域，不是要在這地區作業。可是一發現平台定錨不動，越方立刻試圖啟動兩國高階領導人溝通的熱線電話，但中方實質上卻拒絕接聽。接下來，越南提議派出特使洽談，也要求雙方派出高階黨部代表會談。但中方一概置之不理。[4]

事件很快就升高為中、越兩國自冷戰結束以來最高的危機，經過四天的海上對峙，以及國際呼籲中國莫再採取挑釁行動，北京都完全無動於衷。海洋石油九八一號深海鑽油平台的所有者「中國海外石油公司」反而公布它將進駐作業到八月十五日，整整四個月。越南全國各地的抗議行動起初和平，旋即爆發為暴動。二〇一四年五月十三至十四日，情況變得更糟，平陽、同奈、河靜三省針對中資工廠和企業發生一系列縱火和砸搶破壞。（譯按：越南人的打砸搶行動波及台商投資的工廠，台塑集團在河靜省的大型鋼廠受創極深，位於胡志明市附近平陽、同奈省的其他台商工廠亦損失慘重。）危機很快就上升到出現政治色彩，越南抗議民眾尖銳批評政府，也就是執政的共產黨，處理對中關係軟弱無力。示威群眾開始高喊反中口號，要求終止中越兩國自一九九〇年代初期修好以來，鬆懈、但持久的合作關係。有些人甚至更進一步主張應強化與美國的政治和安全關係。[5]

如此一來，越南共產黨就會處於進退兩難的尷尬位置，它的正當性搖擺於兩端之間，一方是自古以來即運用其強勢鄰國為藉口作文章、愈來愈喧囂的民族主義，一方是它仍有需要與世界上少數執政的共產黨維持兄弟黨的關係，尤其是越南與這共產黨主政的國家在異常廣泛的議題上一向維持相當多的聯繫關係。然而，即使努力控制抗議和反華言論，越南也需要巧妙地試圖利用此一情緒。國會議員採用前所未聞的語言明白地指稱其鄰國為敵人。在危機當中，河內公開重燃它最近一次與中國交戰的歷史記憶——一九七九年的中越戰爭，這個話題在在過去二十年一直是禁忌、不准討論。甚至，一九八四至八五年，越南政府曾與中國發生邊界衝突，當時被強壓下來不談，現在越南政府卻拿出來辦紀念會。但中方一概置之不理。國家主席張晉創稱讚當年保衛越南領土的英雄之愛國精神。[6]同時，越南開始公開思考追隨菲律賓，也準備以法律行動向國際仲裁法庭提告中國的海上權利主張。

就越南而言，危機似乎無解，啟動對美親善的策略一開始看起來像是一個務實的作法——也是強大、精心累積的最後王牌。河內透過外交行動傳遞此一印象，外交部長范平明突然在五月二十一日主動打電話給美國國務卿約翰・凱瑞（John Kerry），提議「採取具體措施進一步發展兩國具體夥伴關係」。凱瑞邀請范平明在六月初立刻到華府當面磋商。這些發展在北京引起足夠的警覺，於是趕快設法尋找不失顏面或不需實質讓步的下台階。中國主管外交事務的國務委員楊潔篪原本就預定六月中旬到河內參加雙邊會議，他說服越方等他前來會談後才去華府見凱瑞。7

楊潔篪在會談時警告越方，在極可能的情況下，中國會把針對它擴大的法律行動視為敵意行為，不惜斷絕關係。到目前為止，中國已成功地孤立菲律賓，把菲律賓的行為形容成是一種違反本地區向來採取共識決的常態，而且甘為外來麻煩製造者——影射美國——的走卒。即使大家日益關切中國的行為，大部分的東協國家仍不願刺激北京，但若本地區漢化最深的國家越南竟然採取和菲律賓相同的作法，這意味中國的地位已經動搖。

根據已公開的報導，中國向越方提出四點方案以結束雙方的對峙。第一、河內停止「騷擾」中國的鑽油平台和船隻；第二、越南不對中國擁有西沙群島提出抗議；第三、越南不針對中國就海上領土議題提出法律主張；第四、越南不扯進第三方（顯然指的是美國）。8

讓出西沙群島所有權這件事，河內顯然不可能接受。它若接受，可能就威脅到越南領導層的生存。河內先推遲和華府商議「具體夥伴關係」的對話，並設法冷卻國內對這事的期許。至於到聯合國海洋法公約常設仲裁法庭或其他場合向中國提告這件事，越方宣布它只是在研究法律訴訟的備案。這似乎已足以讓雙方各有台階下。七月十五日，中國宣布，鑒於颱風雷馬遜（Typhoon Rammasun）來襲的「天候狀況」，將撤回海洋石油九八一號深海鑽油平台。中方交涉的核心其實是，一不讓美國人介入，二讓越南大體上還留在中方羈縻之下。

幾個星期後，九月中旬，中國新華通訊社宣布，海洋石油九八一號已發現一處「極深的天然氣田」，也挖了一口理論上可以日產五千六百五十萬立方英尺天然氣，或相當九千四百桶原油的油井。發現地點並不在與越南發生衝突的地區——美國能源部已估計此地區不太可能有重大蘊藏量，反而是在海南島南方一百五十公里某地。這個說法提供中國某些顧全面子的託詞，在西沙群島大張旗鼓之後可偃兵息鼓。中海油高階主管也可以向全國電視台中央電視誇口說：中國「現在技術上已可以在南海任何地方鑽探」。[9]

鑒於隨後的事件，這代表了該地區沿岸國家的一種彈射。這是因為中國已開始建造另外三座全新的深海鑽油平台，每一座的規模都不遜於海洋石油九八一號。其中之一已命名為「海洋石油九八二號」，是由一家挪威公司設計、在中國建造，可鑽探深度五千英尺以上，能「頂擋怒海和颱風」。中國鄰國對於這支深海鑽油平台新船隊的作用根本不用懷疑，因為中海油董事長王宜林清楚地表示，該公司已準備好在南海各地進行更多的鑽探作業。[10]

這一切全都依循中國傳統的戰略循環——收放自如。智庫「國際危機集團」（International Crisis Group）指出，中國多年來都是依循此一模式操作：

三月至六月這段期間升起衝突的可能性較大，氣候適宜捕魚、探勘、執法巡邏和海軍演習；黃岩島和海洋石油九八一號事件都發生在這段期間。任何異議都可被帶到五、六月間的高層區域論壇來討論，而這些討論也提供機會參與。大約從六月至九月的颱風季節則是可以降低情勢，展開外交斡旋的窗口，而十至十一月的區域峰會，如亞太經合會議、東協——中國峰會和東亞安全峰會等，則允許各國領導人相互接觸，重申和平意向。[11]

這一年六月，中國國務院總理李克強已開始暗示，中國會設法緩和鄰國的情緒，鼓勵他們放鬆警戒。李克強訴諸最受稱頌的「天下」神話，以理想化的儒家世界秩序觀和動用武力觀，聲稱「擴張主義不在中國人的基因裡頭」[12]，他也向鄰國擔保，對話可確保區域的安定。在著名的軍事評論員劉明福二〇一〇年寫的一本書《中國夢》，不尋常地清楚表明這種傳統向世界自吹自擂的心態。《中國夢》堪稱近年討論中國在世界地位變化最熱門的一本暢銷書。劉明福寫道：

中華帝國勢力鼎盛時期，睥睨世界各國，因為天底下沒有其他任何國家夠強大到可以挑戰它，中國若有心擴張，其他國家誰也抵擋不了它。不過，中華帝國選擇了不對其他國家的民族或領土施加中央權威。我們可以看到，中國這個國家不侵略其他弱小國家，也不威脅鄰國……中國數千年來都是大國，但是它周邊的小國，如安南（越南）、緬甸、高麗（朝鮮）和暹羅等，全都維持住獨立。[13]

隔了幾頁，劉明福又說明中國如何在本區域逐漸雄霸天下：

在東亞朝貢體系裡，中國是優位國家，許多鄰國是它的藩屬國家，維持著朝貢和賞賜的關係。透過這種特殊的區域關係，彼此維持友好關係、互相幫助。古代中國政治、經濟和文化上的優勢其吸引力和影響力極大，四鄰小國自然就投入中國圈子，許多小國名義上臣屬於中國的統治王朝，定期進貢……華夏文明向全世界傳播，各國紛紛遣使來華，純粹反映中國的吸引力，以及鄰國對中國文明的景仰。毗鄰中國的小國從與中國的朝貢關係得到更大於實質獲利的東西。他們的統治者得到偉大的中央帝國賜予榮銜，增強其正當性，也賦予他們政治利益。[14]

繼李克強的區域外交之後，習近平二〇一四年十一月在澳洲國會的演講更加引人注目。透過這項講話，中國實質上宣布它有意爭取和美國並駕齊驅的大國地位。習近平說：「檢討歷史之後顯示，企圖以武力追求發展的國家無可避免都會失敗。這是歷史教給我們的教訓。中國決心支持和平。和平十分寶貴，需要好好保護。」[15]習近平完全沒有提到支持現有的國際體制，就是中國已開始以審慎、小心的方式對它施加壓力。中國展現它的全球野心，以及習近平在澳洲國會演講的前身，就是二〇一三年六月他在加州陽光莊園和美國總統歐巴馬的高峰會談。在這場峰會，中國這位領導人向美國總統明白表示，北京有心打造他所謂的「新型大國關係」。這意味著某種理想主義，習近平這番話強調中、美之間需要避免歷史上一再重演新的大國崛起必然會發生戰爭的戲碼。許多人認為這段話十分天真，或至少是一廂情願的想法。因為就中國對習近平所珍視的新論述之解釋，幾乎就是完全強調美國需要騰出空間和特殊優惠給它新興的同儕對手。

歐習峰會後不久，美國國務卿凱瑞試圖把這個話題重新框架，納入中國若要享有新特權，也要承擔新義務。凱瑞說這話時，心中明顯是以西太平洋為最高懸念。

他說：「這個建設性的關係、這個『新型式』的大國關係，不會只因嘴上說說就會出現。它不會因提倡一個口號或追求勢力範圍就會出現。它將在面對共同挑戰時有更好、更多的合作而被界定。它也將透過共同遵守有效維護我們各國及區域運作的規則、範式和體制所界定。」可是，當習近平發表演講之前，歐巴馬總統本人已開始明白對「遙遠的島嶼和岩礁發生領土糾紛，有升高為對抗的危險」[16]發出警告，由此可見，美國和中國對國際秩序的觀點差距之大。

中國在本區域的動作——例如三不五時透過挑釁爭奪島礁——經常被比擬為切香腸，意即他

歐巴馬與習近平在加州陽光莊園進行高峰會談（© White House Photo, Pete Souza）

們會精心規劃和執行，不會搞得美國直接介入，或刺激其東南亞鄰國有意識地團結自保。例如，在中國鑽油平台危機期間，東南亞國家協會正好於二〇一四年五月十二日舉行年度高峰會議，由十個國家組成的這個區域組織甚至沒提到北京涉及此事。東協只能勉強湊出一份聲明，表示「嚴重關切南海近來發展」，呼籲當事國家「要自制，不要訴諸威脅或動用武力」。[17]更早以前，在二〇一二年柬埔寨主辦的東協峰會前，中國才占領黃岩島，而這個組織竟然發生成立四十五年以來首度沒有發表聯合公報的狀況。取代聯合公報，峰會發表含糊的六點聲明，力促實施區域行為準則，卻絕口不提中國從東協會員國菲律賓搶走黃岩島。各方普遍認為這是柬埔寨向中國靠攏的結果，事後柬埔寨獲得自北京的慷慨解囊，給予大量財務援助，包括二〇一四年一年就給了一億五千萬美元的贈與和三千二百萬美元的低利貸款供基礎設施項目使用。[18]北京於二〇一六年六月在中國舉行的另一項會議中，又再次展現它恫嚇和分化東協的能力，當時東協輪值主席寮國出面反對，東協遭受壓力，被迫撤回批評中國最近在南海行為的一項聲明，由東協輪值主席寮國出面反對此一聲明。不論是出於混亂還是抗議，馬來西亞逕自發布此一聲明。它不慍不火地提到：「我們也不能忽視南海的情況，因為它是東協和中國之間關係和合作的重要議題。」[19]根據彭博新聞社（Bloomberg）報導，在二〇一五年的前十年時間，中國對寮國貿易成長二十倍，達到二十七億美元。

事實上，東南亞社會從未表現過支持大家團結起來制衡中國的熱切。[20]馬丁・史都華—福克斯在其大作《中國及東南亞簡史：朝貢、貿易和影響力》（*A Short History of China and South east Asia: Tribute, Trade and Influence*）援引十三世紀末元朝蒙古人入侵東南亞的事例來強調這個論點。他寫道，這個區域並不缺強大的王國和彼此間活潑的外交，但是「成功保衛領土並不保證〔中國〕不會再次入侵，越南就是個例子。避免這種狀況的最佳辦法就是承認中國的宗主權和天子的至高無上。簡單講，確保安全之道就是派出朝貢使節團……對東南亞統治者而言，確保他們領土安全的另一個確切方法，就是默認中國的世界秩序，雖然有時候這可能會很屈辱。」

然而，這時候「放、收」循環已開始加快，事後再仔細檢視，也會發現香腸愈切愈大塊。本區域才開始要放鬆，北京又進入新階段，在南海七個有爭執的地點，以奇快速度興建人造島嶼，它們原本只是完全淹沒在水底的礁岩，以及所謂的低潮高地，即只有退潮時才浮出水面的一堆岩塊和珊瑚礁。起先，它並沒有引起注意，很可能是因為事情發生在中、越深海鑽油平台危機的高潮時。中國首先在永暑礁填海造陸，恢復其一九八八年未竟的工程。

越南在一九七〇年代末期利用越戰剛結束，手上有限的資源鞏固它在南沙群島的地位之際，中國也忙著為它本身南下海洋發展展開鋪路工作。我們在前文提到，北京在越戰即將結束之前，利用武力將南越（越南共和國）部隊趕出西沙群島。擁有少許海軍兵力，意味著若要對南海末端遙遠的島嶼及地貌主張主權，北京必須在西沙群島建立陣地。永興島是一個兩公里長、一公里寬的小島，位於中國海南島之南方約三百五十公里。很少人注意到，中國就在永興島上擴建港灣、也建造一條跑道。目前北京十分滿足於守勢待機；事實上，鄧小平剛主掌中國共產黨和國家統治時，這曾經是國家的官方口號。[21]

毛澤東當家時期，尤其是中、蘇關係決裂後，中國形同準自力自給國家。毛澤東一九七六年去世，長達二十七年的激進社會主義經濟治理告一段落，中國此時人均國內生產毛額僅區區一百六十三美元，勉強勝過當時公認等於悽慘同義詞的孟加拉（一百四十美元）。[22]然而，鄧小平在毛澤東去世後推動的改革，劇烈地改造了中國與全世界的經濟關係，他也高度重視國際貿易

（包括石油進口），並進而關注保護海上航道，以及最終需要投射海上力量。解放軍海軍的整頓工作包括武器裝備改進和戰略理論更新，都落到海軍將領劉華清肩上。[23]劉華清的「積極綠水防禦」戰略（active green-water defense）即逐漸建立海軍力量，以控制第一島鏈之內海域，俾能阻擋任何敵國對中國東部海岸的攻擊，並保護中國愈來愈重要的國際貿易路線。在中國內部官僚體系爭搶資源時，劉華清還掌握了對他有利的論點：南海底下可能蘊藏大量重要的石油及天然氣資源，以及糧食安全——中國恆久的懸念。明白地講，這意味著中國必須控制本區域龐大的漁源。

無論當時的需求是什麼，中國必須控制其近海區域的意識型態基礎，這與「天下」觀念息息相關，換言之，中國明確的命運就是要重新在亞洲廣大地域掌控優勢地位——昔日的「已知世界」——有如其半理想主義、半神話的過去一般。唯有如此，中國才能實現其夢想；唯有如此，中國才能恢復其尊嚴。這種思維不僅是鄧小平和毛澤東的思維，自從二十世紀初期孫逸仙以來中國每位現代國家領導人都有這樣的思維。孫逸仙的繼承人、毛澤東最大的敵人——國民黨領導人蔣介石——自從一九二八年起每天在日記開闢「雪恥」這個欄目，把他的種種思想記載下來，包括要消滅「倭寇」；重視重建教科書，以灌輸他認為國民應有恢復中國國力與光榮職責之想法等。「雪恥」欄目第三項重點是教育老百姓勿忘中國的版圖。雖然沒有明確講出中國的版圖包括哪些地方，但蔣介石曾在四天前的「雪恥」欄中寫下：「收復台灣和朝鮮。收復漢、唐故土。方始不愧為炎黃子孫。」第四項則記下中國失去某塊領土的年月。[24]

一九八三年，中國採取進一步行動要實現它在東南亞的明確命運，派出兩艘船對南海展開廣泛的調查研究，遠赴曾母暗沙。比爾・海頓（Bill Hayton）在《南海：二十一世紀的亞洲火藥庫與中國稱霸的第一步？》（*South China Sea: The Struggle for Power in Asia*）一書中如此敘述：曾母暗沙是個「淹沒在水下的珊瑚礁，離海南島一千五百公里，距馬來西亞海岸只有一百公里，但是（依九段線框架）被宣布為『中國最南端領土』」。海頓寫道，北京利用聯合國海洋法公約授權要求各國開始貢獻對全球海洋的研究做出貢獻，又於一九八七年派調查船到南沙群島。一九八七年五月，即調查工作開始後一個月，中國派遣一艘海軍船艦到永暑礁，這兒只有一塊浮出水面一公尺的大岩礁，是唯一浮出水面的地貌。船員在岩礁上立了一塊水泥柱，宣稱它是中國領土。「接下來幾個月，調查工作持續進行，直到一九八七年十一月六日，北京領導人引用聯合國海洋法公約，核准在永暑礁興建一座『海洋觀測站』。就民用研究中心而言，很不尋常的是，打從一開始，營建計畫就包括一座兩層樓的營房、一座碼頭、一個直升機停機棚和起降台」。[25]

翌年一月，中國海上營建人員出現在永暑礁，開始打造一個極大的人工島。越南多年來幾乎控制了附近所有的陸地地貌，它在一九八八年一月企圖派部隊登陸永暑礁失敗，中國的反應是占領鄰近的華陽礁（Cuarteron Reef），這是附近唯一有點作用的島礁，也是越南尚未控制的島礁。越南人展開類似地緣政治快速棋競賽，趕緊占領最近的地貌九章群礁（Union Bank），依照海頓的敘述，這是「一個極大的水下地塊，面積約四百七十平方公里，珊瑚礁在這一地區有三十一處冒出水面」。一九八八年三月十三日，越南裝備欠佳的海軍奪占了九章群礁的兩個島礁鬼喊礁（Collins Reef，譯註：越南人稱孤伶礁，或北赤瓜礁）和瓊礁（Landsdowne Reef），迄今仍由越南人控制。越南部隊也企圖搶灘登陸九章群礁另一個地貌赤瓜礁（Johnson Reef），在那升起國旗。可是，中國部隊在這裡攔阻他們，一艘中國船隻把經過錄影下來，可在YouTube上點閱。海頓寫道，影片顯示「正在漲潮，越南士兵站在水中，水高及膝……然後在中國船隻開火下，越南部隊周圍水花亂濺。幾秒鐘之內，一群人完全消失，六十四人躺臥在血泊中：機關槍火來自中方，越南人飲彈斃命。中方贏了赤瓜礁戰役。」[26]

中國向南沙推進的故事於二〇一四年八月又重演。很快地，中國在當地填海造陸的報導浮上檯面。到了二〇一五年春末，美國官方及多個消息來源都指出，短短一年內，中國以史無前例的速度到處興建人造島嶼，在和越南、菲律賓有主權爭議的南沙群島七個地貌上創造了約一點一平方英里面積的海埔新生地。（藉由透視，天然生成的南沙群島包括約七百五十個各式各樣的海上地貌，小小的沙洲、突起的岩石和珊瑚礁，還有一些非常小的島嶼，散布在面積相當於伊拉克大小的海域；它們合計起來的面積只有約二平方英里。）為達成此任務，中國調動精密的海上疏濬、開溝的重機船隊——包括價值一億三千萬美元的德製挖泥船「天鯨號」（Tianjing Hao）——日夜趕工，從海底吸起砂土和巨岩，把它們填實到水下珊瑚礁塊之中。

北京專心一致的目標就是戰略控制此一地區，到了二〇一五年初，愈來愈多在不同時間拍攝的照片顯示，它已興建完成一組海空軍基地，有完整的港口可以泊靠中國最大型的軍艦，一條三千三百公尺長的跑道幾乎可供中國所有類型的軍機起降。短短幾個月之內，距離中國海岸線六百多英里的永暑礁（它與另兩個聲索國海岸線的距離分別是：離越南不到兩百五十公里，離菲律賓則約三百英里），從凸出海面僅有一公尺的岩礁，變成了北京要控制九段線內整個海域此計畫的關鍵鑰匙。

新聞記者維克多．羅伯．李（Victor Robert Lee）分析一張人造衛星拍攝的照片，發現中國在一九八八年與越南槍戰所搶來的赤瓜礁，正在興建「雷達高塔、砲陣地和一座十層樓高、面積超過五百三十平方公尺的大型彈藥庫」。華陽礁和南沙另外幾個島礁也都在進行類似的興建工程。[27] 解放軍海軍司令員吳勝利二〇一四年九月事先未經宣布，親自視察五個建島工程，足證這些工

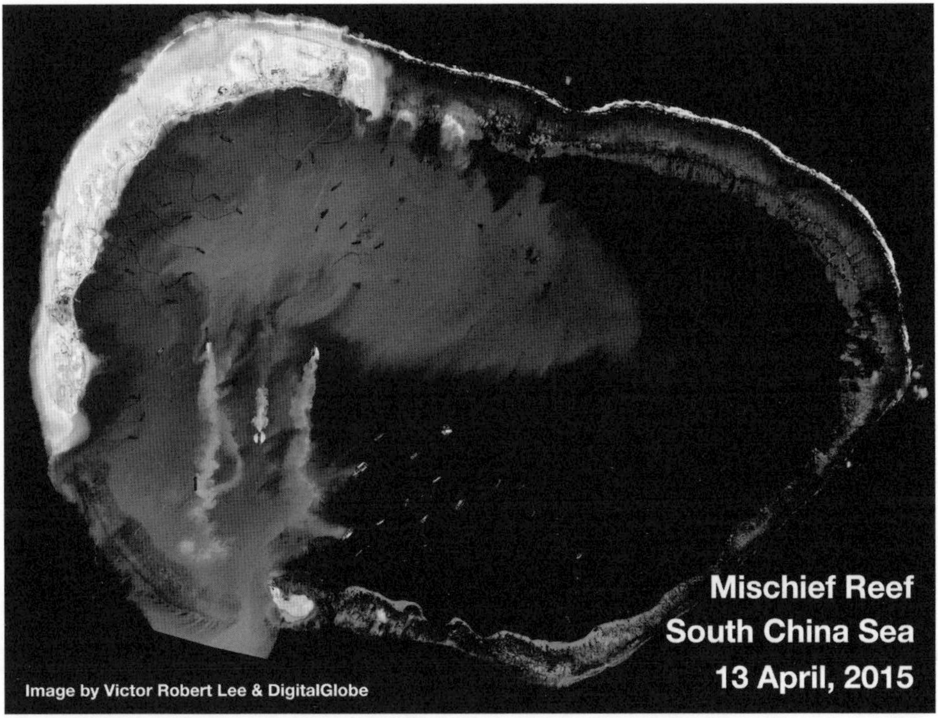

中國在南海的填海造陸活動。南海美濟礁，攝於 2015 年 4 月 13 日。（© Victor Robert Lee）

事的重要性，實質上都是遵行著在鄧小平麾下規劃「積極綠水防禦」的劉華清將軍之策略。[28]

中國起先以有必要改善本地區航行及海上安全為藉口，合理化它在南海大規模填海造陸的行動，表示基於區域利益，這是一項符合公益的行為。二〇一四年十一月，在興建規模極大的消息傳出後，中國一名高階空軍軍官跳出來講話，指出三月份馬來西亞航空公司三七〇次班機由吉隆坡飛往北京途中卻失蹤，而各方搜救工作遇上諸多困難，做為興建有理的一個例證。高階軍官金志瑞（Jin Zhirui，音譯）在北京的一項國家安全會議上表示：「有需要興建一座基地支持我們的雷達系統和情報蒐集活動」。馬航班機的搜救行動「使我們理解到，我們在南海缺乏足夠的空軍能力。為了國家安全和保護國家利益，有需要興建一座作業基地」[29]。幾個月後，北京拋出一個它新建的人造島嶼在遇上危險的颱風時可供所有國家漁船避難之用的說法。

在修辭上，這重演前文已提到的一九八七年的故技，中國當時抓著聯合國海洋法公約呼籲國際合作查勘海洋為掩護，在永暑礁興建第一個駐防設施。當時，就和今天一樣，其真正的用意幾乎全屬軍事考量。中國的新據點與其鄰國近在咫尺，尤其是越南的據點。由於中國實力強大，它的海監部隊兵力遠遠大於區域內其他國家的總合，其快速成長中的海軍可輕易勝過任何東南亞對手，這使得它有可能在未來本地一旦發生衝突時迅速制伏對手；而或許更加重要的是，甚至可以恫嚇它們以默認北京的擴張主張。但是，在中國心目中還有一件更重要的事：它和美國競爭在西太平洋的優勢地位。爭不到此一有利地位，中國不能感覺到它已在全世界恢復地位。

中國偏好永暑礁有一個可能原因：圍繞此一島礁的大海很快就直墜到兩千多公尺的深處，使它成為中國潛艇艦隊——目前已是全球最大，而且還在繼續增長——最理想的藏身地點或作業基地。海洋深度就攻勢和守勢閃躲而言都很重要，而潛艇作戰更著重這兩項閃躲功能。目前中國核潛艇艦隊的南方總部位於海南島亞龍灣以北五百八十英里的榆林海軍基地。

二〇一四年初冬的某個下午，我站在這個海灣的角隅，絕大多數中國人只知道它是全國最佳的海灘之一，漫長、波狀的白沙曲線布滿度假酒店和公寓樓房，儼然夏威夷的景色。我住進度假區最遠端的假日酒店，散步走到目前位置；有人告訴我，從這兒，我可以瞥見榆林基地。果然在眩光之下，可以勉強看到遠方有一座長碼頭，盡頭停了一艘最新型的灰色中國護衛艦。我後來才知道，這座碼頭是專門蓋來停泊核子潛艇，它們大部分時間停在附近的洞穴中。中國的核子潛艇非常不安全，因為附近的水域相當淺，因此美軍很容易運用反潛作戰技術，如聲浪偵測等方法監視它們。由於中國的反攻擊實力有一部分倚賴潛射導彈，這使得它的核子嚇阻力量有了罩門。這也代表一旦中國對台灣或日本發動戰術作戰，或為了在西太平洋挑戰美國的終極目標，中國的潛艇部隊若從海南島榆林基地出動，一定會受到嚴密監視，因此解放軍海軍勢必要對中國最強大的對手發動匿蹤進攻。相形之下，永暑礁做為全面運作的潛艇輔助基地，理論上可以讓中國潛艇悄悄溜進深海，從嚇阻目的而言，可以避開敵軍偵查，一旦爆發衝突，也可以悄然發動攻擊，在敵方船隻接近中國內海海域之前就盯緊它們。這個思維的確深入到已故的劉華清將軍建構世界級中國海軍的策略核心。它要求逐步漸進發展，首先在第一島鏈之內取得優勢，其次在第二島鏈之內占上風（第二島鏈從中太平洋日本本土的本州海岸，向南經過北馬里亞納群島、關島，一路向南延伸到新幾內亞），然後進入到最後階段，假設在數十年之後的某個時期，能在廣大的太平洋耀武揚威。

中國突然全力填海造陸還有另一個重要目的，是涉及到它和鄰國在鄰近海域紛爭的政治層面。我們已經知道，聯合國海洋法公約常設仲裁法庭很快就要針對菲律賓控訴中國一案做出裁決；菲方不僅挑戰九段線的法律基礎，也挑戰中國聲稱對它正在大興土木的七個島礁周遭水域具有合法控制權之主張。中國全速趕建因此可以理解為是它的一種突圍策略，預備告訴仲裁法庭、乃至全世界，關於如何才是構成島嶼或礁岩的定義、或菲律賓大陸棚或專屬經濟區的確切輪廓這類法律技術的枝節，就任何實務而言，都不具意義；套用主管外交事務的中國國務委員楊潔篪的話，因為中國是「大國」，怎麼可能在面對小國的聲索時讓渡其權益！我還要再說一遍，這等於是向海牙法院示警，要它別做出對北京不利的裁決，北京已經說了，它不會受到法院裁決的影響。北京放出狠話時，顯然已經輸了，但現在有待觀察的是，它是否會打出最後一張王牌——退出聯合國海洋法公約——此舉不僅將傷害自己，也將對公約的作用構成沉重的打擊。

中國一方面全速發動填海造陸，一方面拒絕參加菲律賓對它提告的法律攻防，一般普遍認為它推動的是「造成既成事實」的策略。這是對時間持有非常長期觀點的一個古老文明的作法，它已經習慣認為周邊小國可以受其影響，逐步順從它的利益、接受它的主張。換句話說，這是出自傳統「天下」概念的一種策略。正如檀香山井上健亞太安全研究中心（Daniel K. Inoyue Asia-Pacific Center for Security Studies）的東南亞事務專家亞歷山大·巫文（Alexander Vuving）所說的：

中國目前的作法就是在南海建立許多據點，並把它們打造為強大的控制點。從這兒開始，中國希望建立一個情勢，讓大家看到事情的走向，認為中國最後會贏得競爭。它們可能認為不去激怒中國最有利，因此為避免衝突而放棄……這大大增加了中國控制南海的能力，即使它們不發生軍事衝突，但由於中國主導力量日增，改變了其他聲索國的盤算。因此，中國建立這些基地的目的是要從心理上改變本區域各國的戰略盤算。如果人們在十年後看到南海，他們會發現這個區域到處都是強大的中國基地、後勤中心和控制點，因而產生中國已是南海主宰力量的評估。同時，美國已經遠去。[30]

這就是中國的如意算盤。

二十一世紀的頭幾年，收放循環循著悠閒的節奏進行。到了第二個十年，節奏加快，收放就變得模糊了。事實上，到了二〇一四年，收與放已經同步出現。中國在推動對其東南亞周邊小國占上風之際，以一個強大的甜頭同時誘導，以彌補中國予人日益強悍的不安形象，並且當做誘因吸引其他國家順服，就變得益發重要。中國下一個大動作沒在南海推出——至少起初不是——而是在原先不起眼的中亞內陸展開。在中亞，只要口袋多金、能奉承本地獨裁者，又不去施壓要求他們進行政治經濟改革，就會受到歡迎，爭取到新機會。

美國歷任總統從來沒有人訪問過中亞，因此更加深它對北京的吸引力；而且中國也花了十年以上時間在沒有認真對手的非洲大量進行投資。因此，當習近平二〇一四年九月到中亞訪問十天時，便準備好大張旗鼓。他在土庫曼主持位於該國東南部賈爾吉尼什（Galkynysh）天然氣田投產儀式，這是可望成為全世界第二大天然氣的生產基地。到了哈薩克（稍後又到俄羅斯），習近平也簽訂了大型的能源投資計畫。但是中國真正的野心在哈薩克阿斯塔納（Astana）的納札巴耶夫大學的一場政治演講才充分表露無遺。這所以英文教學的大學大部分接受英、美若干合作大學的指導。習近平在演講中提議發起「絲路經濟帶」（或稱「中亞絲路」），要把整個亞洲結合起來，從中國富裕、工業化的華東沿海省份，一路直抵波羅的海，全面興建鐵路、公路和港口等嶄新的交通設施，推動貿易、促進區域市場更增強整合。這個倡議的基礎設施項目備受各方矚目，即使它的貨幣面仍然含糊，沒受到太大注意，卻更有野心。習近平同時也提議「區域內所有的貿易都透過區域之內本地貨幣的兌換進行」——換言之，不要使用美元交易。[31]

習近平橫掃中亞後，下個月又訪問印尼，公布了相當於中亞大型新倡議的東南亞版計畫，取名為「海上絲路」。習近平引用十五世紀中國大航海家鄭和的故事，描繪出強化中國與其南海鄰國貿易關係的美景，預備興建港口、工業園區、倉儲及加工中心、與光纖連結的通訊及資訊節點，覆蓋亞洲南側，直抵印度洋，把中國和中東、東非沿海、甚至希臘串聯起來。

這兩條新絲路要由習近平本人稍後公布的一筆四百億美元基金，以及中國大量的公、民企業之投資來支持。這兩項倡議後來被結合稱為「一帶一路」倡議，構成以中國為中心在亞洲建立新經濟秩序的鴻圖，藉此繞過美國所倡議，至少在初期不讓中國參加的十二個國家成員之「跨太平洋夥伴關係」協定。

不論以任何尺標來說，這都是不得了的事件大轉折，而且充滿了本身尖銳的諷刺。不到十年前，美國副國務卿羅伯．佐立克（Robert Zoellick）曾在二〇〇五年幾近卑屈恭謹地公開呼籲中國要成為他所謂的世界事務「負責任的利害關係人」（responsible stakeholder）。佐立克的意思是，中國既然已經有了快速增長的財富和兵力，就應該增加對美國所建造及維持的戰後國際秩序多盡一分心力；中國應該更樂於承擔負擔，也就是與美國一樣擔當體制的重負。[32]美國國務卿希拉蕊・柯林頓在二〇一一年曾經提出「新絲路倡議」，增進阿富汗與南亞及中亞的貿易和交通連結。自提出一帶一路倡議之後，中國實際上已超越佐立克和希拉蕊・柯林頓這兩個構想。

根據一項估計，中國的新倡議將包含「四十四億人、六十四個國家，整體經濟產值達二十一兆美元——大約是中國年度國內生產毛額的兩倍，或全球國內生產毛額的百分之二十九」[33]。有了這些數字做後盾，習近平幾乎是夸夸其詞宣布：「中國有能力、也有意願，提供更多公共福祉給亞太地區、以及全世界。」[34]雖然北京仍然很小心不提推翻現有的國際秩序，其實已經愈來愈明顯，中國夢就是建立新而不同的秩序，有時候或者甚至更經常，直接挑戰已有百年之久的西方夢。中國最重要的官方智庫、中國社會科學院世界經濟與政治研究所國際戰略研究室主任薛力（Xue Li）寫道：「一帶一路是一種企圖、也是中國的一條道路，要從具有全球影響力的區域大國轉變為具有全面權力的世界大國。」薛力把這個倡議稱為「中國的馬歇爾計畫」。[35]

選擇印尼做為宣布海上絲路計畫的地點，其意義遠超過鄭和曾經在麻六甲過境的歷史象徵。印尼人口二億五千萬人，是東南亞唯一一個人口大國，其力量足可在本區域制衡中國。我們已經看到，這個潛力因為印尼許多島嶼散布在比美國大陸還更廣闊的一片地區而更加強大——印尼所跨越的地區，或許比起全世界大部分水域更具戰略重要性。中國發動其中亞新絲路、十分重視能源投資，其動機可視為是對敵國有可能封鎖中國穿越麻六甲海峽的貿易通路，進而傷害到中國經濟所布下的避險措施。

印尼不太可能成為中國直接的對手，但雅加達和北京的利益在好幾處攸關印尼前途的大事上並不相容。雅加達自認是東協天生的領袖，也就是說，一旦盟員的團結出現分裂，特別是對安全議題意見分歧的話，它就會出面把大家拉攏起來。例如，二〇一二年在金邊舉行的峰會，儘管越南和菲律賓極力遊說，卻協商不出針對中國蠶食鯨吞南海的一份聯合公報。印尼是由數千個大小島嶼組成的群島國家，一向十分嚴肅看待海洋法，它設法團結東協支持在南海建立行為準則，以及尊重聯合國海洋法公約。（中國起先拒絕就行為準則配合，抱怨東協各國聯手對付它。）[36]甚且，印尼也從來不隱諱它對北京提出的九段線有深切的懷疑。當中國依據這份地圖上的空想，首次向聯合國提出主權主張時，雅加達立刻毫不委婉地直率聲稱中國繪圖員的這幾道線「明顯欠缺國際法律基礎」。[37][38]

習近平不僅在雅加達公布海上絲路構想，也利用這個場合發動笑臉大攻勢。他暗示印尼將因中國大舉投資本地基礎設施建設項目而獲利，因為印尼迫切需要這些建設項目把這個幅員遼闊的國家更緊密結合起來及提振其經濟。對東協整體而言，這塊「甜糖」的誘惑力實在太強大。當海上絲路構想逐漸成形下，中國官員說，他們預期與東協會員國的每年貿易額在五年內可望倍增，達到一兆美元；這個數字遠超過中國與美國雙邊貿易的總合。

這一波波宣布所反映的野心，源自於習近平當政初期開始的政策思維。當時新領導人認為透過歐巴馬政府的亞洲再平衡政策，美國企圖圍堵中國，中國必須有所反應。二〇一四年十月，中共中央召開一項重要工作會議，專案討論「對周邊國家的外交工作」。會中反覆強調要積極應對環繞中國周邊區域爭取影響力的競爭。工作會議非常不尋常地專注「時間表、戰略目標和執行計畫」的細節，北京必須掌握它認為的未來十年的「戰略機遇期」，站上實現「中國完全崛起」的道路，在本世紀中葉成為「和諧的亞太地區之捍衛者」——聽起來分明就是要成為主要設計者和領袖。[39]會中，中國領導人強調需要讓中國周邊鄰國接受中國的「核心利益」，做為區域和平的底線條件，相當於接受某種形式的「華夏盛世」。他們說，這個結果不是只憑表明要求，或是捶桌怒斥就能達成，而是必須「對鄰國運用整個政府的壓力」才行。[40]

很顯然，這意味北京必須兼用胡蘿蔔與巨棒。習近平說，北京必須設法「溫暖別人的心，鄰國才會更加友善」，又說目標必須是使東南亞地區「更加認同我們」、「更加支持我們」。這是以激勵為誘因的作法，讓小型鄰國在重大利益上向中國退讓。同時，其他人也談到要設法對那些抗拒中國的國家更加強硬，不允許情勢惡化為武裝衝突。[41]

中國推出一帶一路倡議的翌年，又推出有些人認為更加大膽的一個主張，它在二〇一四年十一月宣布籌組「亞洲基礎設施投資銀行」（Asian Infrastructure Investment Bank, AIIB）。這個多邊的基礎設施投資銀行預定集資一千億美元，部分用意是直接挑戰日本領導、美國支持的「亞洲開發銀行」（Asian Development Bank, ADB），另外，也暗示對華府及歐洲大國的不滿，竟然不在世界銀行及國際貨幣基金等西方主導的布瑞登森林（Bretton Woods）體制機構中多讓出一些權力給中國。然而，亞投行還有更重要的目的，即要把中國超過三兆美元的巨額外匯存底的一部分導引成為貸款，資助大部分由中國企業領導的大型項目，以實現一帶一路倡議。上海復旦大學國際關係與公共事務學院副教授朱杰進解釋：「習近平希望見到一帶一路倡議能有早期收穫。亞投行可做為導體。」[42]

英國以及美國一些舊路線盟國紛紛爭相加入中國倡議的亞投行，很快就壓倒美國的反對，把華府幕後勸說、阻滯其籌組進展的動作變得很尷尬。美國公開的立場是逐步從勉強隱匿的反對倒退回來，改口否認自己曾經反對亞投行。二〇一四年底，美國國務卿約翰·凱瑞在北京記者會中表示，華府關心的是透過多邊體制建立規則和規範，「讓所有的聲音都能被聽見。」[43]但是，二〇一五年春天，歐巴馬總統和日本首相安倍晉三在華府召開聯合記者會，他親口否認美國反對亞投行。歐巴馬說：「讓我很清楚地摒斥我們過去反對或目前反對其他國家參加亞洲基礎設施銀行的想法。這絕對不是事實。」[44]幾個月後，習近平在二〇一五年十月訪問倫敦，《金融時報》打臉歐巴馬，報導歐巴馬政府在倫敦宣布將加入亞投行後，重砲轟擊英國「一再寬容」中國。一位前任美國政府官員告訴《金融時報》：「最讓我們不滿的是，事先與美國幾乎零諮商。英國不僅傷害美國。它傷害了整個七國集團。」[45]

中國官員及外交官也大為意外，竟然這麼容易就有這麼多國家熱切要加入亞投行，最後共有五十七國參加發起籌辦。《金融時報》寫說，他們宣布「這是美國領導的戰後歐洲復興的馬歇爾計畫以來，最大的經濟外交計畫，涵蓋數十個國家，總人口超過三十億人」[46]。這也給北京自身創造新挑戰：要如何解釋北京突然承擔起來的此一全球結構大規模改造，而且沒有人不當地受到威脅或干擾。

不足為奇，這個構想的思維和修辭全都源自「天下」的概念。到目前為止，中國提出的最佳分析是外交部副部長傅瑩的一段講話。二〇一四年傅瑩應邀到紐約亞洲協會（Asia Society）演講，她巧妙地解釋，目前世界當家的超級大國和他唯一的挑戰者兩者之間的關鍵差異是，華府有堅持不懈的維持同盟的習慣，是構成美國在亞洲權力的根基。她說：「軍事同盟性質上是排他的。非盟國在它的安全觀裡站在什麼位置？盟國如何平衡他們的安全利益和對非盟國的責任？其次，當涉及到原則時，同盟在哪裡畫下界線？不問盟國是對是錯，同盟一律支持盟國嗎？」[47]中國這位外交部副部長沒有點名批評美國，但是她的說法完全呼應其國家主席的說法。習近平一年前在我們前文提到的中共中央討論對周邊國家外交關係的「工作會議」上，已經說明了對相同的題目。習近平當時不僅談到對其他國家要胡蘿蔔與巨棒並用，也談到需要建構中國的「正當性」的基礎，強化北京在世界上的道德權威。[48]

為了追求這樣的理想，二十一世紀初中國又回到古代中國的根源，當時的世界分為華夏與非華夏，兩者之間的階層關係，中國當然站在峰頂。我們已經看到，這個階層只有在中國挫敗時可以違犯，暗喻它只是暫時的現象，是出於領導人不能以德服人。結果就是失去天命，在戰爭中失敗、或是被蠻夷征服，終於導致王朝傾覆。其他國家必須被不偏不倚、公平地對待。在這種情勢下，西方式的正式結盟根本不具意義。

很重要的一點是，我們絕不能忽視類似這樣的基本概念，因為它們讓我們看到習近平如何想像今天及明天的世界秩序。它們有助於我們了解中國夢。這不是因為中國即將宣布恢復儒家思想——即使包含習近平在內近來的領導人，都曾經有選擇性，卻熱切甚至犬儒式地推動某些儒家言論和主張。也不是因為北京即將向全世界大膽宣布，中國已經至高無上，即使我們不難偶爾從中國聽到一些言論，包括官方聲明，宣示中國高妙的文化或種種優越之處。更確切地說，這是因為思想及治國之術的習慣已深鑄中國，西方也是如此根深柢固，何況中國政治文化更是源遠流長。這代表，即使華府令人憤慨、盡力遊說各國從中作梗，中國領導人仍宣布歡迎美國加入亞投行，他們不只是藉由故意展示公開及平等精神，來凸顯美國人小鼻子、小眼睛，在公關宣傳上占上風。他們也在展現中國的文化自信和信念，即中國逐漸、且無可避免地躍居龍頭老大時，包括美國在內的其他國家將會慢慢理解到他們的抗拒是無謂的，日後將會請求准許加入中國朝廷。[49]

要說華府在戰略上沒有準備好迎接這樣的一個中國，恐怕是相當大的錯誤。華府不成比例地專注在和中國權力均衡中的硬體因素，因為美國近年在這方面的確相當不順。二〇一五年美國國防部長艾希頓・卡特（Ashton Carter）在前往新加坡參加一年一度的亞洲安全會議途中，為了向友邦和盟國擔保美國的決心，刻意飛越麻六甲海峽，並且批准一架P8-A海神號（Poseidon）偵察機，載著有線電視新聞網（CNN）記者飛越永暑礁上空。P8-A是五角大廈最先進的武器系統之一，由於美國重返亞洲的戰略而被提前部署到西太平洋地區。有線電視新聞網播報P8-A飛越永暑礁上空時，可以聽到中國軍人傳來的警告：「這是中國海軍，這是中國海軍……請立刻離開，以免誤會。」隔了幾分鐘，地面無線電台操作員發現美方根本不理他，然後就吼出最簡明直率的指令：「你給我滾出去！」

卡特誓言不讓中國企圖限制美軍船艦在南海的行動得逞。他在珍珠港宣示：「美國將在國際法允許之下，在任何地方飛行、航行和作業，與我們在全球各地無殊。」他又說：「在未來數十年，我們仍將是亞太地區首要安全大國。」

不到一個月，美國國家安全體制內某些部門的論調就變了。二〇一五年六月二十六日，副國務卿安東尼・布林肯（Anthony Blinken）譴責中國在南海繼續填海造陸，呼籲北京立刻停止。他稍後做的比喻最為傳神，他說：「在烏克蘭東部和南中國海，我們都看到片面、強制性地改變現狀的行徑——是美國和我們的盟友及夥伴都團結起來反對的侵權行為。」[50]只是和俄羅斯在烏克蘭東部的行徑一樣，幾乎不會有人相信美國的抗議、或空中飛航、或其他任何可能的姿態，會使中國改變方向。

結論

舊時代正在消逝，但是新時代的輪廓依然不明。我們無法想像它們會是什麼模樣，因為目前的情勢依然混沌。但即使日常瑣事令我們看不清，全球權力大幅重分配的時代正快速到來。

中國能夠阻止美國、使其無法前進的時代已快速掩至。中國透過本身的國富和快速增強的軍事力量，讓美國最貴重的國力象徵——譬如航空母艦此一軍事利器——無法發揮作用的時代，可能已經降臨。二〇一五年底，中國在南沙群島四個人造島嶼安裝高頻雷達站，二〇一六年初又在西沙群島部署高射砲和戰鬥機。新雷達的能力顯然是設計用來對付美國空軍最先進武器平台的匿蹤特質，譬如F-22戰鬥機、B-2轟炸機，甚至最新的F-35戰鬥機。華府智庫戰略暨國際研究中心在評論中國新的雷達站時，警告北京是瀕臨將南海變成「中國內湖」。[1]美軍太平洋總部司令哈利·哈理斯上將說，「唯有相信地球是平的」的人才會看不到中國的目標是「在東亞實現霸權」。[2][3]

我們所惦記的一些問題，一直沒有明確的答案：中國最近國力鼎盛，究竟它想要什麼？它會走得多遠？有許多不同的思想流派和分析方法評估這些事——現實主義、自由主義、霸權過渡和建構主義，以及更窄的框架，例如權力轉移理論。對於這些，我添加了中國對地緣戰略力量的一種文化及歷史觀點，至少它已經告訴我們，中國希望恢復它在東亞事務的巔峰，並將尋求最大化其力量和操縱空間。伴隨而來的是，它期待至少在它自己的範圍內，別的國家，無論近遠，最終都會向它的權威低頭。半個世紀以前，中國除了人口眾多外，從任何標準來看，幾乎在各方面都仍孱弱不堪時，新加坡學者王賡武就已預料到有此轉變發生。他在費正清主編的論文集《中國的世界秩序：傳統中國的外交關係》（*The Chinese World Order: Traditional China's Foreign Relations*）寫道：

十九世紀中國被迫「進入國際家庭」。中國加入一個國際體系，所有的成員至少在理論上一律平等；事實上，中國很難不覺得它是以不夠平等的成員身分加入。中國向優位勢力低頭是理性的決定，西方列強也會贊同，但至今仍存在一個疑問：中國只是策略上的決定？或中國也相信國際關係上的確存在平等？這個疑問在一定程度上解釋了中國目前的成績：如果有機會，中國可能希望恢復長久以來所遵奉的傳統，也就是將所有的外國視為一體，但低於中國，而且與中國不平等。[4]

從這個思維出現開放性的問題，涉及到更廣大的世界，就如同它們對中國及其周邊區域一樣。若認為這個「新興的潛在超級大國」[5]——最近的一項評估如此形容中國——在東亞取得廣泛的優勢，就會停下來，這是正確的嗎？這不是今天中國怎麼說的問題，也不是他們私底下怎麼相信的問題。一般的推論是，走了這麼久，如今，在短短幾個世代內就快速崛起，中國非常可能不會在此止步。

這樣的思維並不是來自美國許多人朗朗上口的中國威脅論。事實上，我要做的事是讓中國「正常化」。本書花費許多唇舌解釋中國歷史的特性，現在應該解析中國對國力及實力的異常態度。一般普遍對於中國急匆匆的印象，導致許多人認為它構成了威脅。但無論它今天明顯的急匆匆有多急，許多今天看起來特別大的能量，在適當的時候可能會逐漸減退，甚至消失。

然而，隨著中國的國力日盛、態度日益強悍，不久的將來會發生什麼事，將測試美國及其他地方許多人的神經和耐心。從地緣政治的角度來看，美國毫無疑問在許多地方仍會堅守不退，但未來幾十年必然會對中國有某種程度的退讓。決定如何盡可能明智的實現此目標，需對美國此一國勢蒸蒸日上的同儕對手更深入地了解，也必須明白，即使是最好的結果通常也涉及十分重大、偏離今天全球大國舒適和熟悉的方式。一九九六年台灣海峽危機，美國派出兩艘航空母艦戰鬥群到台灣附近海域，其中一艘更經過台灣海峽，後來柯林頓總統的國防部長威廉·裴利（William Perry）深怕別人不知道，還大聲說「西太平洋最強大的軍事大國是美國」。[6]然而，即使在可預見的未來，美國在本區域仍將十分強大，但它在中國鄰近海域無庸置疑的優勢，未來將是無法守住首當其衝的事物之一。

二〇一五年，卡內基國際和平基金會資深研究員麥可·史文（MichaelD.Swaine）發表一篇廣受討論的論文〈超越美國在西太平洋的霸業〉（Beyond American Predominance in the Western Pacific），寫道：「對美國和中國兩國而言，未來首要的戰略挑戰是發展互惠互利的方式，從美國的海上霸業過渡到西太平洋的穩定、真正的力量平衡，因為沒有任何一國有明顯的能力在武裝衝突中占上風。這難以實現，也充滿潛在的危險，但鑒於現有及未來影響本區域的趨勢而言，仍是必要的。」[7]史文說，這樣的結果將需要北京與華府就朝鮮半島、台灣和整個南海的全新處理達成新協議。他說，本質上，就是把這些地方化為實質的「緩衝區」，美國和中國都不能從這些地方投射力量。

無論這是否現實、或在政治上可否實現，對美國來說，最好的結果就是制止中國不能將其戰略目標擴展到最大。就中國的近海問題，華府已經推動北京簽署規則和程序，讓區域內其他利害關係人都感覺到他們的利益已受到了充分認可，而且他們的某些權利得到了保障。中國若不理會這些建議，就反倒幫忙美國維持其目前的世界地位。因為中國愈挾持別人，其他國家就會自然地結合對抗它，最近幾年的實例即是如此，這些國家也同時呼喚美國和它們站在一起。愛德華・陸瓦克在二〇一二年的大作《中國崛起vs.戰略邏輯》（*The Rise of China vs. the Logic of Strategy*）很生動地提到此一困窘：

許多人擠在電梯車廂裡，突然走進來一位超級胖的中國先生，如果他非常快速地變得更胖，把大家逼到牆角——即使他完全沒有威脅別人的意思，而且和藹可親——大家也必須有些自保動作。沒錯，相當擁擠的電梯車廂裡已有一位更胖、更喧嘩，還經常暴戾的美國先生，但由於他長久以來就和大家一起搭乘，除了古巴、伊朗、北朝鮮、敘利亞、委內瑞拉等少數人，幾十年下來，大家幾乎都習慣這位胖子。最重要的是，美國先生沒有快速變得更胖，因此未破壞大家和他的相處及妥協；另外，由於他有個相當公開的民主決策過程，大家也不必怕它突然會構成威脅。[8]

如果中國繼續趾高氣昂地面對今天向它挑戰的一連串小國家，便將會發現未來等著它的聯盟恐怕更加難纏。例如，愈來愈有戒心的印度，力求與日本、越南堅定關係、提防中國，同時也努力爭取有利的地位，以免在自己的後院，如斯里蘭卡、尼泊爾等地方，受到北京壓制。同樣地，日本也快速強化它和菲律賓、越南（以及印度）的防務合作關係，目標是強化它們遏阻中國的能力。二〇一六年四月，日本最大的驅逐艦之一、能裝載反潛直升機的伊勢號（Ise），停泊蘇比克灣，準備與菲律賓海軍進行聯合演習。日本防衛省一名高級官員告訴《讀賣新聞》：「目標是促進〔和菲律賓的〕友好關係，但是也有要牽制中國的強烈訊息。」[9]普丁有朝一日終究要下台，俄羅斯人或許會從中國的惡夢中醒過來：發現謹守規範的西方並不是自己國家的主要威脅——過去二十年他們都被這樣灌輸——反而是重新崛起、高度現代化和愈來愈傾向修正主義的中國，才是最值得憂心的對象。畢竟長期以來俄羅斯和這個東方鄰國就有領土恩怨，而且中國一個邊境省份，譬如黑龍江省的人口就遠超過整個俄羅斯遠東地區日益萎縮的總人口。在這樣的情勢下，如何維持俄羅斯完好此一惱人的問題，其重心應從歐洲轉移到亞洲，但並非輕易就能得到解答。

對於未來所有潛在的各種激烈變化，需要保留的最重要的教訓，可能和一般膚淺的印象相反，有時讓人覺得中國是個龐然巨神，其實是出自不安及自我懷疑的心理，而不是任何清楚理性地相信它必然勝利。中國歷代都由後人替前朝撰寫歷史，而他們評斷的主要因素都是前朝期間，帝國版圖縮小或擴張。因此之故，習近平的中國夢必須拿來和中國能否完成光復歷史上的失土此一「神聖」使命來並論。習近平和他的同僚都理解到，中國改造「天下」體系的地緣政治、以及或許是世界本身的機會之窗，從來沒有像目前這樣寬敞，而且也極有可能不會再像目前如此開放。

在這點上，不安全感的原因有許多。最明顯的是，中國經濟奇蹟成長的歷史機遇期終於走到尾端，這個事實可能帶來中國人心普遍不滿、社會動亂、對中國共產黨統治的正當性之其他各種威脅。其中最可能的就是中國當局極力要逃避所謂的「中等所得陷阱」（middleincometrap）；這種情勢困擾著許多開發中國家，它們起先脫離貧窮後就快速成長，但在其公民能夠達成西方富裕社會的普遍繁榮之前，便進入成長高原期或甚至停滯。

中國在軍事方面和其他國家一樣，截至目前為止，從落後要追趕的地位中受益匪淺。這使它享有後進國家典型的便利：不需要像美國一樣，從二次大戰以來，從頭開始耗費龐大資源建造一代又一代昂貴的武器系統。中國光靠模仿，加上工業間諜與剽竊的幫助，就大有進展。因此，它的第一代高科技系統以相當低的成本建造完成，而且得力於低廉的勞動力和資本。然而，當它從後追上，甚至可能在各項經濟指標上（譬如軍事預算）超過美國時，這些開支的節省將逐漸消失。中國軍事事務觀察家安德魯·艾瑞克森（Andrew S. Erickson）在《世界政治評論》（*World Politics Review*）上發表專文〈海權的啟示〉（The Implications of Seapower）中寫道：

中國近年來最大的實力之一，就是它能夠快速地把極大的資源分配到安全、基礎設施和技術發展方面的計畫上。其中有些計畫被認為是極端欠缺效率。當競爭資源變得激烈時，領導人分配愈來愈吃緊資金的能力將面臨空前的考驗。國內的挑戰可能使治安部隊要求更多的經費，而他們的正式預算已超越解放軍的預算。這對中國是否有能力繼續發展其對外的軍事力量，具有特殊的意義。北京認為自己有能力同時維持多個相互重疊的先進計畫。中國的造船業與其飛彈、太空暨電子產業，生產中國最先進的本土製造防務產品，目前它正在製造多艘現代潛艇和軍艦。但是這麼活潑的投資能維持多久，我們並不清楚。

解放軍愈接近尖端能力，若要更上層樓，甚至跟上全球普遍增長的能力，就需要更高的成本，也更加困難。軍事器械變成愈來愈不是勞力密集，而是技術密集和材料密集，中國的成本優勢便會減少。解放軍的系統變得更精細、更技術密集，中國就愈不能從購取及本土化外國科技得到更大的利益，在生產和維護時也不會得到成本優勢。[10]

二〇一五年九月三日，習近平登上北京天安門廣場城樓，舉行一整天的儀式，校閱解放軍。外界比較熟悉他的「中國夢」，但這是較罕為人知的另一施政重心「強軍夢」的實現。他在就職後頭兩年已在許多場合提到這點，只不過他的聽眾都是中國人。強軍夢就是在他擔任中國共產黨總書記的十年正常任期裡，要把中國建設為第一流的大國。九月三日這天，中國大力投資的軍事現代化寶貴成果全面展現。閱兵典禮上，反艦巡弋飛彈和短程彈道飛彈，以及洲際彈道飛彈統統亮相。第一次公開亮相的還有東風-21和東風-26飛彈，這是全世界唯一的反艦彈道飛彈，中國最近才研發成功，它以美國為唯一的假想敵，不言而喻。如果它們的性能一如設計，那麼這些武器所具備的強大威力，便可以把敵人移動中的最大型軍艦炸沉。二〇一五年，習近平發布一份重要的新軍事政策文件，宣稱中國「必須揚棄過去陸軍重於海軍的傳統心態」，以後必須更著重於「海洋的戰略管理」。[11]

習近平在典禮上展現出種種自信，但對北京而言，為他的目標鋪平道路的挑戰十分艱鉅。雖然中國是目前世界上唯一有可能挑戰美國霸權的國家，但根據某些評估，分隔兩國綜合國力的鴻溝，比現代史上任何兩個最強國家之間的差距都還要大——後冷戰所謂單極獨強時段——

自一九九一年到二十一世紀初則例外。[12]

可以肯定的是，中國已大幅縮小與美國國內生產毛額的差距，但類似的評估告訴我們，傳統標準的評估可能不曾透露全貌。儘管近年國富日增，中國在技術能力和創新科技方面卻遠遠落後。科學和工程基礎是必須慢慢透過逐步積累的過程來建立，而中國的科工基礎相較於美國，依然望塵莫及。即使中國已成為全球製造業重鎮，但其工業基礎在某些領域仍相當弱。稍微舉其中幾項弱點：中國缺乏美國高度有競爭力的跨國公司；在國防方面，無論是新的先進武器、精緻的系統整合研究、設計和生產，或類似訓練、作戰經驗和指揮彈性等比較沒有神祕氣息的東西，中國更是落後。因此，最近一位中國問題專家評估：「人民解放軍仍然更適合打越戰時期的戰爭，而非二十一世紀的交戰。」[13]史蒂芬・布洛克（Stephen G. Brooks）和威廉・伍佛士（William C.Wohlforth）針對中國構成的威脅寫了一篇評論〈二十一世紀大國的興衰：中國的崛起及美國全球地位的命運〉（The Rise and Fall of the Great Powers in the Twenty-First Century:China'sRiseandtheFateofAmerica'sGlobalPosition）頗受各界矚目。他們認為：「技術本身的性質已經改變，這使得新進者更難追上領先國家的軍事能力。最終，中國所面臨的軍事和技術障礙，在未來數十年仍將高得難以克服。」

北京意識到若要全面挑戰美國，障礙極多，不易克服，因此近乎決定採取海軍及海上擴張的戰略，也就是習近平所謂的「海洋的戰略管理」。然而，即使在這方面，此路還是陡峭難行。中國和美國不一樣，北京仍處於建設世界級海軍非常早期的階段。艾瑞克森在上述討論海權的文章中表示，每一個開發海上武器系統的國家，成本增加之快幾乎都超過通貨膨脹，通常是一年上升百分之九，如果照目前路線一路走下去，在近期未來的某一個時點，中國的財政負擔就會不堪負荷。中國試圖開發及取得先進武器所面臨的挑戰，會更加複雜，因為它和美國不一樣，美國與全世界六十八個國家簽立防務條約，北京則沒有這種盟國網路，可以透過它們採買這些系統，因此中國得透過經濟規模來降低單位成本，甚至分攤開發成本。目前中國仍處於強力出擊的階段，即使不如以前，但其經濟仍然快速增長，而且國防支出相對於國內生產毛額，是處於相對溫和的水平。許多分析家預期這個機會之窗將會在習近平十年任期屆滿前關閉，因此中國急迫地盡可能鞏固它的收益。

像這樣的因素，使得目前的超級大國美國無需與中國有任何直接衝突，就有許多選擇方案。其中最明顯的是所謂的「拒止戰略」（denialstrategy），就是麥可．史文把南海化為緩衝區——任何一個國家都不能決定性地利用的地區——的一種變形。布洛克和伍佛士在上述文章中寫道：

> 拒止戰略的假設前提是，即使中國能夠有效地拒止美國水面船艦和飛機進入靠近其海岸的地區，它還是可以防止利用此一地理空間，做為在衝突中預測軍事兵力的跳板。從這個角度來看，靠近中國海岸的地理區域，不會在衝突中從美國可利用作為水面船艦和飛機對中國投射力量的潛在發射平台，搖身一變成為中國本身的潛在發射台，來投射軍事力量。反之，靠近中國海岸的地區正可成為一個「無人地帶」或「無人之海」，兩國在衝突期間都不能有效地利用水面船艦艇或飛機進行武力投射。這一變化值得注意，也需要持續觀察。一九九〇年代的基準線使中國成為一個假定的強國，但無法阻止全球領先的軍事大國基本上不受限制地進入其領土邊界的領空和水面。中國在數十年內花費數百億美元後，開始扭轉這種不尋常的弱點，並不會令人驚訝。[14]

我估計歷史最後將會認為，對於維持美中和平而言這將是相當低的代價，更何況還能維持美國支持其區域盟國，還有伴隨這個秩序而來有利的經濟和體制安排。

因此，我們可以開始了解歐巴馬政府的亞洲再平衡政策，並不是粗糙的圍堵中國。像中國這麼大的國家是無從圍堵的，任何想圍堵它的動作將強烈導致反效果。美國並非圍堵，而是透過將百分之六十的海軍兵力重新部署在鄰近地區，並提升和日本、菲律賓及其他盟國的軍事合作，同時又協助越南等中型大國，藉此提高中國的成本。美國扮演催生或媒合的角色，鼓勵或加強中國鄰國中的各種新的關係。我在別處也提到，美國最重要的目標是「強化憂心忡忡的中國鄰國之間的網絡，他們共同的利益是使中國不能運用武力來顛覆現有的秩序。日本估計，目前這些國家都沒有與中國抗爭得勝的可能性，有些國家甚至可以說是侏儒小國。然而，即使不是直接聯盟，他們也可以有志一同地將這個巨人有效地困住，把它局限在一套各方都能接受的國際規則之下」。[15]

雖然有人認為這些作法不智，但美國要提高中國在其區域獨霸的代價的作法不應被視為不尋常的舉動。這是大國常做的事，尋求制衡真實或潛在的敵手，並試圖破壞或搗亂別人的動作，同時還能避免直接對幹。中國一再指責美國這類行為是冷戰思維、令人反感的遺緒，但是華府的動作其實是反映中國也有一系列類似的動作，要增加美國的代價或削弱它在區域中的地位。這些動作包括北京透過一帶一路計畫努力加緊區域的經濟整合，以及在巴基斯坦和吉布地（Djibouti）開發可謂軍事反圍剿的陣地——中國已在巴基斯坦興建一個印度洋大港，在吉布地興建一個軍事基地。甚至更具有針對性，北京正投注極大的軍事資源和研發能力，發展所謂「反進入／區域拒止」（Anti Access/Area Denial, A2AD）武器，它的部署將穩定地使得美國更難或需成本更高地部署海軍資產，或甚至增加美軍在日本、關島和西太平洋其他地方防衛軍事基地的代價。這是因為中國正穩定地進展，希望能從中國大陸向這些設施投射相對低廉的長程飛彈。這些武器的效用之一是摧毀跑道，讓美國空軍更難運用人員駕駛的長程轟炸機。

接下來還有地理的因素。北京正在倡議一帶一路，以有利的條件全力整合最廣義界定的鄰國，並藉由巨型的新基礎設施項目及其可能帶來的生意機會，最後從東南亞沿海國家往西將歐洲連起來，但這改變不了它在世界實質特性的基本條件。客觀來看，這充滿太多艱鉅的挑戰。如哥倫比亞大學著名的中國事務學者黎安友（Andrew J. Nathan）教授所說，「中國的近鄰周邊可以說是世界上大國最有挑戰性的地緣政治環境」。[16]中國有七個鄰國被列入全世界軍力規模最大的二十五國排行榜，雖然中國有全世界最大的軍隊，但是當它和周邊近鄰六個軍隊最大國家的總兵力一比，立刻相形見絀，呈現二點五比一的劣勢。黎安友和施道安在《沒有安全感的強國》一書中寫道：

> 雖然沒有哪個國家得以免受外部的影響——透過移民、走私及疫病——但中國是大國中被滲透得最厲害的一個，空前數目的外國行動者試圖影響其政治、經濟，及文化演變，而他們所運用的方式往往被該政權視為有害其自身生存。……除了俄國，世界上沒有哪個國家有這麼多的鄰國。

先不說國家數目，中國的鄰國是獨特的複雜。鄰國中，包括了世界上十五個最大國家中的七個（印度、巴基斯坦、俄國、日本、菲律賓、印尼和越南——每一國都有超過八千九百萬的人口）；在過去七十年間，曾有五國與中國打過仗（俄國、南韓、日本、越南和印度）；至少九國的政權不穩定（北朝鮮、菲律賓、緬甸、不丹、尼泊爾、巴基斯坦、阿富汗、塔吉克和吉爾吉斯）。自從一九四九年以來，中國與這二十個緊密鄰邦都有過邊界爭端，雖然到現在大多數都已經解決了。[17]

然而，除了上述種種局限之外，目前看來，中國人口的變化將成為未來幾十年最大的挑戰；對美國而言，這個人口因素同樣地也將成為其抵抗持續挑戰最大的緩衝。而且，中國人口的改變遠比任何因素都更能解釋北京目前顯而易見的急促心態。中國已進入人口老化進程，而且將以幾乎沒有前例的速度進行著，很快地就會使中國處於世界史無與倫比的境地：一個新興卻非常不平衡的現代化國家，必須在快速萎縮的勞動力支撐下建立社會福利制度。以新聞界的術語來說，中國這個新的兩難困境就是「未富先老」的悖論。鮮有人能理解，這個問題的規模極大，即使過去數十年強勁的經濟成長還能以某種方式維持不墜，但這個問題還是會困擾著中國社會，揮之不去。

然而，中國的經濟近年卻開始走上許多專家認為的成長率長期下降，即使在許多更樂觀的情況下，最終也會使經濟遲緩程度快過更成熟工業化國家的速率。麥可・貝蒂斯（Michael Pettis）是長期住在中國的經濟學家，目前在北京大學任教，是對中國經濟趨勢最敏銳的分析家之一。最近他的評估也反映許多經濟學家對中國中期及長期成長潛力的警告。其所依據的觀點是，像中國或在它之前的日本，就是那些經歷過「奇蹟成長」時期的國家，會逐漸過度依賴投資，最後會碰上無法支撐的過度負債。經歷此一模式的經濟體很少能逃過冗長過程的痛苦調整和低度成長。他寫道：「北京將忙著執行或不執行改革。無論是破壞性或非破壞性的，在習近平任期屆滿前，成長將大幅趨緩，跌到平均百分之三至四之間。因此，在這個十年期結束前，今天就唱衰的一派將會說：『啊哈！看到了吧？中國沒有辦法成長，我們已經說過了！』」[18]貝蒂斯也在其他文章裡提到，百分之三至四的成長率將是中國可能的上限。

有趣的是，對於習近平抑制這種結果所提出的倡議，最尖銳的評論卻是來自中國專家，並非西方分析家。中國社會科學院的薛力撰文討論習近平迄今最雄偉的計畫——「一帶一路」，他說：

> 馬歇爾計畫重建已開發的歐洲國家之經濟。可是，一帶一路計畫推動經濟落後國家的經濟開發。計畫涉及到六十多個國家，因此它的整體執行將比馬歇爾計畫難上很多。坦白講，點燃沿路所有國家的經濟發展，超過任何一個國家的能力和責任。中國必須好好考量推行一帶一路戰略其中所隱藏的經濟風險和政治風險。[19]

薛力又說，即使全部加起來，這些國家也無法消化中國目前許多工業商品的過度生產。舉個例子來說，根據《經濟學人》的報導，中國鋼鐵業的過剩產能超過美國、日本和德國三國產量的總合。「中國是個非常大的經濟體，它的經濟問題一般只能透過內部調整來解決。我們不能把寄望於一帶一路沿線未開發的國家。」[20]

歷史也提供其他理由來緩和對中國經濟未來的期望。一位任職於華府布瑞登森林機構的德國經濟學家告訴我，新興大國努力創造雄心勃勃、嶄新的全球或區域經濟和政治制度之設計，以「鎖定其權力和影響力」[21]，和這些大國相對於世界其他國家的經濟實力相比，顯得猛然突出，這兩者之間似乎有著關聯性。例如，美國在一九四四年領導創建世界銀行，當時美國的國內生產毛額占全球國內生產毛額總量比例達到頂峰的百分之三十六。日本在一九六六年創立亞洲開發銀行，德國在一九九一年兩德統一後，成立歐洲復興開發銀行。兩國當時都接近、或處於其鼎盛時期。以雄心壯志的程度來說，習近平的兩大外交政策：一帶一路的倡議、以及相關的亞洲基礎設施投資銀行計畫，當然值得拿來與這些先例做比較。我們沒有要說其中存有因果關係，但是，如果這個模式持續，即使很鬆散地，中國目前占全世界經濟比重約百分之十七，以相等規模而論，恐怕也即將要進入高原期。

隨著老齡化問題日益嚴重，在本世紀中葉及以後，將嚴重拖累經濟，使情勢惡化。杜凱恩大學（Duquesne University）政治學者馬克．哈斯（Mark L. Haas）在二〇〇七年提出一篇論文，認為全球老齡化「不僅可能擴大美國的霸權（因為其他大國將缺乏資源可以趕過美國在經濟和軍事上的領先），也可能深化它，因為其他國家可能遠遠落後美國」[22]，當時許多人懷疑他的觀點，或是感到困惑不解。在其他許多數據面前，這位作者指出：「中國在二〇五〇年將有三億二千九百萬人口年齡超過六十五歲，這個數字等於目前法國、德國、日本和英國人口的總合。」而且中國將有全世界最高的中間值年齡人口，其工作年齡人口比例將縮小為最低的國家之一。

回顧過去，這項預測最驚人的部分，竟是它如此大幅地低估了中國人口危機的嚴重性。今天，即使在中國國內，一談到其人口情勢，愈來愈多人把它視為重大危機。根據《南華早報》報導：「當局預計二〇一四年會有二千萬新生嬰兒，但實際出生的新生嬰兒只有一千六百九十萬。到了二〇一五年五月，條件符合的夫婦有一千一百萬對，只有一百四十五萬對申請生第二胎。這個數字反映出有興趣的人出奇的低。」[23] 二〇一五年十月，經過好幾年對人口趨勢惡化的角力，中國政府終於宣布取消所謂「一胎化政策」；現在幾乎所有的夫妻都准許生兩個子女。但這個動作普遍認為太遲了，無法在大規模都市化及所得增加的時代發揮太大作用，而（與許多富裕國家一樣）很少父母想要承擔大家庭的負擔和麻煩。中國社會科學院人口專家鄭真真（Zheng Zhenzhen）在政府取消一胎化政策後不久，在北京告訴我，「政府認知到一九五〇年代和一九六〇年代出生的那群人很快將進入老齡、失能和慢性病的階段。其實，現在談生育率已無關緊要，明天的老人已經出現了。」[24]

中國年輕男性的數字已開始下降，從現在到二〇五〇年，二十至二十五歲的青壯男人（這正是入伍從軍的主要年齡層）將下降一半。[25]

前面提到的「未富先老」這句話已成為新聞界談論中國的流行語。但是連這句話都無法掌握中國前途所面對的挑戰之艱鉅。在過去三十年，中國全國生育率，即每個女人一生所生的孩童數，已從相當健康的二點五人，下降到一點五六人，比人口替換率還低。聯合國人口部（U.N. Population Division）估計，中國的生育率還會繼續下降，到二〇二〇年降為一點五一人。反之，美國女人的生育率為二點〇八人。以這個速率估計，中國人口到了二〇六〇年將降到十億人以下。相形之下，美國此時將增長超過四億五千萬人。威斯康辛大學的中國人口專家易富賢（Yi Fuxian）告訴《紐約時報》說：「人們說，我們的經濟可以是美國的兩、三倍大。我認為這完全不可能。我們的經濟絕不會超過美國，因為勞動力減少，人口又老齡化。」[26]

中國的確是即將成為全世界人口年紀最老的社會之一。到了二〇五〇年，中國人中間值年齡將為四十九歲，比美國足足多出九歲。這將造成退休老人大幅上升，而這些退休老人所加入的年金制度相當新（二〇〇〇年才開辦），而且涵蓋的人數不到四億人，但經費已嚴重不足。（根據《經濟學人》報導，沒有預備金經費支持的年金債務（unfunded pension liabilities），已高達國內生產毛額的百分之一百五十左右。」更糟的是，中國退休老人湧入年金制度的時機，正是中國勞動力遇上大規模收縮的時候。[27]要彌補這個問題，唯有藉由提升生產力來抵銷勞動力人數降低，但是這也是困難重重。二〇一五年十二月，中國社會科學院經濟學家都陽（Du Yang）告訴我，經過多年的快速成長後，中國可能已進入生產力增長下降的漫長過程。他說：「我們已開始從製造業轉向服務業，但是服務業的生產力比製造業還更低。國家會陷入中等所得陷阱的原因是，它們面臨生產力下降。」[28]換句話說，資助不久前才開始日益膨脹的社會福利費用之需要，會給社會製造極大的新負擔，將徹底破壞今天大多數人認定中國未來還會國富兵強的可能性。

這對中國會有何影響？最合理的評估還是來自馬克·哈斯。他說，到了二〇四〇年，隨著社會中普遍存在慢性病，像法國和德國這樣快速老化的富國，花在老人長期照護的費用將是今天國防經費的五倍以上。不過，大約同時，中國「中間值年齡將達到今天法、德、日的水平，但是人均國內生產毛額卻還遠遠低於這些國家目前的水平。因此，當中國的老齡化危機激化時，在最好的情況下，它將面臨法、德、日今天相似的經濟和財務限制……中國的政治領導人大約從二〇二〇年開始，將會面臨艱難的選擇：允許爆炸性老齡化人口中的貧窮程度上升，或者提供必要的資源以避免此一情勢。當這些政客屈服於重大道德和政治壓力，而選擇推動後者時，美國的相對實力地位將會因此受惠。」[29]

養老院床位的需求問題相對較新但組織欠佳，人們對床位的需求已飛漲上天。目前估計全中國九百萬人有老人失智症（由於中國老人人口比例高，這個數字約是人口大約相等的印度之兩倍以上），此一狀況的普及性估計到了二〇五〇年將增為四倍。[30]最近另一項調查發現，百分之十一點六的中國人受糖尿病之苦，這又是和老齡化相關、花大錢的慢性疾病。[31]值得警惕的是，估計有半數中國人處在前糖尿病階段。我相信，類似這樣的因素有助於說明習近平為何捨棄鄧小平「韜光養晦、守時待勢」的策略。習近平認為中國必須掌握目前一切優勢，在機會之窗於未來十年或最多二十年關閉之前有所行動。這將使得即刻的未來成為美中之間風險最大的時刻。

許多人看到美中兩國對比後，傾向認為美國在面對中國這個巨無霸時恐怕頂擋不住。這種悲觀其實不合時宜。持平來看，即使美國有各式各樣的優勢，仍必須小心謹慎打牌，因為這不一定保證穩操勝算。

很大程度上是受到移民的驅動，美國人口將在本世紀持續成長，單是未來四十年就可望增加百分之三十。中國將在二〇二五年達到人口高峰，而且一路激烈老化。在本世紀下半葉，中國將自目前對美國人口呈現四比一的優勢比例，逐漸轉變為二比一，而且在此過程中，我們有充分的理由相信，美國人的國內人均生產毛額將繼續大幅領先中國人。

這些數字有助於揭露，雖然美國政壇，特別在總統大選期間，經常偏向對移民有負面抨擊，移民過去是、未來也仍將是美國最重要的競爭利器，不斷地擁有熱誠、積極進取和有雄心壯志的人——特別是年輕人——來補充美國人口，他們將在未來的數十年，帶動創業、創新，以及經濟需求，同時還拉平嚴峻的老齡化曲線（它將傷害到中國、日本和歐洲）。但是挺諷刺的是，這些新移民中很多都是中國人，他們已居美國第三位的移民來源。吸收進來這些新移民關係到維持美國社會保障制度、以及經濟增長的前景，也補充了為數眾多、有活力、技術也先進的美國軍隊兵員。

除了上述這些強大的故事之外，美國至少還有另一項強大的資產，可以在未來風險和不確定的二、三十年提供至為關鍵的壓艙物：價值觀。毫無疑問，中國的確是個文明進展的國家，受到它深刻的全球歷史地位意識驅動及其所帶來的影響。正如我們所看到的，這個意識因為中國在國力最弱的世紀所遭遇到的排斥感而特別增強；當時的國際制度的規則和習慣正在建立，並付諸實行；而且許多利益也被鎖定，但中國完全沒份。美國人一定要了解這一點，甚至要同情地看待中國的困境。然而，唯一的和平之路是努力將中國拉進國際制度，並在此過程中，如有必要，也要隨時騰出空間給北京。對於國際金融制度，包括世界銀行和國際貨幣基金的代表權，甚至更慷慨大方、樂意地接受中國類似一帶一路的倡議，是最明顯的需求。而在國際安全事務方面，中國的聲音應該獲得更多歡迎及被聽見。

美國應該沉著、冷靜地承擔這些事。今天的中國是一個幾乎沒有盟國的國家，而美國卻擁有遍布全球正式的同盟關係網絡，更有一套以參與、開放、民主和人權為基礎的基本價值，對世界各地的人——通常也包括不友好的國家或甚至敵人的公民——構成極大的吸引力。這個自由化的國際秩序終結了兩千年以中國為中心的亞洲舊秩序，也使美國為中心的秩序變得真正全球化，約翰·伊肯貝利（John G. Ikenberry）在二〇一一年的一篇文章寫道，它「不只是集合自由民主國家，而是相互協助的國際社會——一種提供會員經濟和政治進步工具的全球政治俱樂部」。32 中國在可預見的未來不可能超越它。中國的政治制度運作來自本能地不相信其所治理的人民，而這種不信任也反映在人民對制度的感覺。同時，中國在外國的軟實力多半侷限在繁榮的吸引力以及負面的觀念，即相對封閉和威權主義的國家應該合作，防止別人干預他們的事務，或甚至防止受到民主價值的汙染。正如中國強力主張中國應追求地緣政治霸業、最著名的國際關係理論家閻學通也寫道：「財富增加可提升中國的大國地位，但未必能使中國成為受人尊敬的國家，因為以財富為最高國家利益的政治超級大國，可能給其他國家帶來災禍，而非福庇。」[33]

一個被平等對待的中國，對人類福祉也會有貢獻，雖不明言，但必要時會以低調並堅定的態度面對；這樣的中國，隨著其未來數十年的進步，接著很可能就進入高原期而變得成熟；這樣的中國，將在偉大中變得有安全感，是我們可以並存共榮的中國。

致謝

本書最早的根源可追溯至童年時，我聽先父講述經濟大蕭條時期他父親說給他聽的故事。祖父是個鐵路郵政人員，喜歡講地球另一端中國偉大文明的故事。

我的祖父約瑟夫．法蘭奇（Joseph B. French）出生於俄亥俄州，終生沒出過國，但因為身為非洲裔美國人，他受到那一代嚴重種族歧視的包圍。他對中國的歷史及其世界地位十分好奇，盡其所能大量汲取有關中國的故事。

祖父對中國最感興趣的是——透過家父轉述的故事也遺傳給我——在白人至上令人窒息的世界，中國人竟能維繫住他們比任何其他民族更文明、更優秀的信念。我在孩提時獲知，這意味著中國人認為，全世界——包括白人——在某種程度上都只是蠻夷。

我在一九六〇年代成長於種族隔離的首都華府特區，在當地這可是十分驚人的事。雖然這並非我的研究動機，但寫作本書以及我的生活經歷，使我有機會探討這個悠久的中國世界觀的堅韌及其局限。

緊接著文革落幕，當時我在大學研讀中國政治，根本沒想到我會到中國工作，但對孩提時期父子對話的記憶一直有種憧憬。對此，以及其他種種，我感謝先父大衛．法蘭奇（David M. French）。他是外科醫師和公共衛生專家，在一九七〇年代被美國國會參議院派到河內調查美國大轟炸的情況，而帶回有關亞洲的故事。我也感謝我幾乎沒有記憶的祖父。

專業方面，我算相當晚才接觸到中國的議題，而且是經由最迂迴的路徑。我從事國外特派員工作，在非洲、拉丁美洲和加勒比海地區歷練多年，然後派到日本，這是我第一次派駐亞洲。在東京，大約二十年前，我開始有了寫作本書的念頭。最初的調查其實是觀察到，始於東北亞（中國、日本和兩韓）至少在歷史、文化、宗教和哲學上有許多共同點——即班乃迪克・安德遜所謂適當階段的共同「道德秩序」——和西歐主要國家（德國、英國和法國）相似。不過，歐洲人已經克服數百年來兵連禍結的戰爭和持久的不信任，亞洲人顯然還未做到。我的第一個問題是為什麼？讀者知道，我的焦點隨著時間改變，最後我走上研究中國歷史，特別是中國一直以來和鄰國互動的方式。我骨子裡的新聞記者的本能，使我關注到今天的世界，也引誘我試圖深入探索；據我所知，對未來起了預期心理。

一路走向完成本書的路途中，我深深受惠於其他人的智慧、慷慨相助和鼓勵，他們在我職涯中途轉向中國方面引領我前進。

我在東京結識的劉蕙，一直是我了解日本和中國這兩個社會重要的指南。

我也極端幸運，一直有一流的語文老師：首先是日文，我在夏威夷向Janice Omura學習，然後又有Kyoko Matsuda和Yuko Yakamoto這對研究生教我。我在東京住了五年，追隨非常慧黠的Akiko Nagao學習，她十分優雅，對於歷史和政治又有無窮的好奇心。

二〇〇三年搬到上海，我和幾位中國走師一對一、每天八小時，一連六個月學習，然後才正式上班。這幾位老師包括Jiao Bei和Chen Yuyun。二〇〇八年回到紐約後，我經常回到中國，終於結識對我影響最大的中文老師王昭（Alicia）。她在上海當我的家教一個夏天，然後到紐約唸研究所，繼續教我，但是最重要的是，她現在幫我好幾本書處理中文材料和採訪翻譯，以及其他許多重要事情。

自從啟動這個項目之後，我透過和許多大方的同僚——包括東亞歷史學者、外交官和其他相關學科的專家——的對話和其他交流中學習很多。有些人可能很清楚他們對本書的重要貢獻，其他人或許並不。基於敏感性和謹慎的理由，有些人的姓名必須保密。我要向大家表示，你們細心地回答我的發問、你們的鼓勵或你們的榜樣，我衷心感謝。然而，我還是必須強調，本書如有任何錯誤，責任完全在我。

以下是不完整的致謝名單：首先是王賡武和Prasenjit Duara，兩位在新加坡都撥冗見我。我也要感謝：船橋洋一、時殷弘、吳士存、Rafael Alunan, Ian Buruma, Ying Chan, David Cowhig, Roger Des Forges, Mark Driscoll, Clayton Dube, Alexis Dudden, Carol Gluck, Krizna Gomez, Douglas Howland, Hsin Huang, Michael Hsiao, Bruce Jacobs, Joan A. Kaufman, Paul A. Kramer, Le Hong Hiep, Narushige Michishita, Nguyen Giang, Nguyen Hong Thao, Mark Selden, Shen Dingli, Chito Santa Romana, AkioTakahara, Makiko Inoue, Keith Weller Taylor, Edith Terry, Tran Truong Thuy, Scott Snyder, Su Hao, Sun Yiting, Michael M. Tasi, Sebastian Veg, Yang Bojang, Marilyn Young, Zhang Ruizhang.

加州大學爾灣分校中國史教授Jeffrey Wasserstrom博覽群書，相識滿天下，多年來一直是我的好友、值得請教的對象，他對本書原稿提供許多建議。我在哥倫比亞大學的傑出同僚黎安友（Andrew J. Nathan）教授，也提供許多有益的批評和見解。威斯康辛大學麥迪遜分校榮譽教授Edward Friedman，也詳閱本書原稿，提供許多寶貴的提示。天普大學日本及亞洲史教授Jeffrey Kingston也一樣熱心協助，並且好幾次把他日本的住家借給我使用。另一位多年老友Joe Arden在本書寫作進入最重要階段，也將他在曼谷的住家借給我。

我也比較間接地從Chinapol這個團體的學界成員受惠良多。我關注他們的研究超過十年以上。

我也要感謝香港大學在二〇一三年接受我擔任訪問教授，當時這本書的研究取得重要進展。

我也要感謝哥倫比亞大學圖書館長期的援助。沒有這些資源，我對本書的研究無法推進，我的生活也會更困乏。

感謝《大西洋》（*Atlantic*）雜誌編輯們，尤其是Don Peck，他們一直對我的作品有興趣、支持我。

我更衷心感謝我的經紀人Gloria Loomis，她擁有極佳的幽默感和無窮的智慧。

註釋

導論

1 耶魯政治學者詹姆斯·史考特（James C. Scott）在其大作《不被治理的藝術》（*The Art of Not Being Governed*）中提出說明，至少自十二世紀以來，中國人對「非文明」世界又做了區分，畫分為「生番」和「熟番」兩大類別，後者指的是堪可教化之外夷。

2 「天下」一般習慣翻譯為英文「all under heaven」，不過我比較喜歡略微修改過的「everything under the heavens」。著名的中國政治學者閻學通在他的專書*Ancient Chinese Thought, Modern Chinese Power* 譯註：普林斯頓大學出版社二〇一〇年出版的英文專書）中引述古代《詩經》解釋這些字詞：「天下這個字詞實際上就等於是世界。天子這個頭銜指的是代表天統治世界上所有人民的那個人。中國封建時期的皇帝自稱天子，代表他們自認為是世界的統治者。『普天之下，莫非王土；率土之濱，莫非王臣』的概念，顯示角逐天子權力，從另一個角度來看，就是角逐世界領導權。」

3 Lien-Sheng Yang（楊聯陞）,"Historical Notes on the Chinese World Order," in *The Chinese World Order: Traditional China's Foreign Relations*, ed. John K. Fairbank（費正清，Cambridge, MA: Harvard University Press, 1968）, 23.

4 譯註：南越國王趙陀自立為南越武帝，漢文帝派陸賈為使節前往質疑。趙陀畏懼，乃在國內頒令，宣示不再以皇帝自居，如此延續到漢景帝時代，趙佗向漢朝稱臣，春秋兩季派人到長安朝見天子。但是在南越國內，趙佗一直竊用皇帝的名號，只在他派使者朝見漢天子時才稱王，接受漢天子的命令如同諸侯一樣。直到建元四年，趙佗死去。以上見司馬遷《史記》〈南越列傳〉。

5 Takeshi Hamashita（濱下武志）,"Tribute and Treaties: Maritime Asia and treaty port networks in the era of negotiations, 1800–1900," in *The Resurgence of East Asia: 500, 150 and 50 Year Perspectives*, ed. Giovanni Arrighi, Takeshi Hamashita and Mark Selden (London; New York: Routledge,

2003), 20.

6 Alain Peyrefitte, *The Immobile Empire*（中文版譯名：《停滯的帝國：一次高傲的相遇，兩百年世界霸權的消長》），New York: Alfred A. Knopf, 1992, 88.

7 John King Fairbank, "A Preliminary Framework," from the oft-cited here *The Chinese World Order*, 3.

8 Wang Jisi（王緝思）, "The 'Two Orders' and the Future of China-U. S. Relations," *China File*, July 9, 2015.

9 Fairbank, *The Chinese World Order*, 4.

10 Mark Mancall, quoting Kham-dinh Viet-su thong-giam cuong-muc, in "The Ch'ing Tribute System: An Interpretive Essay," in ibid., 64–66.

11 Zheng Wang, *Never Forget National Humiliation: Historical Memory in Chinese Politics and Foreign Relations* (New York: Columbia University Press, 2012), 74.

12 Shi Yinhong（時殷弘）, "China's Complicated Foreign Policy," commentary published in *European Council on Foreign Relations*, March 31, 2015.

第一章

1 George H. Kerr, *Okinawa: The History of an Island People* (Boston: Tuttle Publishing, 2000), 22.

2 雷達站於二〇一六年三月啟用，日本政府也宣布未來五年將在琉球增加百分之二十的自衛隊兵力，並且進駐新的飛彈部隊。

3 Geoff Dyer, "China Training for Short, Sharp War, Says Senior US Naval Officer," *Financial Times*, February 20, 2014.

4 Xi Steps Up Efforts to Shape a China-Centered Regional Order," *China Brief* 13, issue 22, *Jamestown Foundation*, November 7, 2013.

5 "The Danger of China's 'Chosen Trauma,' " *China File*, September 2, 2014.

6 David Lague and Jane Lan hee Lee, "Why Chinese Directors Love to Hate Japan," *Reuters*, May 25, 2013.

7 Gabriel Wildau, "China's Biggest State Banks Recruited into Stock Market Rescue," *Financial Times*, July 18, 2015.

8 Richard Fisher, "Osprey Versus Bison in the East China Sea," *Diplomat*, September 20, 2013.

9 "Zubr-Class LCAC Gives PLA Quick Access to Disputed Islands," *Want China Times*（旺報）, January 2, 2014.

10 "If China grabs Senkakus, U.S. military Would Snatch Them Back: Top Marine Commander," *Kyodo News*（共同新聞社）, April 12, 2014.

11 Kuniichi Tanida, "SDF, U.S. Forces Worked Out Joint Operations Study Plan in 2012 to Combat Feared Senkaku Invasion," *Asahi Shimbun*（朝日新聞）, January 25, 2016.

12 Jun Hongo, "Five Things to Know About Centenarians in Japan," *The Wall Street Journal*, September 12, 2014.

13 譯註：赤阪清隆曾任日本駐聯合國大使（二〇〇〇—二〇〇一）、經濟合作暨開發組織副祕書長（二〇〇三—二〇〇七）、聯合國副祕書長（二〇〇七—二〇一二）。

14 "Global Japan: 2050 Simulations and Strategies," Keidanren, April 16, 2012, 1.

15 D. R. Howland, *Borders of Chinese Civilization: Geography and History at Empire's End*, Durham, NC: Duke University Press, 1996, 43–44.

16 Japan-China Joint History Research Report (provisional translation), Modern and Contemporary History, vol. 1 (March 2011), 18.

17 Howland, Borders of Chinese Civilization, 100.

18 Christopher Ford, The Mind of Empire: China's History and Modern Foreign Relations (Lexington: University Press of Kentucky, 2010), 85.

19 Japan-China Joint History Research Report, 20.

20 譯註：何如璋，一八三八年生，一八九一年歿。一八六八年進士及第，以潛心西學、通曉洋務，受李鴻章賞識。一八七七年出使日本為首任公使，一八八二年卸任回國。著有《使東述略》，介紹日本三權分立制度。

21 Ibid., 21.

22 Howland, *Borders of Chinese Civilization*, 63.

23 Alain Peyrefitte, *The Immobile Empire* (New York: Alfred A. Knopf, 1992), xviii.

24 James L. Hevia, *Cherishing Men from Afar: Qing Guest Ritual and the Macartney Embassy of 1793* (Durham, NC: Duke University Press, 1995), 31.

25 Stephen R. Platt, "New Domestic and Global Challenges, 1792–1860," in *The Oxford Illustrated History of Modern China*, ed. Jeffrey N. Wasserstrom (Oxford: Oxford University Press, 2016).

26 Peyrefitte, *The Immobile Empire*, 206.

27 Kerr, Okinawa, 67.

28 Morris Rossabi, *China Among Equals: The Middle Kingdom and Its Neighbors, 10th–14th Centuries* (Los Angeles: University of California Press, 1983), 3.

29 馬戛爾尼初到中國時，出示有一項禮物是八門砲。（Peyrefitte, *The Immobile Empire*, 120, 236.）這種砲在當時非常先進，每分鐘可發射七發砲彈，但是清廷官員嗤之以鼻，聲稱這東西並不新鮮。幾個月後，馬戛爾尼承認任務失敗、準備回國時，提議讓他的衛隊表演燧發槍（flintlockrifle），以展現歐洲人的創新，又遭到回絕。清廷一位侍郎不屑地認為槍砲有什麼值得稀奇的。馬戛爾尼不禁浩嘆，他從來不曾像在中國那幾個月時間看到一端極先進、另一端卻原始落後的重大落差。佩瑞菲特在《停滯的帝國》中寫下：「時隔半個世紀，到了鴉片戰爭期間，情況依舊如此。」

30 *Japan-China Joint History Research Report*, 24.

31 *Kerr, Okinawa*, 166.

32 Ta-tuan Ch'en, "Investiture of Liu-Ch'iu Kings in the Ch'ing Period," in *The Chinese World Order: Traditional China's Foreign Relations*, ed. John K. Fairbank (Cambridge, MA: Harvard University Press, 1968), 162.

33 Ibid., 148.

34 Kerr, *Okinawa*, 152.

35 Seo-Hyun Park, "Small States andthe Search for Sovereignty in Sinocentric Asia: Japan and Korea in the Late Nineteenth Century," in *Negotiating Asymmetry: China's Place in Asia*, ed. Anthony Reid and Zheng Yangwen (Honolulu: University of Hawaii Press, 2009), 34.

36 Joshua A. Fogel, *Articulating the Sinosphere: Sino-Japanese Relations in Space and Time* (Cambridge, MA: Harvard University Press, 2009), 24.

37 Kerr, *Okinawa*, 164. 38Ibid., 4.

39 Hevia, *Cherishing Men from Afar*, 26.

40 費正清編，《中國的世界秩序》，由中國社會科學出版社出版中文版。陳大端的專文為〈清代琉球王的冊封〉。

41 Kerr, *Okinawa*, 85.

42 Fogel, *Articulating the Sinosphere*, 49.

43 Ibid., 384.

44 Wang Gungwu（王賡武）and Zheng Yongnian（鄭永年）, *China and the New International Order* (New York: Routledge, 2008), 5.

45 Fogel, *Articulating the Sinosphere*, 4.

46 Ian Buruma, *Inventing Japan: 1853–1964* (New York: Modern Library, 2003), 50.

第二章

1 Zhiguo Gao and Bing Bing Jia, "The Nine-Dash Line in the South China Sea: History, Status and Implication," *American Journal of International Law*,

January 2013. 譯註：高之國是國家海洋局海洋發展戰略研究所所長，也是國際海洋法法庭法官。賈兵兵則是清華大學國際法教授。本書為漢英對照版本，海洋出版社二〇一四年出版，英文原載《美國國際法雜誌》二〇一三年三月號。

2 Ibid.

3 下文將會提到，中國依據「自古以來」就控制南沙諸島提出的權利主張，在二〇一六年七月遭到海牙國際仲裁法院裁決，否認依據聯合國海洋法公約，中國的主張可以成立。

4 Prashanth Parameswaran, "US South China Sea FONOPs to Increase in Scope, Complexity: Commander," *Diplomat*, January 28, 2016.

5 二〇一六年二月中旬，就在哈理斯上將說了這段話後不到幾天，華府宣布中國已在永興島（Woody Island）安裝防空大砲，其最大射程約二百公里，足可攔截它任何一個東南亞對手（如越南），在整個西沙群島的空中交通。

6 Sam La Grone, "Chinese Warships Made 'Innocent Passage' Through U.S. Territorial Waters off Alaska," *USNI News*, September 3, 2015.

7 Minnie Chan, "China Needs Third Runway in Spratly Islands to Break US Grip in South China Sea If Tensions Escalate, Experts Say," *South China Morning Post*（南華早報）, September 16, 2015.

8 Rebecca E. Karl, *Staging the World: Chinese Nationalism at the Turn of the Twentieth Century* (Durham, NC: Duke University Press, 2002), 58–59.

9 「拳匪叛變」這個名稱容易造成混淆。這些民兵被動員來反對西方基督教傳教士，但是他們受到朝廷支持，而且他們也支持日薄崦嵫的清朝。譯註：中國人稱之為「義和團之亂」。

10 Ibid., 64.

11 譯註：畢佛里奇生於一八六二年、卒於一九二七年。他在一九一一年競選連任失敗後，致力歷史寫作；一九一六至一九年出版的四卷《約翰・馬歇爾傳》（The Life of John Marshall），介紹這位建立美國聯邦最高法院體制的大法官一生事蹟和眾多判例，榮獲普立茲傳記類大獎。另外他撰寫的四卷林肯傳記，未及成書即去世，後來他的遺稿整理成兩卷的《林肯前傳》（Abraham Lincoln, 1809—1858）於一九二八年才出版。畢佛里奇的遺孀把另兩卷未竟稿材料交付給名作家卡爾・桑德堡（Carl Sandburg），由桑德堡接續完成全書。

12 Paul A. Kramer, *The Blood of Government: Race, Empire, the United States, & the Philippines* (Chapel Hill: University of North Carolina Press, 2006), x.

13 Karl, *Staging the World*, 88.

14 Ibid., 93.譯註：歐榘甲生於一八七〇年，卒於一九一一年，是康有為萬木草堂的弟子，曾參與戊戌變法，失敗後流亡海外後參與《知新報》與《清議報》筆政。

15 Ibid., 90.

16 Kawashima Shin（川島真）, "China's Re-interpretation of the Chinese 'World Order' 1900–40s," in *Negotiating Asymmetry: China's Place in Asia*, ed. Anthony Reid and Zheng Yangwen (Honolulu: University of Hawaii Press, 2009), 146.

17 Ibid., 149.

18 Ibid., 148.

19 Keith Weller Taylor, *The Birth of Vietnam* (Berkeley: University of California Press, 1991), xvii.

20 Kawashima Shin, "China's Re-interpretation of the Chinese 'World Order' 1900–40s," 148.

21 見頁十三〈國恥地圖〉。

22 譯註：尼科巴群島是印度洋一個群島，位於安達曼海和孟加拉灣之間，北為安達曼群島，南為印尼蘇門答臘島。

23 Michael D. Shear, "With China in Mind on a Visit to Manila, Obama Pledges Military Aid to Allies in Southeast Asia," *New York Times*, November 17, 2015.

24 二〇一六年三月，菲律賓宣布它已同意開放四個空軍基地及一個陸軍營區供美軍使用，為美軍二十五年來首度在菲律賓前進部署兵力鋪了路。（註24）

25 Trefor Moss, "U.S. Set to Deploy Troops to Philippines in Rebalancing Act," *Wall Street Journal*, March 20, 2016.

26 Yufan Huang, "Q+A: Yan Xuetong（閻學通）Urges China to Adopt a More Assertive Foreign Policy," *New York Times*, February 9, 2016.

27 Barry Wain, "ASEAN: Manila's Bungle in the South China Sea," *Far Eastern Economic Review*, January 18, 2008.

28 Press Release, The South China Sea Arbitration (*The Republic of Philippines v. The People's Republic of China*), The Permanent Court of Arbitration. July 12, 2016.

29 Yang Jiechi（楊潔篪）Gives Interview to State Media on the So-called Award by the Arbitral Tribunal for the South China Sea Arbitration," Ministry of Foreign Affairs, People's Republic of China, July 15, 2016.

30 Christina Mendez, "China Will Snub Int'l Tribunal Ruling on Sea Row with Philippines," *The Philippine Star*, September 25, 2014.

31 "Philippines Looks Set to Move Away from the U.S., Its Longtime Security Ally," *Reuters*, May 31, 2016.

32 Paterno Esmaquel II, "Game of Diplomats Begins in West Philippines Sea," *Rappler*, July 16, 2016.

33 Carl Thayer, "What If China Did Invade Pagasa," *Diplomat*, January 16, 2014.

34 這些分析最棒的一個例證是Xie Yanmei, "China Hardens Position on South China Sea," *Diplomat*, July 16, 2016.

第三章

1 Felipe Fernández-Armesto, *Pathfinders: A Global History of Exploration* (New York: W. W. Norton, 2006), 177.

2 Arturo Giráldez, *The Age of Trade: The Manila Galleons and the Dawn of the Global Economy* (Lanham, MD: Rowman & Littlefield, 2015), 41.

3 Bailey W. Diffie and George D. Winius, *Foundations of the Portuguese Empire, 1415–1850* (Minneapolis: University of Minnesota Press, 1977), 224.

4 Martin Meredith, *The Fortunes of Africa: A 5,000-Year History of Wealth, Greed, and Endeavo* (New York: Public Affairs, 2014), 98.

5 Diffie and Winius, *Foundations of the Portuguese Empire*, 227.

6 Janet L. Abu-Lughod, *Before European Hegemony:The World System A.D. 1250–1350* (London: Oxford University Press, 1991), 311.

7 William Lytle Schurz, *The Manila Galleon* (Boston: E. P. Dutton, 1959), 16.

8 Edward L. Dreyer, *Zheng He and the Oceans in the Early Ming Dynasty, 1405–1433* (New York: Pearson Longman, 2007), 102.

9 F. W. Mote, *Imperial China, 900–1800* (Cambridge, MA: Harvard University Press, 1999), 614. 譯註：尼爾遜勛爵，生於一七五八年、卒於一八〇五年，是十八、十九世紀之交英國著名海軍將領，戰功彪炳。一八〇五年在特拉法加之役，率領英國艦隊對抗法、西聯合艦隊，雖然陣亡，此役卻力挫拿破崙，奠定英國海上霸權地位。

10 Dreyer, *Zheng He and the Oceans in the Early Ming Dynasty*, 9.

11 O. W. Wolters, *The Fall of Srivijaya in Malay History* (Ithaca, NY: Cornell University Press, 1970), 30.

12 Bill Hayton, *The South China Sea and the Struggle for Power in Asia* (New Haven, CT: Yale University Press, 2014), 24–25.（中譯本，林添貴譯，《南海：21世紀的亞洲火藥庫與中國稱霸的第一步？》，台北：麥田出版社，二〇一五）譯註：毛佩琦為中國明史學會常務理事；北京鄭和下西洋研究會副理事長；北京吳晗研究會副會長。

13 Sun Laichen, *Southeast Asia in the Fifteenth Century: The China Factor* (Singapore: NUS Press, 2010), 52.

14 Dreyer, *Zheng He and the Oceans in the Early Ming Dynasty*, 34.

15 Robert Finlay, "The Voyages of Zheng He: Ideology, State Power, and Maritime Trade in Ming China," *Journal of the Historical Society* 8, no. 3 (September 2008): 337.

16 *Sun Laichen, Southeast Asia in the Fifteenth Century*, 44.

17 Ibid., 57. 譯註：孫來臣，北京大學和美國北伊利諾大學碩士、密西根大學博士。現任加州州立大學富樂敦分校歷史系教授，專攻東南亞早期現代史。以上兩段感謝孫博士指正。

18 Geoff Wade, "Ming China and Southeast Asia in the 15th Century: A Reappraisal," *Asia Research Institute Working Paper* Series No. 28, National University of Singapore, July 2004, 14.

19 Dreyer, *Zheng He and the Oceans in the Early Ming Dynasty*, 81.

20 Sun Laichen, Southeast Asia in the Fifteenth Century, 61.

21 Ibid., 58.

22 Finlay, "The Voyages of Zheng He," 338.

23 Ibid.

24 Louise Levathes, *When China Ruled the Seas: The Treasure Fleet of the Dragon Throne, 1405–1433* (New York: Simon & Schuster, 1994), 179. 譯註：楊士奇在仁宗洪熙皇帝及宣宗宣德皇帝時力主與民生息，偃武修文，成就「仁宣之治」，官至內閣首輔。

25 Bruce Swanson, *Eighth Voyage of the Dragon: A History of China's Quest for Seapower* (Annapolis, MD: Naval Institute Press, 1982), 40.

26 Levathes, *When China Ruled the Seas*, 180.

27 Freeman Dyson, "The Case for Blunders," *New York Review of Books*, March 6, 2014.

28 Abu-Lughod, *Before European Hegemony*, 8.

29 Diffie and Winius, *Foundations of the Portuguese Empire*, 381.

30 Sun Laichen, *Southeast Asia in the Fifteenth Century*, 70.

31 Abu-Lughod, *Before European Hegemony*, 361.

32 Benito Legarda Jr., "Two and a Half Centuries of the Galleon Trade," *Philippine Studies*, December 1955, 351.

33 歷史學者休斯・湯瑪士（Hugh Thomas）在他二〇一五年的大作《沒有盡頭的世界：西班牙、菲力浦二世和第一個全球帝國》（*World Without End: Spain, Philip II and the First Global Empire*）中提到，西班牙一度有心試圖征服明朝中國；它認為只要一支小型遠征軍就足可完成任務，就好像之前佛蘭西斯科・皮薩羅摧毀印加帝國一樣。然而，在能夠行動之前，這個幻想就被英國在一五八八年擊潰西班牙無敵大艦隊而掃蕩一空。此役戰敗，使得馬德里重新把精力放在歐洲，以及以相當中國式的方法關注自己是否失去天命。

34 Michael H. Hunt and Steven I. Levine, *Arc of Empire: America's Wars in Asia from the Philippines to Vietnam* (Chapel Hill: University of North Carolina Press, 2012), 124.

35 Finlay, "The Voyages of Zheng He," 328.

36 Swanson, *Eighth Voyage of the Dragon*, 71. 譯註：復仇女神號是英國第一艘鐵甲軍艦，一八三九年下水，在鴉片戰爭中發威，擊敗清軍。

37 Dreyer, *Zheng He and the Oceans in the Early Ming Dynasty*, 180.

38 Finlay, "The Voyages of Zheng He," 327.

39 由於他中國話流利、又能閱讀中文，明朝承認利瑪竇為華人——文明人。利瑪竇和氣地接受這個稱讚，但堅持他的文明是來自母國義大利。這和他那奇怪的地圖一樣使得東道主困惑不解，因為在中國人思維裡，「開化」就是文化上認同華夏。當時尚無中國人／華人這個字詞存在，直到今天中國人仍然不自覺地使用「華人」這個名詞自稱。參見金德芳（June Teufel Dreyer），〈天下的比喻：中國會改變國際制度嗎？〉("The 'Tianxia Trope': Will China change the international system?") 載於二〇一五年十一月二日《當代中國》(*Journal of Contemporary China*)。

40 Derek Heng（王添盛）, *Sino-Malay Trade and Diplomacy from the Tenth Through the Fourteenth Century* (Athens: University of Ohio Press, 2009), 30–31.

41 Wang Gungwu（王賡武）, *The Nanhai Trade: Early Chinese Trade in the South China Sea* (Singapore: Eastern Universities Press, 2003), 59–60.

42 Wolters, T*he Fall of Srivijaya in Malay History*, 22.

43 Abu-Lughod, *Before European Hegemony*, 33.

44 Wang Gungwu, "Chinese Political Culture and Scholarship About the Malay World," in*Chinese Studies of the Malay World: A Comparative Approach*, ed. Ding Choo Ming and Ooi Kee Beng (Singapore: Eastern Universities Press, 2003), 14.

45 Finlay, "The Voyages of Zheng He," 331.

46 Wang, *The Nanhai Trade: Early Chinese Trade in the South China Sea*, xvii.

47 Wolters, *The Fall of Srivijaya in Malay History*, 1.

48 Ibid., 39.

49 Ibid., 26.

50 Ibid., 42.

51 Ibid., 14.

52 二〇一六年一月，中國公安部官網：http://www.mps.gov.cn/n16/n1237/n1342/n803715/4991897.html.

53 Alan Wong, "Imagining Hong Kong's Future, Under China's Tightening Grasp," *New York Times*, January 29, 2016.

54 譯註：《十年》是二〇一五年十二月上映的香港電影，為五個故事構成的短篇電影合集。當中包括郭臻導演的〈浮瓜〉、黃飛鵬導演的〈冬蟬〉、歐文傑導演的〈方言〉、周冠威導演的〈自焚者〉和伍嘉良導演的〈本地蛋〉。本片獲得第三十五屆香港電影金像獎最佳電影。由於本片內容涉及香港人權、民主、言論自由受威脅的現況，加上涉及包含香港獨立、自決等敏感政治話題，被指是香港社會的「預言書」。北京政府全面封殺此片。

55 Abu-Lughod, *Before European Hegemony*, 153.

56 John Pomfret, "U.S. Takes a Tougher Tone with China," *Washington Post*, July 30, 2010.

第四章

1 譯註：坎伯是二十世紀美國重要神話學專家（生於一九〇四年、卒於一九八七年），專門研究比較神話學和比較宗教學，扛鼎之作為《千面英雄》（*The Hero with a Thousand Faces*）。

2 譯註：十五世紀《大越史記全書》和越南人武瓊修訂的《嶺南摭怪》〈鴻龐氏傳〉記載：「貉龍君教民耕稼農桑，始有君臣尊卑之等、父子夫婦之倫。」

3 Benedict Anderson, *Imagined Communities: Reflections on the Origin and Spread of Nationalism* (London: Verso, 1983), 157. 譯註：一八〇二年，阮福映推翻西山朝，奪取了越南政權，建立阮朝。阮福映登基為嘉隆皇帝之後，派遣兵部尚書黎光定出使清朝請求冊封，同時要求清朝賜予「南越」為國號。大清嘉慶帝認為古時南越之地也包括了兩廣一帶，因此將二字顛倒，稱之為「越南」。

4 Keith Weller Taylor, *The Birth of Vietnam* (Berkeley: University of California Press, 1991), xx.

5 Ibid., 24–25.

6 譯註：西元前一一二年冬，漢武帝元鼎五年發兵征服南越王趙建德及丞相呂嘉，滅南越國，次年設南海、蒼梧、鬱林、合浦、交趾、九真、日南、儋耳、珠崖九個郡。

7 Ibid., 79.

8 Nayan Chanda, *Brother Enemy: The War After the War* (New York: Collier, 1986), 113.

9 譯註：越南表面上以「事大主義」服膺中國，對其周邊國家、如占婆及今天之寮國等，則以「中夏」自居，儼然是

「小中華」。

10 譯註：九七九年越南丁朝宮廷內鬨，權臣黎桓篡位自立，九八〇年宋太宗派兵進擊，次年春在白藤江之役宋軍先勝後敗，越南得以維持住獨立局面。

11 Ibid., 112.

12 Geoff Wade, "Ming China and Southeast Asia in the 15th Century: A Reappraisal," *Asia Research Institute Working Paper* Series No. 28, National University of Singapore, July 2004, 7.

13 Joseph Buttinger, *A Dragon Defiant: A Short History of Vietnam* (New York: Praeger, 1972), 45.

14 Henry J. Kenny, *Shadow of the Dragon: Vietnam's Continuing Struggle with China and the Implications for U.S. Foreign Policy* (Washington, DC: Brassey's, 2002), 33.

15 Alexander Eng Ann Ong, "Contextualizing the Book-Burning Episode During the Ming Invasion and Occupation of Vietnam," in *Southeast Asia in the Fifteenth Century: The China Factor*, ed. Geoff Wade and Sun Laichen (Singapore: NUS Press, 2010), 155.

16 Marc Mancall, "The Ch'ing Tribute System: An Interpretive Essay," in *The Chinese World Order: Traditional China's Foreign Relations, ed. John King Fairbank* (Cambridge, MA: Harvard University Press, 1968), 67.

17 Alexander L. Vuving, "Operated by World Views and Interfaced by World Orders: Traditional and Modern Sino- Vietnamese Relations," in *Negotiating Asymmetry: China's Place in Asia, ed. Anthony Reid and Zheng Yangwen* (Honolulu: University of Hawaii Press, 2009), 82.

18 Ibid., 81.

19 Ibid., 79–80.

20 Chanda, *Brother Enemy*, 115.

21 Ibid., 116.

22 Vuving, "Operated by World Views and Interfaced by World Orders," 79.

23 Chanda, *Brother Enemy*, 49.

24 Mancall, "The Ch'ing Tribute System," 68.

25 Chanda, *Brother Enemy*, 51–52. 譯註：明命帝阮福膽是阮朝第二代君主，在位期間一八二〇年至一八四一年。他是嘉隆帝阮福映四子，在位期間尊崇儒學，勵精圖治。

26 Anderson, *Imagined Communities*, 129.

27 Odd Arne Westad, *Restless Empire: Chinaand the World Since 1750* (New York: Basic Books, 2012), 51. 中譯本，林添貴譯，文安立著，《躁動的帝國：從乾隆到鄧小平的中國與世界》（台北：八旗出版社，二〇一三年）

28 John King Fairbank, *The Cambridge History of China, vol. 10, Late Ch'ing, 1800–1911, Part I* (Cambridge: Cambridge University Press, 1978), 6.

29 Anthony Reid, "Introduction - Negotiating Asymmetry: Parents, Brothers, Friends and Enemies," in Reid and Zheng, eds., *Negotiating Asymmetry*, 13.

30 Ibid., 18.

31 Westad, *Restless Empire*, 96.

32 Chanda, *Brother Enemy*, 120.

33 David G. Marr, *Vietnamese Anti-colonialism: 1885–1925* (Berkeley: University of California Press, 1971), 26.

34 譯註：一八八四年中法戰爭，法國遠東艦隊司令孤拔（Anatole-Amédée-Prosper Courbet）率軍攻占基隆，奪取煤礦，做為艦隊燃料之需。但在淡水作戰時，遭劉銘傳所部清軍擊敗；後來法軍敗退澎湖，孤拔因疫病死於馬公。淡水迄今每年舉辦「西仔反」的戲劇演出，以紀念此役擊敗法軍。西仔指法蘭西，反意即動亂。此後清廷了解台灣海防戰略重要性，將台灣升格為省，派福建巡撫劉銘傳為首任台灣巡撫，規劃建設台灣。

35 譯註：阮山原名武元博，早年留學法國，結識胡志明。一九二四年赴廣州，入黃埔軍校四期，他在中國化名洪水。

36 一九六〇年代，彷彿呼應過去朝貢制度的作法，據說毛澤東透過中國共產黨表示要送個老婆給胡志明，以強化北京和河內之間的主從關係。不過越南婉謝這個美意。參見註38。

37 Nicholas Khoo, *Sino-Soviet Rivalry and the Termination of the Sino-Vietnamese Alliance* (New York: Columbia University Press, 2011), 62–63.

38 Jung Chang, *Mao: The Unknown Story* (London: Jonathan Cape, 2005), 597.

39 Keith Weller Taylor, *A History of the Vietnamese* (Cambridge: Cambridge University Press, 2013), 567. 譯註：一九五〇年羅貴波奉派赴北越，先後擔任中共中央聯絡代表、中國駐越南民主共和國顧問團團長及首任大使，直到一九五七年，調回北京擔任外交部副部長。

40 Joint Chiefs of Staff JCS Memorandum for the Secretary of Defense, May 1954, in Defense Department, *Pentagon Papers*, vol. 9, 487. 譯註：一九七五年南北越統一後，范雄在一九八七年接替范文同出任總理，次年三月即去世，在任不到一年。〕

41 Odd Arne Westad and Sophie Quinn, eds., *The Third Indochina War: Conflict Between China, Vietnam and Cambodia, 1972–1979* (London: Routledge, 2006), 35.

42 Khoo, *Sino-Soviet Rivalry and the Termination of the Sino-Vietnamese Alliance*, 102.

43 Westad and Quinn, eds., *The Third Indochina War*, 5.

44 Khoo, *Sino-Soviet Rivalry and the Termination of the Sino-Vietnamese Alliance*, 148.

45 Westad and Quinn, eds., *The Third Indochina War*, 5.

46 Discussion Between Zhou Enlai, Deng Xiaoping, Kang Sheng, Le Duan and Nguyen Duy Trinh," Wilson Center Digital Archive, International History Declassified, April 13, 1966.

47 Ibid., 13.

48 Ibid., 6.

49 Ibid., 14.

50 Michael Pillsbury, *The Hundred-Year Marathon: China's Secret Strategy to Replace America as the Global Superpower* (New York: Henry Holt, 2015) , 54. 中譯本，林添貴譯，《2049百年馬拉松：中國稱霸全球的祕密戰略》（台北：麥田出版社，二〇一五年）。

51 Westad and Quinn, eds., *The Third Indochina War*, 54. 譯註：一九六七年六月，蘇聯總理柯錫金藉赴紐約出席聯合國會議之便，與美國總統詹森在紐澤西州葛拉斯波洛市會談，雖然在限制反彈道飛彈協議方面未取得進展，但雙方會晤氣氛融洽。

52 Kenny, *Shadow of the Dragon*, 42–43.：

53 Chanda, *Brother Enemy*, 28.

54 Ibid., 22.

55 Andrew Mertha, *Brothers in Arms: Chinese Aid to the Khmer Rouge, 1975–1979* (Ithaca, NY: Cornell University Press, 2014), 5.

56 Chanda, *Brother Enemy*, 17.

57 Ben Kiernan, *How Pol Pot Came to Power: A History of Communism in Kampuchea, 1930–1975* (London: Verso, 1985), xiii.

58 Chanda, *Brother Enemy*, 116–17.

59 Kiernan, *How Pol Pot Came to Power*, 223.

60 Westad and Quinn, eds., *The Third Indochina War*, 164.

61 Ibid., 166.

62 Kiernan, *How Pol Pot Came to Power*, 182.

63 Ibid., 345.

64 這個模式在朝鮮半島和在東南亞同樣都很明顯。中國寧可接受朝鮮這樣極端棘手的扈從，也不要任何似乎合理的替代選擇，因此費盡力氣庇護朝鮮因發展核武器而遭受的國際壓力。在中國眼裡，不聽勸、急躁的平壤政府，比起和美國聲息相通、統一的韓國，要好得多。南韓的經濟現在愈來愈依賴和北京的通商往來。北京同時也對南韓施加壓力，反對它與美國強化同盟（註58）；譬如，在二〇一六年，北京提出警告，如果首爾接受安裝精密的反彈道飛彈系統以保護自身不受朝鮮攻擊，這項決定會「破壞〔與中國的〕雙邊關係」。二〇一六年七月，美國和南韓不顧中國強烈反對，宣布決定部署此一飛彈防禦系統，強調這是要「保護同盟軍事力量不受北朝鮮大規模毀滅性武器」攻擊，並非「針對任何第三方國家」。

65 "Chinese Envoy Warns THAAD Deployment Would 'Destroy' Ties,"《朝鮮日報》（*Chosun Ilbo*）(English), February 24, 2016.

66 Bill Hayton, *The South China Sea: The Struggle for Power in Asia* (New Haven, CT: Yale University Press, 2014, 75.

67 Minxin Pei（裴敏欣）, "China's Asia?," *Project Syndicate*, December 3, 2014.

68 Khoo, *Sino-Soviet Rivalry and the Termination of the Sino-Vietnamese Alliance*, 127.

69 Kenny, *Shadow of the Dragon*, 99.

70 Tuong Vu, "The Evolution of Modern Korea and Vietnam," in *Asia's Middle Powers?: The Identity and Regional Policy of South Korea and Vietnam*, ed. Joon-Woo Park, Gi-Wook Shin, and Donald W. Keyser (Stanford, CA: Shorenstein Asia-Pacific Research Center, 2013), 161.

71 Odd Arne Westad et al., eds., *77 Conversations Between China and Foreign Leaders on the Wars in Indochina, 1964–1977* (Washington, DC: Woodrow Wilson Center for Scholars, 1998), 194.

72 Kenny, *Shadow of the Dragon*, 105.

73 Kenny, *Shadow of the Dragon*, 105.

74 Yuan-kang Wang, *Harmony and War: Confucian Culture and Chinese Power Politics* (New York: Columbia University Press, 2011),150.

75 Peter J. Rimmer, "US Western Pacific Geostrategy: Subic Bay Before and After Withdrawal," *Marine Policy*, July 1997, 3.

76 Ibid., 6. 譯註：宗谷海峽位於日本北海道和俄羅斯庫頁島之間；輕津海峽位於北海道和本州之間；對馬海峽位於日本和南韓之間。

77 David Shambaugh, *China Goes Global: The Partial Power* (New York: Oxford University Press, 2013),116.

78 Ibid., 96.

79 Andrew J. Nathan and Andrew Scobell, *China's Search for Security* (New York: Columbia University Press, 2012), 16.

80 Jonathan Holslag, *China's Coming War with Asia* (Malden, MA: Polity Press, 2015), 114.

81 Ibid., 109–10.

82 二〇一六年初，寮國政府同意由中國公司興建一條高速鐵路連結華南的昆明和永珍。這只是一項宏大計畫的第一階段：大計畫是把這條高鐵一路向南，穿過泰國和馬來西亞，抵達新加坡；另外還規畫平行支線也在昆明交會。其中之一南北縱走，穿越整個緬甸；另一條由曼谷穿越柬埔寨，進入越南後，沿越南海岸一路北上，終點也是昆明。

83 Andrew J. Nathan and Andrew Scobell, *China's Search for Security* (New York: Columbia University Press, 2012), 6.

第五章

1 Tanya Somanader, "President Obama: "Writing the Rules for 21st Century Trade," The White House, February 18, 2015.

2 Felicia Schwartz, "U.S. Defense Chief Heads East, Talking Tough on China," *Wall Street Journal*, April 6, 2015.

3 Sheila A. Smith, *Intimate Rivals: Japanese Domestic Politics and a Rising China* (New York: Columbia University Press, 2014), 109.

4 Ibid., 102.

5 Ibid., 35.

6 David E. Sanger, "China Party Chief Visits Japan Amid Tensions in Relations," *New York Times*, April 7, 1992.

7 Robert Benjamin, "Japanese Emperor Deplores War Pain RTC Monarch Avoids Apology to China," *Baltimore Sun*, October 24, 1992.

8 James Sterngold, "Tokyo Journal: Admitting Guilt for the War: An Outraged Dissent," *New York Times*, August 21, 1993.

9 "Statement by Prime Minister Tomiichi Murayama 'On the occasion of the 50th anniversary of the war's end' (15 August 1995)," Ministry of Foreign Affairs of Japan, http://www.mofa.go.jp/announce/press/pm/murayama/9508.html. 譯註：全文出自日本國駐華大使館網頁。

10 Joshua A. Fogel, *Articulating the Sinosphere: Sino-Japanese Relations in Space and Time* (Cambridge, MA: Harvard University Press, 2009), 26.

11 Yuan-kang Wang, *Harmony and War: Confucian Culture and Chinese Power Politics* (New York: Columbia University Press, 2011), 149.

12 Ibid., 174.

13 Ibid., 176.

14 Marius B. Jansen, *The Making of Modern Japan* (Cambridge, MA: Harvard University Press, 2000), 20.

15 Ibid., 87.

16 Smith, *Intimate Rivals*, 145.

17 "Dangerous Waters: China-Japan Relations on the Rocks," International Crisis Group, April 8, 2013, 30.

18 Ian Buruma, "The Joys and Perils of Victimhood," *New York Review of Books*, April 8, 1999.

19 Geremie R. Barmé, "Mirrors of History: On a Sino-Japanese Moment and Some Antecedents," *Japan Focus*, May 16, 2005.

20 "The Senkaku Islands Dispute: Oil Under Troubled Waters," Central Intelligence Agency, Directorate of Intelligence, May 1971.

21 "East China Sea," Analysis Brief, U.S. Energy Information Administration, September 2012.

22 "Geological Structure and Some Water Characteristics of the East China Sea and the Yellow Sea," Economic Commission for Asia and the Far East, 41.

23 Reinhard Drifte, "The Senkaku/ Diaoyu Islands Territorial Dispute Between Japan and China: Between the Materialization of the 'China Threat' and Japan 'Reversing the Outcome of World War II,' " *UNISCI Discussion Papers*, no. 32 (May 2013): 26.

24 "China's Hu, Japan's Hatoyama Agree to Extend Thaw in Relations," Bloomberg, September 22, 2009.

25 Smith, *Intimate Rivals*, 210.

26 "The Senkaku/ Diaoyu Islands Territorial Dispute," 34.

27 Ibid., 20.

28 Kenji Minemura, "China to Establish Permanent Senkaku Patrols," *Asahi Shimbun*, December 20, 2010.

29 Lachland Carmichael, "Clinton Urges Dialogue to Resolve China-Japan Row," Agence France-Presse, September 24, 2010.

30 Giulio Pugliese, "Japan Between a China Question and China Obsession," in *Asia Maior*, ed. Michelguglielmo Torri and Nicola Mocci, vol. 25, 2014 (Bologna: Emil di Odoya, 2015),7.

31 Xinjun Zhang, "Why the 2008 Sino-Japanese Consensus on the East China Sea Has Stalled: Good Faith and Reciprocity Considerations in Interim Measures Pending a Maritime Boundary Delimitation," *Ocean Development and International Law* 42 (2011): 57.

32 Drifte, "The Senkaku/ Diaoyu Islands Territorial Dispute," 34.

33 Smith, *Intimate Rivals*, 241.

34 "Dangerous Waters: China-Japan Relations on the Rocks," 8.

35 Ibid., 8.

36 Ibid., 10.

37 "Protests Flare in China on Contentious Anniversary. The Pretext for Invasion 81 Years Ago Fuels Rallies in 125 Cities," *Japan Times*, September 19, 2012.

38 Pugliese, "Japan Between a China Question and China Obsession," 5.

39 Paul H. B. Godwin and Alice L. Miller, "China's Forbearance Has Limits: Chinese Threat and Retaliation Signaling and Its Implications for a Sino-American Military Confrontation," Institute for National Strategic Studies, *China Strategic Perspectives*, no. 6 (April 2013).

40 Teddy Ng, "New City to Run Disputed Island Chains," *South China Morning Post*, June 22, 2012.

41 Alexis Dudden, "The Shape of Japan to Come," *New York Times*, January 16, 2015.

42 Max Fisher, "Japan's Leader Revives Dark Memories of Imperial-Era Biological Experiments in China," *Washington Post*, May 18, 2013.

43 Ian Buruma, "East Asia's Sins of the Fathers," Project Syndicate, December 15, 2013.

44 Herbert P. Bix, "Hirohito and the Making of Modern Japan," Japan Policy Research Institute, *Occasional Paper* No. 17, September 2000.畢克斯教授二〇〇一年以同名出版厚達八八三頁的專書，榮獲二〇〇一年普立茲一般非小說類書獎。中文本，林添貴譯，《裕仁天皇》（台北：時報出版公司，二〇〇二年）。二〇一七年三月，台北遠足出版社取得新版權，添上作者新撰導言、並補足全書各章註釋，改以《昭和天皇：裕仁與近代日本的形成》書名發行新版本。

45 Yuka Hayashi, "For Japan's Shinzo Abe, Unfinished Family Business," *Wall Street Journal*, December 11, 2014.

46 Philippe de Koning and Phillip Y. Lipscy, "The Land of the Sinking Sun: Is Japan's Military Weakness Putting America in Danger?," *Foreign Policy*, August 5, 2013.

47 "Abe Seeking Record ¥4.98 Trillion in Defense Spending to Counter China," AFP-Jiji Press, January 14, 2015.

48 Clifton B. Parker: "Stanford Economist Warns of Japanese Fiscal Crisis," *Stanford News*, March 27, 2014.

49 Koning and Lipscy, "The Land of the Sinking Sun."

50 Ministry of Foreign Affairs of Japan, "Cabinet Decision on Development of Seamless Security Legislation to Ensure Japan's Survival and Protect Its People," July 1, 2014.

51 Toko Sekiguchi, "Japanese Legal Experts Criticize Abe's Defense Push," *Wall Street Journal*, June 15, 2012.

52 二〇一六年七月十日日本國會參議院改選，安倍的自民黨和盟黨獲勝，在參眾兩院都掌握三分之二以上議席，可以提出修憲案、交付全民公投。

53 Statement by Prime Minister Abe—Pledge for Everlasting Peace, December 26, 2013.

54 "Abe Praised Class-A War Criminals for Being 'Foundation' of Japan's Prosperity," *Asahi Shimbun*（朝日新聞）,August 27, 2014.
55 Jennifer Lind, "Beware of the Tomb of the Known Soldier," *Global Asia* 8, no. 1 (Spring 2013).
56 Wikileaks, "Daily Summary of Japanese Press 08/15/06," http://wikileaks.org/cable/2006/08/06TOKYO4629.html.
57 "Outrage Still Festers over Abe Shrine Visit," *China Daily*, December 30, 2013.
58 Liu Xiaoming, "China and Britain Won the War Together," *Telegraph*, January 1, 2014.
59 Justin McCurry, "Japan Hits Back over Voldemort Comparison," *Guardian*, January 6, 2014.
60 William A. Callahan, "The Negative Soft Power of the China Dream—II," *Asan Forum*, March 2, 2015.
61 Ben Blanchard and Michael Martina, "China, Eyeing Japan, Seeks WWII Focus for Xi During Germany Visit," Reuters, February 23, 2014.
62 Edward N. Luttwak, "What Should Obama Say About China in Japan," *China File*, May 22, 2014.
63 "The Legacy of Historical Revisionism," *Asan Forum*, Sept. 17, 2014.
64 White House, Office of the Press Secretary, April 24, 2014.
65 Ministry of Defense, "The Guidelines for Japan-U.S. Defense Cooperation," April 27, 2015, http://www .mod.go.jp/e/d_act/anpo/shishin_20150427e.html.
66 Sheila A. Smith, "Defining Defense: Japan's Military Identity Crisis," *World Politics Review*, May 12, 2015.
67 "China's Media Claims Victory After Japan 'Agreement' on Isle, Historical Issues," AFP-Jiji Press, November 8, 2014.
68 Christopher Bodeen, "Chinese, Japanese Foreign Ministers Meet at APEC," Associated Press, November 8, 2014.
69 Martin Stuart-Fox, A Short History of China and Southeast Asia: Tribute, Trade and Influence (Crows Nest, NSW: Allen & Unwin, 2003), 78.
70 "Japan, China Both Claim Advantage in Pre-Summit Document," *Asahi Shimbun*, November 8, 2014.
71 David Shambaugh, *China Goes Global: The Partial Power* (New York: Oxford University Press, 2013), 57.

第六章

1 Jane Perlez and Keith Bradsher, "In High Seas, China Moves Unilaterally," *New York Times*, May 9, 2014.
2 Minnie Chan, "PLA Navy Sends Two of Its Biggest Ships to Protect Oil Rig, Vietnamese Media Report," *South China Morning Post*, May 16, 2014.

3 Perlez and Bradsher, "In High Seas, China Moves Unilaterally."

4 Carl Thayer, "Four Reasons China Removed Oil Rig HYSY-951 Sooner Than Planned," *Diplomat*, July 22, 2014.

5 Ibid.

6 Alexander Vuving, "Did China Blink in the South China Sea?," *National Interest*, July 27, 2014.

7 Thayer, "Four Reasons China Removed Oil Rig HYSY-951 Sooner Than Planned."

8 Vuving, "Did China Blink in the South China Sea?"

9 Shannon Tiezzi, "China Discovers Gas Field in the South China Sea," *Diplomat*, September 16, 2014.

10 Ibid.

11 "Stirring Up the South China Sea (III) : A Fleeting Opportunity for Calm," International Crisis Group, May 7, 2015, 8.

12 David Tweed, "China Seeks Great Power Status After Sea Retreat," Bloomberg, July 3, 2014.

13 Liu Mingfu, T*he China Dream: Great Power Thinking and Strategic Posture in the Post-American Era* (New York: CN Times Books, 2015), 86–87.

14 Ibid., 100–101.

15 "China Will Never Use Force to Achieve Goals, Xi Vows," *South China Morning Post*, November 17, 2014.

16 Ibid.

17 "ASEAN Concerned over China's Sea Disputes," Agence France-Presse, May 13, 2014.

18 Stuart White, "China Gives $150 Million to Cambodia," *Phnom Penh Post*, May 21, 2104.

19 David Tweed and David Roman, "South China Sea Talks End in Disarray as China Lobbies Laos," Bloomberg, June 14, 2016.

20 Stuart-Fox, *A Short History of China and Southeast Asia*, 67–68.

21 Bill Hayton, *The South China Sea: The Struggle for Power in Asia* (New Haven, CT: Yale University Press, 2014) , 79.中譯本，林添貴譯，《南海：21世紀的亞洲火藥庫與中國稱霸的第一步？》（台北：麥田出版社，二〇一五年）。

22 Andrew G. Walder, *China Under Mao: A Revolution Derailed* (Cambridge, MA: Harvard University Press, 2015) , 324.

23 Hayton, *The South China Sea*, 80.

24 Zheng Wang, Never Forget National Humiliation: Historical Memory in *Chinese Politics and Foreign Relations* (New York: Columbia University Press, 2012), 80–81.

25 Hayton, *The South China Sea*, 81.

26 Ibid., 83.

27 Victor Robert Lee, "China's New Military Installations in the Disputed Spratly Islands," March 16, 2015, https://medium.com/satellite-image-analysis/china-s-new-military-installations-in-the-spratly-islands-satellite-image-update-1169bacc07f9.

28 Bree Feng, "China's Naval Chief Visited Disputed Islands in the South China Sea, Taiwan Says," *New York Times*, October 16, 2014.

29 David S. Cloud, "China's Man-Made Islands in Disputed Waters Raise Worries," *Los Angeles Times*, January 28, 2015.

30 Alexander Vuving, IR. *Asia*, May 27, 2015, http://www.international-relations.asia/alexander-vuving-apcss/#_ftn1.

31 Martha Brill Olcott, "China's Unmatched Influence in Central Asia," Carnegie Endowment for International Peace, September 18, 2013.

32 Jeremy Page, "China Sees Itself at Center of New Asian Order," *Wall Street Journal*, November 9, 2014.

33 Feng Zhang, "Beijing's Master Plan for the South China Sea: China Has Far Greater Ambitions for the Region Than Just Reclaiming Some Tiny Islands," *Foreign Policy*, June 23, 2015.

34 Page, "China Sees Itself at Center of New Asian Order."

35 These comments originally appeared in the Chinese-language website of the *Financial Times*, December 30, 2014. The English translation here is courtesy of David Cowhig, https://gaodawei.wordpress.com/2015/10/24/cass-scholar-xue-li-the-foreign-affairs-risks-for-china-of-the-silk-road-economic-belt-and-the-21st-century-maritime-silk-road/.

36 "Stirring Up the South China Sea (III)," 26.

37 Ibid., 24.

38 一艘中國拖網漁船進入納土納島（NatunaIsland）附近印尼海域捕魚，遭到印尼一艘巡邏艇逮捕，而兩艘中國海巡船隻突然出現，把這艘中國漁船拖回國際水域，此事造成印尼媒體強力譴責。二〇一六年五月底，又發生類似的事件，印尼驅逐艦奧斯華．．席亞漢三五四號（Oswald Siahann 354）及時趕到，阻止中國海巡船隻拯救中國犯規的拖網漁船之行動。中國並沒有依據九段線主張對納土納島擁有主權，但是它援引傳統權利，主張它在印尼兩百英里的專屬經濟區有捕漁權利。六月間，印尼總統佐科威（Joko Widodo）在納土納島外海一艘軍艦上召開內閣會議，以示印尼保衛本地區主權的決心，並且不久之後，雅加達即公布計畫在納土納島興建海軍基地。

39 "Xi Steps Up Efforts to Shape a China-Centered Regional Order," *China Brief* 13, issue 22, Jamestown Foundation, November 7, 2013.

40 Ibid.

41 Ibid.

42 Ju Jiejin, "China Secures Veto Power as Members Sign Up to New Bank," *Bloomberg*, June 28, 2015.

43 Page, "China Sees Itself at Center of New Asian Order."

44 "Remarks by President Obama and Prime Minister Abe of Japan in Joint Press Conference," White House, April 28, 2015, https://www.whitehouse.gov/the-press-office/2015/04/28/remarks -president-obama-and-prime-minister-abe-japan-joint-press-confere.

45 Demetri Sevastopulo, "US Takes Stern Line on UK's Shift to China," *Financial Times*, October 20, 2015.

46 Charles Clover and Lucy Hornby, "China's Great Game: Road to a New Empire," *Financial Times*, October 12, 2015.

47 Fu Ying, "Answering Four Key Questions About China's Rise," *Huffington Post*, October 17, 2014.

48 Olcott, "China's Unmatched Influence in Central Asia."

49 中國才剛提出此一大規模新倡議，其經濟幾乎立刻就出現強大的下挫，國際間不免對中國的中期或長前景產生悲觀意識；另外，中國領導圈對此也出現焦慮的跡象。

50 David Brunnstrom, "U.S. Compares China's South China Sea Moves to Russia's in Ukraine," Reuters, June 26, 2015.

結論

1 Karen de Young, "Beijing's Actions in South China Sea Aimed at 'Hegemony,' U.S. Admiral Says," *Washington Post*, February 23, 2016.

2 David Axe, "China's Overhyped Submarine Threat," *The Diplomat*, October 20, 2011.

3 譯註：十年前的二〇〇六年十月，有一件事已經凸顯美國的罩門，美國小鷹號（USS Kitty Hawk）航空母艦在日本與台灣之間的東海進行訓練演習，中國一艘宋級攻擊型潛水艇竟在小鷹號不知不覺下潛行到離它九英里處才浮上水面。

4 Wang Gungwu, "Early Ming Relations with Southeast Asia: A Background Essay," in *The Chinese World Order: Traditional China's Foreign Relations*, ed. John King Fairbank (Cambridge, MA: Harvard University Press, 1968).

5 Stephen Brooks and William Wohlforth, "The Rise and Fall of the Great Powers in the Twenty-First Century: China's Rise and the Fate of America's Global Position," *International Security*, Winter 2015.

6 "Sea Power: Who Rules the Waves?," *Economist*, October 17, 2015.

7 Michael D. Swaine, "Beyond American Predominance in the Western Pacific: The Need for a Stable U.S.-China Balance of Power," Carnegie Endowment for International Peace, April 20, 2015.

8 Edward Luttwak, The Rise of China vs. the Logic of Strategy (Cambridge, MA: Belknap Press of Harvard University Press, 2012), 7.

9 Yukio Mukai, "MSDF Vessels Call at South China Sea Ports," *Yomiuri Shimbun*（讀賣新聞）, April 4, 2016.

10 Andrew S. Erickson, "China's Naval Modernization: The Implications of Seapower," *World Politics Review*, September 23, 2014.

11 China's 2015 Defense White Paper, via Andrew Erickson.

12 Brooks and Wohlforth, "The Rise and Fall of the Great Powers in the Twenty-First Century."

13 Stephen Brooks and William Wohlforth, *America Abroad: The United States' Role in the 21st Century* (New York: Oxford, 2016), 49.

14 Ibid.

15 Howard W. French, "China's Dangerous Game," *Atlantic*, November 2014.

16 Andrew J. Nathan and Andrew Scobell, *China's Search for Security* (New York: Columbia University Press, 2012), 5.

17 Ibid., 19. 編註：引文出自中譯本《沒有安全感的強國：從鎖國、開放到崛起，中國對外關係七十年》，新北市：左岸文化，二〇一八年二版，頁四四。

18 作者和麥可・貝蒂士（Michael Pettis）互通電子郵件，二〇一五年八月二十五日。

19 Xue Li, "The Foreign Affairs Risks for China of the 'Silk Road Economic Belt' and the '21st-Century Maritime Silk Road,' " December 30, 2014, translated from the *Financial Times* Chinese-language website by David Cowhig, https://gaodawei.wordpress.com/2015/10/24 /cass-scholar-xue-li-the-foreign-affairs-risks-for-china-of-the-silk-road -economic-belt-and-the-21st-century-maritime-silk-road/.

20 "Industry in China: The March of the Zombies," Economist, February 27, 2016.

21 作者對這位經濟學家的訪談，此君要求不具名發表意見。

22 Mark L. Haas, "A Geriatric Peace: The Future of U.S. Power in a World of Aging Populations," *International Security* 32, no. 1 (Summer 2007).

23 Jun Mai, "Time to End China's One-Child Policy Urgently: Government Advisers Warn of Demographic Crisis Ahead," South *China Morning Post*（南華早報）, October 21, 2015.

24 作者對鄭真真的訪談。

25 Nicholas Eberstadt, "Asia-Pacific Demographics in 2010-2040: Implications for Strategic Balance," in *Asia's Rising Power and America's Continued Purpose*, ed. Ashley J. Tellis, Andrew Marble, and Travis Tanner (Seattle: National Bureau of Asian Research, 2010), 243.

26 Didi Kirsten Tatlow, "Yi Fuxian, Critic of China's Birth Policy, Returns as an Invited Guest," *New York Times*, March 23, 2016.

27 "China's Achilles Heel: A Comparison with America Reveals a Deep Flaw in China's Model of Growth," *Economist*, April 21, 2012.

28 作者對都陽的訪談。

29 Mark L. Haas, "America's Golden Years?: U.S. Security in an Aging World," in *Political Demography: How Population Changes Are Reshaping International Security and National Politics*, ed. Jack A. Goldstone, Eric P. Kaufmann, and Monica Duffy Toft (Oxford: Oxford University Press, 2012), 57.

30 "State of Minds: China Is Ill Prepared for a Consequence of Aging: Lots of People with Dementia," *Economist*, February 20, 2016.

31 Yu Xu, Limin Wang et al., "Prevalence and Control of Diabetes in Chinese Adults," *Journal of the American Medical Association*, September 4, 2013.

32 John G. Ikenberry, "The Future of the Liberal World Order: Internationalism After America," *Foreign Affairs*, May–June 2011.

33 Yan Xuetong（閻學通）,Ancient *Chinese Thought, Modern Chinese Power* (Princeton, NJ: Princeton University Press, 2011), 13.

中國歷代大事年表

約西元前二一〇〇年—一六〇〇年　夏朝

約西元前一六〇〇年—一〇四六年　商朝　首都：靠近今天的鄭州和安陽

約西元前一〇四六年—二五六年　周朝　首都：鎬京（靠近今天的西安）及洛陽

約西元前一〇四六年—七七一年　西周

約西元前七七一年—二五六年　東周　春秋時期（西元前七七〇年—約四七五年）　孔子（約西元前五五一年—四七九年）

戰國時期（約西元前四七五年—二二一年）

西元前二二一年—二〇六年　秦朝　首都：長安（今天的西安）　秦始皇逝於西元前二一〇年

西元前二〇六年—西元二二〇年　漢朝

西元前二〇六年—西元九年　西漢（前漢）　首都：長安　漢武帝（在位期間西元前一四一年—八六年）正式以儒家為國家基礎

西元二二〇年—五八九年　六朝時期　漢亡之後天下大亂，佛教傳入中國

西元二二〇年—二六五年　三國曹魏、蜀漢、東吳

西元三八六年—三五八九年　南北朝時期

西元五八一年—六一八年　隋朝　首都：長安
西元六一八年—九〇七年　唐朝　首都：長安及洛陽
西元九〇七年—九六〇年　五代十國時期
西元九六〇年—一二七九年　宋朝
西元一二七一年—一三六八年　元朝（蒙古帝國）　首都：大都（今北京）
西元一三六八年—一六四四年　明朝　漢人重建政權，首都：南京及北京
西元一六四四年—一九一二年　清朝（滿洲統治）　首都：北京
西元一九一二年—一九四九年　民國時期　首都：北京、武漢和南京
西元一九四九年至今　中華人民共和國　首都：北京

國家圖書館出版品預行編目(CIP)資料

中國擴張：中華帝國稱霸天下的歷史與野心 / 傅好文(Howard W. French)作；林添貴譯. -- 初版. -- 新北市：遠足文化, 2019.11
面；　公分. -- (遠足新書；12)
譯自：Everything under the heavens : how the past helps shape China's push for global power
ISBN 978-986-508-008-2(平裝)
1.國際政治 2.地緣政治 3.中國 4.東亞

578　　　108005992

特別聲明：有關本書中的言論內容，不代表本公司／出版集團的立場及意見，由作者自行承擔文責

遠足文化　　讀者回函

遠足新書 12

中國擴張：中華帝國稱霸天下的歷史與野心

Everything Under the Heavens: How the Past Helps Shape China's Push for Global Power

作者・傅好文（Howard W. French）｜譯者・林添貴｜責任編輯・龍傑娣｜協力編輯・胡慧如｜校對・楊俶儻｜封面設計・林宜賢｜出版・遠足文化事業股份有限公司・第二編輯部｜社長・郭重興｜總編輯・龍傑娣｜發行人兼出版總監・曾大福｜發行・遠足文化事業股份有限公司｜電話・02-22181417｜傳真・02-86672166｜客服專線・0800-221-029｜E-Mail・service@bookrep.com.tw｜官方網站・http://www.bookrep.com.tw｜法律顧問・華洋國際專利商標事務所・蘇文生律師｜印刷・崎威彩藝有限公司｜排版・菩薩蠻數位文化有限公司｜初版・2019年11月｜定價・450元｜ISBN・978-986-508-008-2